世界研究生教育经典译丛　丛书总主编：王战军

THREE MAGIC LETTERS:
GETTING TO PH. D.

获得博士学位的成功之匙

[美]迈克尔·T·内特尔斯（Michael T. Nettles）
[美]凯瑟琳·M·米利特（Catherine M. Millett）　著

张卫国　译

北京理工大学出版社
BEIJING INSTITUTE OF TECHNOLOGY PRESS

版权专有　侵权必究

图书在版编目（CIP）数据

获得博士学位的成功之匙/（美）迈克尔·T·内特尔斯（Michael T. Nettles），（美）凯瑟琳·M·米利特（Catherine M. Millett）著；张卫国译. —北京：北京理工大学出版社，2019.2（2021.11重印）

（世界研究生教育经典译丛）

书名原文：Three Magic Letters: Getting to Ph.D.

ISBN 978-7-5682-6747-2

Ⅰ.①获… Ⅱ.①迈… ②凯… ③张… Ⅲ.①博士-学位教育-研究-美国 Ⅳ.①G649.712

中国版本图书馆 CIP 数据核字（2019）第 032807 号

北京市版权局著作权合同登记号　图字：01-2016-2463

©2006 The Johns Hopkins University Press

All rights reserved. Published by arrangement with Johns Hopkins University Press, Baltimore, Maryland

出版发行	/	北京理工大学出版社有限责任公司
社　　址	/	北京市海淀区中关村南大街 5 号
邮　　编	/	100081
电　　话	/	（010）68914775（总编室）
		（010）82562903（教材售后服务热线）
		（010）68944723（其他图书服务热线）
网　　址	/	http://www.bitpress.com.cn
经　　销	/	全国各地新华书店
印　　刷	/	北京虎彩文化传播有限公司
开　　本	/	710 毫米×1000 毫米　1/16
印　　张	/	22.5
字　　数	/	320 千字
版　　次	/	2019 年 2 月第 1 版　2021 年 11 月第 4 次印刷
定　　价	/	96.00 元

责任编辑/张海丽
文案编辑/张海丽
责任校对/周瑞红
责任印制/李志强

图书出现印装质量问题，请拨打售后服务热线，本社负责调换

《世界研究生教育经典译丛》编委会

总 顾 问：赵沁平（中国工程院院士，中国学位与研究生教育学会会长）
总 译 审：张 炜（西北工业大学党委书记，北京理工大学原党委书记，教授）
编委会主任：方岱宁（中国科学院院士，北京理工大学副校长）
　　　　　王战军（北京理工大学研究生教育研究中心主任，教授）
委　　 员：麦瑞思·内拉德（Maresi Nerad）（美国华盛顿大学教授）
　　　　　凯瑟琳·蒙哥马利（Catherine Montgomery）（英国巴斯大学教授）
　　　　　李　军（加拿大西安大略大学教授）
　　　　　陈洪捷（北京大学教育学院教授）
　　　　　施晓光（北京大学教育学院教授）
　　　　　袁本涛（清华大学教育研究院教授）
　　　　　秦惠民（中国人民大学教育学院教授）
　　　　　刘宝存（北京师范大学教育学部教授）
　　　　　周海涛（北京师范大学教育学部教授）
　　　　　李　镇（北京理工大学发展规划处处长，研究员）
　　　　　王军政（北京理工大学研究生院常务副院长，教授）
　　　　　周文辉（学位与研究生教育杂志社社长）
办 公 室：周文辉　沈文钦　李明磊　黄　欢　王佳蕾

丛书序

世界研究生教育经典译丛

随着社会生产力日新月异的发展,高水平原始创新能力和拔尖创新能力成为世界各发达国家人才竞争的核心。研究生教育位于教育"金字塔"的顶端,是科技创新和拔尖创新人才培养的关键载体,发达国家和世界顶尖研究型大学无不将研究生教育作为提升自身实力和国际竞争力的重要抓手,高度重视研究生教育,形成了比较完善的研究生教育体系和推进研究生教育发展的国家战略。

中国研究生教育起源于 20 世纪 30 年代,规模极小,受时局影响时续时断,中华人民共和国成立以后,特别是 1980 年建立学位制度后,我国研究生教育取得长足发展,基本形成了学科门类齐全、基本满足社会需求的研究生教育体系。2016 年我国在校研究生人数达到 200.4 万人,成为世界研究生教育大国。

纵观世界发达国家研究生教育的发展和国家重大发展战略需求,以及"双一流"建设的目标,我国的研究生教育还面临着诸多问题和发展的制约瓶颈。随着国家治理体系和治理能力现代化建设的深入推进,解决我国研究生教育的难点和深层次问题,实现研究生教育强国时代目标的综合改革也进入了关键阶段。

要解决我国研究生教育改革与发展中的诸多难点和深层次问题,需要我们承担起历史的责任,有更大的勇气和智慧,付出更多努力,加强研究生教育理论研究,探索研究生教育发展规律,创新、构建符合我国国情的研究生教育学理论和学科体系,从而走出我国研究生教育改革和发展的新路子。

"他山之石,可以攻玉",学习借鉴国际上研究生教育研究的有关成果,推动我国研究生教育的研究,促进我国研究生教育的改革和发展,是建设研究生教育强国的必经之路,也是提升我国研究生教育的国际地位和影响力,推动中国研究生教育研究国际交流与合作的客观需要。

为此，北京理工大学研究生教育研究中心组织有关专家精心遴选发达国家近年来研究生教育研究和实践领域有影响力的著作，翻译出版《世界研究生教育经典译丛》系列丛书。本丛书为我国研究生教育学的研究和发展提供了重要参考，也为研究生教育人才的培养提供了高水平教材和智力支持，在我国尚属首次，并将产生重要影响。

希望编委会各位国内外专家、译者继续开拓创新、精益求精，踏踏实实地做好"丛书"的选题、翻译、出版等工作，为我国研究生教育的研究和发展做出贡献。

2017 年 10 月于北京

前　言

　　1995年春天，Catherine Millett在Michael Nettles的系办公室提出了一个关键而直接的问题："博士生如何获取资金来支撑他们的学术兴趣？如何及时知道自己完成了全部的博士学位课程？"那时，Catherine还在读博士学位的第一年，Michael是Catherine被录取的学校——安娜堡市密歇根大学的教育学教授。尽管Catherine是从第三者的角度提出的这个问题，并且要求将其上升为一个学术问题，但是Michael清楚这是她个人关心的问题。读博期间，她要支付学费、杂费和生活费用（那时一年的花费超过35 000美元）来完成余下的课程。发现了Catherine的焦虑所在，Michael交给她一份教育考试服务中心的研究报告，里面记录了从19世纪80年代起美国教育部和研究生入学考试委员会支持的博士生资金进展情况。他鼓励她阅读报告，并将自己的想法以研究计划的形式记录下来。然后，从他的文件中取出一些计划，并将它们交给Catherine作为样板参考，又建议Catherine研究这些计划，然后做出自己的计划，并在几周后提交。他们约定时间并做了日程安排。

　　两周后，Catherine提交了她的计划书草稿。这样开始了我们的合作。我们自由交换想法，就研究的程序、方法和策略做出决断。我们用了不少时间去考虑最合适的标准来遴选受邀参加调查的学校。然后，我们的注意力就放在调整计划和筹集研究经费上。实质上，我们是在解决Catherine的学术需要和个人需求。这个合作项目的开始，是本书的写作缘起。

　　我们计划的价值在于吸引了礼来基金（the Lilly Endowment）的资助计划。这个最初的资助使我们得以去拜访全美六个研究生院院长交流我们的想法，并通过电话、传真、电子邮件征求意见和建议，了解他们对财政资助博士生的意见，以及对资金与博士课程经历的其他方面的关系的看法，学习掌握如何在人口学背景下改变博士生资金、绩效以及进展的模式。在这个过程中，很多人和学院参与到我们的研究中并从始至终。

礼来基金的资助，以及教育部教育研究与发展办公室（现在的教育科学研究院）通过国家高等教育研究中心增补的资助，让我们可以进一步改善我们的计划。同时，我们还得到了斯宾塞基金的重要资助来完成之后4年的研究。这一资助使我们能够建立全面的研究，而研究的成果构成了本书的主要内容。之后，我们又有幸争取到国家科学基金会（NSF）的资助，用于完成分析、召集合作伙伴讨论我们的研究成果和撰写本书。①

尽管最初我们研究的重心是对博士生的财政支持，但是，随着财政支持的广泛影响在我们脑海中更加明确，我们拓宽了研究范围，让它涉及新的方向，挖掘博士生经历和表现的多样化，而不仅仅是提供资金支持。我们的思路从解决博士生如何普遍获得资金支持，拓展到研究制度类型、学科领域、学生的个人背景和学术发展等变量。这些依次提出的其他问题几乎涵盖了博士生经历的所有方面：教师关系、研究生产力、满意度和学术进展。随着变量的增加，关系变得更加复杂。

于是，研究模型的目标设定，就从深入了解博士生可能有的经验，演变为增进学生与机构的体验。我们罗列的问题如下：带着个性化"捐赠"进入各自的研究机构和课程的学生，他们有着不同的背景经历和目的；他们遇到各种各样的学术和社会状况；他们的经济稳定程度不同；他们的研究能力和学术能力不同；他们工作和进展的效率不同；他们体验的满意度不同。总的来说，我们认为每一个变量都可以标志完成学位过程中取得的有效进展。最后，我们希望在研究结束前得知受访者是否获得了博士学位。如果已经获得学位，我们想知道花费了多长时间。

从一开始我们就认识到，尽管学生对博士经历的描述很重要，但这只是一个

---

① 材料中的任何意见、结果、结论或建议来自作者，不一定代表国家科学基金会的立场。

考虑因素。教师和大学其他官员可能会有同样的想法，也可能有不同的视角。我们关注的重心是学生的经历。因此，我们只对学生进行了调查。根据其他研究者的观点，尽管我们依靠经验和已发表的研究文献来阐明研究结果，但无法在分析中增加教师或机构的观点。我们研究的重点是那些已经成功完成第一学年的二年级及以上的博士生。这样做的结果是，我们忽略了一些新生的焦虑。这些焦虑影响了他们对学校、课程、智力水平和职业目标的评价。在读博的第一学年，辍学率估计在10%~15%（Bowen和Rudenstine 1992），所以，我们忽略了这部分进入博士教育，但在第二学年开始前决定放弃学位的学生的经历。

我们注意到博士教育在人口统计学方面的问题，比如参与者的种族－族裔、国籍和性别差异等。1999年，全美大约有4.5万名学生获得博士学位（国家教育统计中心2002）。这些成功的数据掩盖了一些普遍存在的问题：并不是所有的种族－族裔群体都以相同的进度获得博士学位；国际生是博士生中增长速度最快的；不同领域的博士学位增减不一；不同的种族－族裔群体、性别在各领域的参与都不均衡。在学术界和研究界，性别和种族－族裔的分布也同样不均衡。值得注意的是，我们的目标是包容性的，然而很多读者会发现我们的研究没有涉及美国原住民。原因很简单，尽管我们拓宽了调查范围，但这个群体人数太少，无法进行量化分析。

总之，我们设立的调查是使博士生或准博士生能够认识自我，找到成功道路上的各种重要因素。对多数研究生来说，随着学业完成时间的不断延长，攻读博士学位意味着将生活中的大部分时间，包括生孩子、社区服务、家庭支持和联系都搁置起来。即使是那些完成学业的人，在某些领域进行了8~12年的研究后，很可能最终会有一笔相当于住房抵押贷款的债务。我们希望能量化博士进程中的这些方面，使学生、教师和管理层能够预见前景和陷阱。学生能够在数据中认识自我，预想自己的学术和社会处境，判断自身的相对优势和劣势，并留意那些成功的因素。管理者或教师应能够逆转这种思维，并将注意力集中在机构、院系或顾问支持的缺陷上。最终，这项工作为美国的博士教育发展做出了贡献，它的历史可以追溯到19世纪中期。特别是它为学生们准备体验美国研究生院的博士学习方式提供了定义和度量指标。

本书的亮点

本书的研究是建立在对美国博士生背景、生活和经历的综合评估基础上的。参与调查的是9 036名同时期在校博士生。它为研究当代博士生，包括其历史演变和发展趋势，提供了一个背景，展示了我们设计研究的细节，并从人口统计学和学术背景特征的角度深入描述了我们的样本。这些内容都出现在本书的前四章，可以让读者了解到什么人在追求博士学位，谁是我们研究的重点。

除了体制和背景研究，我们的结论还来自博士生教育过程中的经济、教育质量、社会经历和表现的描述与相关性分析。这些分析关注了学生在种族－族裔、领域和性别等方面的差异。我们的研究成果主要体现在以下九个关键环节上：资金筹措；社会交往；研究生产力；满意度、绩效和进展；进度、完成情况和获得学位时间；学生经验和绩效预测；学科领域差别的解读与影响；种族－族裔和性别差异预测；研究结果对政策和实践的影响。以下就这些关键环节简述我们的研究重点，详细内容见正文论述。

资金筹措

——大约三分之二的学生进入博士教育时没有借贷。

——超过三分之二的学生被录取时得到了经济上的帮助。

——近一半（48%）学生被录取时得到了学业奖学金，44%的学生获得了助研奖学金，60%的学生获得了助教奖学金。

社会交往

——师生社会交往在工程学、科学与数学及教育学领域最多，在人文学和社会科学领域相对较少。

——社会科学、人文学、科学与数学领域的学生同伴互动积极。工程学和教育学领域的学生同伴交往和与教师的社会交往相比相当少。

——工程学和教育学领域的学生与教师的社会交往积极，与教师的学术互动也相对较多。人文学领域的学生也给予教师正面评价，尽管他们与教师的社会交往相对较少。科学与数学和社会科学领域的学生对与教师学术互动质量的评价相对较低。

——所有领域、性别和种族－族裔的多数（69%）学生似乎都有导师。

——大多数人文学（73%）、科学与数学（59%）以及社会科学（55%）领域的学生计划成为大学教师，或寻求博士后研究、学术职务。只有28%的工程学和38%的教育学博士生希望成为大学教师或从事博士后研究。

研究生产力

——超过半数（51%）的学生在博士项目中取得了研究成果。

——只有30%的学生在专业期刊上发表过论文。其中，15%的学生发表了一篇论文，另15%发表了两篇以上。

——在工程学、人文学、科学与数学领域，男性发表论文的人数多于女性。

——在教育学、科学与数学和社会科学领域，非裔美籍学生发表论文的比例低于同伴。

满意度、绩效和进展

——工程学领域的学生对博士教育的满意度最高，社会科学领域的学生满意度最低。

——我们的样本达到了与博士课程一般期望值一致的成绩。按平均绩点4分制测量，达到3.81或略高于A－水平。

——我们调查的只是登记在册的学生，有学生中途停学而非辍学的现象存在。12%的学生在一段时间内停止了他们的课程。

进度、完成情况和获得学位时间

——在我们的样本中，工程学领域的学生进度最快，其次是科学与数学、教育学、人文学和社会科学领域。

——总体而言，在时间涵盖至少6年的调查样本中，有近62%的学生至少完成了博士第一年的学习。工程学领域占比最高（75%原始受访者），其次是科学与数学领域（72%）。

——获得博士学位的平均时间为5.97年。工程学领域的学生完成博士学位的平均时间最低，为5.23年。这与科学与数学（5.71年）、教育学（6.28年）、社会科学（6.35年）和人文学（7.41年）领域的学生的平均时间差异明显。

学生经验与绩效预测

——有几个因素有助于博士生入学后学业奖学金的申请，其中三个因素在整个领域影响最大：研究生入学考试（GRE）的语言部分分数较高；作为弱势种族－族裔群体的成员；以全职学生身份入学。当学生被录取时有这三种情况，获得学业奖学金的前景更乐观。

——助教和助研奖学金通常提供给全职和年龄较大的学生。

——除人文学领域外，非裔美国人与白人相比在各领域担任研究助理的可能性较小。西班牙裔入学时在任何领域担任研究助理职务似乎都没有劣势，长期看只在教育学领域处于不利地位。

——博士教育的三个因素普遍与总体的学生研究生产力相关。获得研究生产力的学生更有可能获得更长的在校时间，有一名导师和助教。除人文学领域外，研究助理职务更受欢迎。在人文学领域，教学助理更受青睐。

——除了连续全日制注册，在所有五个领域中，研究生产力被证明是评价博士学位完成情况的一个重要指标。

——连续的全日制注册，是所有五个领域取得更快进展的重要预测因素，其他重要因素因领域而异。GRE语言成绩较高的学生在教育学、工程学、科学与数学和社会科学领域，要花更长的时间才能完成学业。GRE分析性写作分数较高的学生在教育学、科学与数学和社会科学领域，学位用时都较短。学生筹措资金对预测获得博士学位用时的作用有限。三种主要形式的支持——学业奖学金、助教奖学金和助研奖学金都不能预测获得博士学位用时。学生的研究生产力也不是一个预测因素。

学科领域差别的解读与影响

——在各领域，GRE 成绩相对较高的学生在入学初更有可能获得学业奖学金。GRE 普通考试的成绩对入学时获得助教和助研奖学金也很重要。

——工程学、科学与数学等领域的学生，在读博士期间往往会得到充足的助研奖学金支持，而人文学和教育学领域的学生机会较少。相反，近四分之三的人文学、科学与数学领域，以及三分之二的社会科学领域的学生得到了助教奖学金。

——学生从助教奖学金获益包括取得研究生产力、超越了较好的同伴或利于与教师互动。在教育学和人文学领域，读博期间担任助教可能会带来发表研究论文的机会。与之相反，科学与数学领域的教学助理可能很少有机会发表文章。这个关于助教价值的结论是比较新颖的，主要是因为直到现在，研究人员还没有打破领域的界限去探讨助教对研究生产力的影响。

——我们与前人不一致的地方是，在任何领域担任助教似乎都不会导致进度变慢。在 62%完成博士学位的学生中，担任助教并不会推迟获得学位的时间。

——在社会化方面，有导师的学生与教师在课堂内外的关系更加积极。同样，我们发现当教师同时担任导师和顾问时，学生与教师顾问的互动程度更高。

——有导师对教育学、工程学领域的学生完成学位有积极影响，对人文学和社会科学领域的学生更快完成学位也有促进作用。

——导师也影响研究生产力，在人文学和社会科学领域，学生获得研究生产力的可能性增加了 2 倍。除科学与数学领域外，各领域有导师的学生比没有导师的更有可能在全国会议上发表论文。

——对师生交往评价较高的学生对博士教育的满意度也更高。

——学生们在校注册时间越长，与教师的学术和社会交往越少。

——如果我们 51%的整体参与率准确地反映了他们在这一领域的活动，那么与有无导师相比，研究生产力几乎没有引起研究人员尤其是学生的关注。这表明研究生产力既不是已确立的标准，也不是博士教育的期望，至少不能与学位论文相提并论。学位论文是获得博士学位的必要条件。

——学生可能会认为取得研究生产力所需要的时间阻碍了他们取得学位，但我们的数据显示的结果恰恰相反。在所有领域，有研究生产力的学生更有可能完成学位，而对于那些获得学位的人来说，取得研究生产力并没有妨碍他们的进度。

——另外两个关于研究生产力缺乏的线索是导师与研究生产力及研究助理与研究生产力之间的紧密关系。可能许多学生不理解写作、发表论文及类似活动的短期和长期效益。有导师及担任研究助理对各学科和人口统计学群体的博士生的研究生产力有高度预测作用，应该成为院系为最理想的博士生经历创造条件的参照。对致力于学术或研究工作的学生来说，研究生产力很可能会被视为博士项目中成功完成学位及用时长短的一个指标。

——在检查有助于进度的因素中，几乎没有人认为经济困难会减缓受访者的进度。家庭收入在工程学、科学与数学学科只是进度缓慢的一个较弱的预测因素。只是在社会科学领域有教育债务的学生进度相对较慢。

本研究中特定群体的意义

——与白人学生相比，GRE 分数较低导致非裔和西班牙裔美国人读博的不同经历。与分数高容易得到学业奖学金的结果不同，尽管 GRE 分数较低，非裔或西班牙裔美国人更容易得到学业奖学金。

——在工程学领域，当 GRE 成绩、导师、资金和工作期望等方面得到处理时，与师生学术交往观念相关的种族－族裔差异似乎得到了纠正。坏消息是，工程学学校对于多数取得成功的非裔美国学生，是一个令人不安的地方。好消息是，我们已经确定了一些数据，如导师、资金和全日制注册等，作为工程学学校关注的重点，以纠正种族－族裔差异。

——与教师进行学术交流是一个可能出现种族－族裔和领域差异的方面。在工程学领域，亚裔美国人倾向于积极评价与教师的关系。相比之下，教育学领域的亚裔美国人认为他们与教师的学术互动不太顺利。

——非裔美国人在科学与数学方面比较吃力的一个标志是他们的论文发表率较低。分析显示，在科学与数学方面，非裔美国人发表论文的可能性比白人低75%。在教育学和社会科学方面，非裔美国人发表论文的可能性也比白人小。其他种族－族裔群体没有遇到类似的挑战，尽管在社会科学领域西班牙裔美国人比白人更不可能发表论文。

——在工程学、科学与数学领域，非裔美国人对博士教育的满意度低于白人。但是，当他们的经历和背景相似时，这种低满意度就会消失。

——国际学生与其他学生的主要区别是他们的进度不同，这可能源于签证要求。在我们的研究中，国际学生比其他种族–族裔的美国学生进度更快。

——女性关注的是工程学、科学与数学领域的研究生产力。排除背景和经验等因素，男性在展示学术报告、发表研究文章以及整体研究生产力方面都有显著的优势。提高研究生产力一贯的做法是在学习过程中有导师和担任研究助理。研究结果表明，女性在上述领域这两个方面都没有缺陷，因此我们无法用我们的数据来解释女性的低研究生产力。

——总体而言，最令人担心的发现是，男性博士生对于师生社会交往的评价高于女性。

——年龄较大的学生不太可能得到学业奖学金和助研奖学金、助教奖学金，这并不让人惊讶。这种情况适用于所有领域。只有在工程学方面，年龄较大的学生完成学位的可能性较小，而在教育学方面，年龄只是获得学位用时较短的一个较小的预测因素。

——没有证据表明婚姻状况阻碍学生的研究生产力。

——已婚学生比未婚学生更不容易辍学。同样，在教育学、工程学、科学与数学学科，已婚或有伴侣是预测完成学业的一个很好的指标（在工程学方面有2倍的可能性）。已婚或有伴侣的学生在工程学、人文学、科学与数学学科取得学位的时间也比单身学生短。

——大体上，有18岁以下子女与没有子女的学生在与同龄人的社会交往、与教师的社会和学术互动，以及研究生产力水平方面经验相似。有子女的学生更有可能停止他们的博士课程，或许这并不令人感到意外。我们发现，在工程学、人文学和社会科学领域，有子女的学生完成学位用时更长。

致　谢

感谢在这个项目进行的 8 年中投入了时间、爱心、善良和金钱的人们。首先，我们感谢 Samuel Cargile，他为这个项目提供了最初的支持。当时，Sam（即 Samuel）是礼来公司的项目（代码 950437）经理。他很喜欢我们最初的想法，从他宝贵的可自由支配的资金账户上给予投资，在项目初期推出我们的一年计划活动。很难想象如果没有 Sam 最初的支持，我们会被迫进行什么样的选择。感谢来自斯坦福大学的 Patricia Gumport 和 William Massy，来自宾夕法尼亚大学的 Robert Zemsky 和 Peter Cappelli，他们在 1997 年组建了全国高等教育发展中心（NCPI）执行委员会，向我们提供了来自 NCPI（基金代码 R309A60001）的桥梁资金，使项目研究在我们规划的年限之后得以继续。他们很欣赏这项研究的价值，并且他们本身就是经验丰富的学者，在自己的研究中往往可以感同身受，在关键时刻与我们产生共鸣。除了集体支持，他们每一个人都对设计实施提出了富有建设性的意见。我们还要感谢 Carol Lacampagne，前教育研究和改进办公室主任，赞许和支持 NCPI 执行委员会的决策。

礼来公司的捐赠基金和全国高等教育发展中心（NCPI）对于计划的启动至关重要，但是我们的设计目标很宏大，还需要大量的补助资金。Patricia Graham 与 John Barcroft 和斯宾塞基金会的同事们一起，通过斯宾塞基金会的主要资助计划（代码 19980004），为这项研究提供了第一笔重要的研究补助资金。我们仍能回忆起，当通过 Pat Graham 得知斯宾塞基金会支持我们的决定时，那种不可思议的兴奋与宽慰。感谢国家科学基金会（NSF）为项目提供的第二笔重要的研究补助资金（NSF 代码 REC 9903080）。Elizabeth Vander Putten，国家科学基金会副主任，自始至终鼓励我们，为我们加油。与在 NSF 的同事 Susan Hill 和 Mary Golladay 一样，Elizabeth 也在整个项目中提供了实质性的建议充实我们的结论。NSF 的资助为我们提供了需要的资源：在 2002 年 10 月召集研究生院院长研讨会讨论我们的研究成果。我们还要感谢斯宾塞基金会和 NSF 的员工，感谢两家机构严格的资金审核程序，他们帮助我们改进研究思路。

我们所在机构的支持，对研究工作的开展至关重要，在这方面密歇根大学的表现尤为突出，该大学各单位和人员都给我们提供了帮助。首先，我们感谢 Horace H. Rackham 研究生院连续四任院长：已故的 John D'Arms 和他的继任者 Robert Weisbuch、Nancy Cantor 以及 Earl Lewis。每一个人在给予物质、精神、智慧和鼓励方面都是伟大的同事和朋友。他们对内容的谨慎态度和对我们工作的认可，使我们在寻求机构参与时，从美国研究生院的同行那里获得了更多的信任。我们也很幸运地得到了密歇根大学其他同事的建议，尤其是拉克姆研究生院的 Cynthia Cross，以及 Marvin Parnes，研究开发和管理部门的前副总裁。Marvin 在第一个夏天为我们的研究提供了适度但重要的桥梁资金，当时我们正在等待礼来捐赠基金的回应。尽管金额不大，但 Marvin 的支持在计划中的价值是不可估量的，因为它给了我们寻求外部资助的时间。

我们感谢在美国教育考试服务中心（ETS）的朋友和同事 John Yopp、Robert Durso、Paul Ramsey。在加入 ETS 之前，我们还在密歇根大学工作，他们提供了研究生入学考试（GRE）项目的数据，用于确认我们学生的自我报告分数样本，使我们对自己的调查数据有信心。这种合作对于建立自我报告认知数据的可信度非常重要。我们也感谢 ETS 主席 Kurt Landgraf 对这项工作重要意义的认可，感谢他对我们的鼓励和支持。

研究生院委员会（CGS）也发挥了重要作用。感谢 Peter Syverson、Anne Pruitt-Logan、Jules LaPides 和 Debra Stewart，让我们在 CGS 年度项目中汇报和讨论课题进展过程中的发现。这使我们能够得到国家研究生院领导人的反馈和建议。Debra Stewart 使我们与 CGS 的相关活动保持联系，这是这个项目的一个重要环节。

我们对 2002 年 10 月参加研讨会的人士表示诚挚的谢意。他们对草案最初的反馈和建议是我们的成果出版的基础。在此逐一感谢，他们是密歇根州立大学的 Ann Austin，斯坦福大学的 Keith Baker，安德鲁·W·梅隆基金会的 Sharon Brucker，密歇根大学安娜堡分校的 Paul Courant，国家奖学金基金会的 John Cross、Woodrow Wilson，斯宾塞基金会的 Susan Dauber，密歇根大学安娜堡分校的 Nathan Daun-Barnett，密歇根大学安娜堡分校的 Stephen Director，密歇根大学安娜堡分校的 James Duderstadt，北卡罗来纳大学教堂山分校的 Linda Dykstra，纽约市立大学研究生中心的 Linda Edwards，美国科学促进会的 Yolanda George，密歇根大学安娜堡分校的 Edie Goldenberg，加州大学伯克利分校的 Marc Goulden，国家科学基金会的 Susan Hill，密歇根大学安娜堡分校的 Carol Hollenshead，密歇根大学安娜堡分校的 June Howard，美国研究机构的 Rita Kirshstein，国家科学院的 Charlotte Kuh，达特茅斯学院的 George Langford，阿拉巴马大学伯明翰分校的 Joan Lorden，克拉克亚特兰大大学的 Ernest Middleton，密歇根大学安娜堡分校的 Jeffrey Mirel，加州大学洛杉矶分校的 Claudia Mitchell-Kernan，密歇根大学安娜堡分校的 Lester Monts，美国教育部的 Ann Mullen，密歇根大学安娜堡分校的 Arie Nettles，马里兰大学帕克分校的 Dennis O'Connor，国家科学基金会的 Judith Ramaley，密歇根大学安娜堡分校的 Paul Ras-mussen，美国教育考试服务中心的 Thomas Rochon，密歇根大学安娜堡分校的 Homer Rose Jr.，密歇根大学安娜堡分校的 Larry Rowley，美国普林斯顿大学的 William Russel，天普大学的 Mark Schneider，杜克大学的 Lewis Siegel，哈佛大学教育研究生院的 Catherine Snow，研究生院委员会的 Debra Stewart，霍华德大学的 Orlando Taylor，（美国纽约州）哥伦比亚大学的 Beatrice Terrien-Somerville，国家科学基金会的 Elizabeth Vander Putten，美国大学协会的 John Vaughn，新布朗斯维克的罗格斯大学的 Harvey Waterman。

我们非常庆幸，感谢密歇根大学行政助理 Kathy Devereux 的高水平工作和热情的承诺，从提案到定稿，Kathy 给予了我们全面的协助。她帮助我们与所有的工作人员、外部参与者以及支持者进行交流。她对出版风格和规则的了解，以及她对各种类型的行政细节从财务到出版需求的关注，都是不可或缺的。我们也感谢 ETS 的 Kim Fryer 和 David Ohls。当我们从密歇根搬到 ETS 时，Kim 和 David

接替了 Kathy 的工作。Kim Fryer 帮助我们编辑展示数据和数字，而 David 在各种资料和样本工作中提供了宝贵的帮助。我们也感谢 Amy Lallier 的帮助，他为我们最后的努力提供了重要的支持。

很多学生以不同的方式为这项研究做出了贡献，并从项目各方面的工作机会中受益。作为典型的大学基础，ETS 的研究已经成为一个持续的教学过程。这些学生包括 Doug Ready、Steven Culpepper、Su Bang Choe、Anne Feng、Phil DeCicca、Jean Waltman、Damon Williams、Lisa McRipley、Denise Williams、Gail Drakes、Sarah Welchans、Lindsay Holmes、Karen Thundiyil、Andrea Reinkemeyer、Heather Kent、Gina Kim，以及 Jennifer Beyer。他们查阅文献，分析数据，准备调查管理，从世界各地的网站获取参与机构的数据和信息，并参与了其他一些琐碎的工作。

参与研究的除了密歇根大学之外，还有 21 所大学，每所大学的主要管理人员、教师和学生都参与到从设计特征的概念化到问卷调查的整个过程中。他们还帮助在同事中支持这项研究，提供相关院校及学生的数据和信息。对于以下各所大学和项目代表，我们表示高度赞赏：

——克拉克 - 亚特兰大大学的 Sam Baldwin 和 Trevor Turner；

——哥伦比亚大学的 Eduardo Macagno 和 Deborah McCoy；

——纽约市立大学研究生中心的 Frances Horowitz、Pamela Reid 和 Charlotte Frick；

——哈佛大学的 Margot Gill、Jerome Murphy、Marisel Perez 和 Russell Berg；

——霍华德大学的 Orlando Taylor 和 Gwen Bethea；

——印第安纳大学的 George Walker、Donald Cunningham 和 Juliet Frey；

——纽约大学的 Juan Corradi、Catherine Stimpson、Ann Marcus 和 Thomas James；

——俄亥俄州立大学 Susan Huntington 和 Amy Edgar；

——普林斯顿大学的 John Wilson 和 David Redman；

——罗格斯大学的 Harvey Waterman、Richard Foley 和 Ron Mallon；

——斯坦福大学的 Roni Holeton 和 William Weiler；

——师范学院的 Karen Zumwalt 和 William Baldwin；

——天普大学的 Peter Goodwin 和 Elizabeth Bradley；

——马里兰大学帕克分校的 Jonetta Davis 和 William Destler；

——威斯康星大学的 Virginia Hinshaw 和 Joanne Nagy；

——得克萨斯大学奥斯汀分校的 Teresa Sullivan 和 Richard Cherwitz；

——加州大学伯克利分校的 Joseph Cerny 和 Judy Sui；

——加州大学洛杉矶分校的 Claudia Mitchell-Kernan 和 Ellen Benkin；

——北卡罗来纳大学教堂山分校的 Linda Dykstra 和 Paul Ilecki；

——范德堡大学的 Russell Hamilton 和 Peter Reed；

我们还要感谢西北大学的 Carol Stimpson Stern、纽约州立大学布法罗分校的 Carolyn Thompson，他们协助我们进行了调查仪器的测试。

我们还受益于两位国内领先的教育统计学家的建议，他们在项目开始和结束时提供了帮助。Eugene Johnson 第一次参与的时候是在 ETS，后来是在美国研究所。他建议我们采用抽样、加权和类型的统计测试。在 ETS，Shelby Haberman 为模型和方法的分析与适用提供了关键的元素。

最后，我们要感谢的是我们的家人，他们用爱来支持和自由坦率的评价使我们保持不断前进。我们感谢 Milletts、Catherine 的父母 Joan、John 以及兄弟姐妹 Margaret 和 Daniel。同时，也感谢 Nettles、Michael 的父母 Harriette 和 Willie，兄弟姐妹 Evelyn、Francine，妻子 Arie，以及三个女儿 Ana、Sabin、Aidan。每个人都听说和读过这本书的内容，就像 déjà vu 一样似曾相识。

图

2.1	博士生经历概念模型	34
5.1	按性别和领域，GRE 数学分数	67
5.2	按种族–族裔和领域，GRE 数学分数	67
6.1	按种族–族裔和领域，博士生入学学业奖学金	79
6.2	按种族–族裔和领域，读博期间助研奖学金	84
6.3	按种族–族裔和领域，读博期间助教奖学金	85
7.1	按领域，导师制	98
7.2	按领域，完成博士学位后期待首选教师或博士后研究员工作情况	100
8.1	学生研究生产力	107
8.2	按种族–族裔和领域，学生发表期刊论文情况	109
9.1	学生博士学业满意度测量	114
9.2	按领域，博士项目休学情况	119
10.1	按领域，截至 2001 年博士学位完成一学年以上用时情况	128
10.2	按种族–族裔和领域，截至 2001 年博士学位完成一学年以上用时情况	128
10.3	按领域，截至 2001 年完成博士学位用时中位数	130
D.1	学生社会经济状况	277
D.2	学生社会经济状况（z–分数）	278

表

2.1	1920—2000年美国授予博士学位的高等教育机构	7
2.2	按照每个机构授予的学位数量1977—2000年美国授予博士学位的大学	8
2.3	按博士学位生产水平，2000年高等教育机构授予的博士学位	8
2.4	按主要领域，2000年北美大学联盟成员授予的博士学位	9
2.5	美国大学授予学士学位、硕士学位以及博士学位的历史趋势	10
2.6	按种族－族裔和性别，2000年美国人口中18岁及以上的博士学位获得者	12
2.7	1869—2000年美国大学授予男性和女性博士学位的历史趋势分析	13
2.8	按种族－族裔和性别，1980、1991和2000年秋季公开研究生招生统计	14
2.9	按学科领域和性别，1981、1991和2000年授予的博士学位	15
2.10	按种族－族裔和所选择年份，1977—2000年授予的博士学位	18
2.11	按性别、种族－族裔和国籍，1981、1991和2000年授予的博士学位	19
2.12	按种族－族裔和学科领域，1981、1991和2000年授予的博士学位	24
2.13	按人口统计分组和选定年份，1980—2000年美国博士学位获得者毕业后的就业部门	30
3.1	未加权和加权的样本分布	48
4.1	按领域，样本的种族－族裔分布	52

11.1　按领域，博士生入学学业奖学金（1年或多年）的预测因素 ………136
11.2　按领域，博士生入学时获得助教奖学金（1年或多年）的预测因素……138
11.3　按领域，博士生入学时获得助研奖学金（1年或多年）的预测因素……140
11.4　按领域，博士学习过程中获得学业奖学金的预测因素………142
11.5　按领域，博士学习过程中担任助教的预测因素………145
11.6　按领域，博士学习过程中担任研究助理的预测因素………147
11.7　按领域，博士学习过程中背负教育债务的预测因素………150
11.8　按领域，同伴交往的预测因素………153
11.9　按领域，有导师的预测因素………155
11.10　按领域，师生社会交往的预测因素………156
11.11　按领域，师生学术交往的预测因素………159
11.12　按领域，学生与教师顾问交往的预测因素………161
11.13　按领域，学生整体研究生产力的预测因素………163
11.14　按领域，在全国会议上发表论文（独著或合著）的预测因素………165
11.15　按领域，出版一篇研究文章（独著或合著）的预测因素………166
11.16　按领域，博士项目总体满意度的预测因素………167
11.17　中断博士项目的预测因素………169
11.18　按领域，博士项目进度的预测因素………170
11.19　按领域，截至2001年一年级以上博士生完成学位情况的预测因素…172
11.20　按领域，截至2001年完成博士学位用时的预测因素………174
11.21　教育学回归模型的重要预测因素………176
11.22　工程学回归模型的重要预测因素………178
11.23　人文学回归模型的重要预测因素………180
11.24　科学与数学回归模型的重要预测因素………182
11.25　社会科学回归模型的重要预测因素………184
A.1　少数种族-族裔博士学位授予（1989—1993年）………233
A.2　按领域，1995年本研究中的院校排名………234
D.1　博士生经济状况、经历和表现调查的因素分析………276

D.2	调查数据库权重	279
F.1	按领域，博士生入学时获得学业奖学金（1年或多年）的回归分析预测因素	285
F.2	按领域，博士生入学时获得助教奖学金（1年或多年）的回归分析预测因素	287
F.3	按领域，博士生入学时获得助研奖学金（1年或多年）的回归分析预测因素	289
F.4	按领域，博士学习过程中获得学业奖学金的回归分析预测因素	291
F.5	按领域，博士学习过程中担任助教的回归分析预测因素	293
F.6	按领域，博士学习过程中担任研究助理的回归分析预测因素	295
F.7	按领域，博士学习过程中背负教育债务的回归分析预测因素	297
F.8	按领域，同伴交往的回归分析预测因素	299
F.9	按领域，有导师的回归分析预测因素	301
F.10	按领域，师生社会交往的回归分析预测因素	302
F.11	按领域，师生学术交往的回归分析预测因素	304
F.12	按领域，学生与教师顾问交往的回归分析预测因素	306
F.13	按领域，学生整体研究生产力的回归分析预测因素	308
F.14	按领域，在全国会议上发表论文（独著或合著）的回归分析预测因素	310
F.15	按领域，出版一篇研究文章（独著或合著）的回归分析预测因素	312
F.16	按领域，博士教育总体满意度的回归分析预测因素	314
F.17	按领域，中断博士项目的回归分析预测因素	316
F.18	按领域，博士项目进度的回归分析预测因素	317
F.19	按领域，截至2001年一年级以上博士生完成学位情况的回归分析预测因素	319
F.20	按领域，截至2001年完成博士学位用时的回归分析预测因素	321
F.21	二十种回归模型中显著性与非显著性统计学预测因素	323

G.1　五个主要领域样本的未加权分布 …………………………………… 327
G.2　各领域 GRE 分析性写作成绩缺失数据分析 ………………………… 328
G.3　各领域 GRE 语言成绩缺失数据分析 ………………………………… 328
G.4　各领域 GRE 数学成绩缺失数据分析 ………………………………… 328

目 录

第一章 　从过去到现在的概览 …………………………………………… 1

第二章 　研究的背景、趋势与概念框架 ………………………………… 7

第三章 　调查设计与研究模型 …………………………………………… 39

第四章 　样本的人口统计学分析 ………………………………………… 51

第五章 　录取与筛选 ……………………………………………………… 61

第六章 　资助博士教育 …………………………………………………… 73

第七章 　社会交往 ………………………………………………………… 89

第八章 　研究生产力 ……………………………………………………… 103

第九章 　满意度、成绩与进程 …………………………………………… 111

第十章 　进度、完成率与学位用时 ……………………………………… 123

第十一章 　经历和表现预测 ……………………………………………… 133

第十二章 　学科领域差异解读 …………………………………………… 187

第十三章 　特定群体的影响 ……………………………………………… 211

第十四章 　博士生经历新答案与新问题 ………………………………… 225

附录 A 　用于本研究的标准及广泛的专业领域 ………………………… 233

附录 B 　生物和物理科学领域博士生的社会与学术成果 ……………… 237

附录 C 　博士生经济状况、经历和表现调查 …………………………… 239

附录 D 　方法论 …………………………………………………………… 271

附录 E　就读传统黑人高校的差别效应 …………………………………… 281

附录 F　经历与表现预测回归分析表 ……………………………………… 285

附录 G　研究生入学考试成绩：数据缺失与分布 ………………………… 327

后记 ……………………………………………………………………………… 329

第一章

从过去到现在的概览

在政治和学术界，对博士教育的可行性、价值和设计争论了近一个世纪之后，第一个博士学位于 1860 年在美国耶鲁大学设立。1 年后，耶鲁大学颁发了第一个哲学博士学位。16 年后，1876 年，约翰·霍普金斯大学成立了第一所研究生院。从那时起，美国博士教育的历史掀开了光辉的一页，其渊源可以追溯到德国的大学。18 世纪后期，哈雷大学和哥廷根大学有一种观点认为，大学应该是"自由科学研究的工作坊"（Brubacher 和 Rudy 1968，175），这个观点在柏林、布雷斯劳、波恩和慕尼黑大学得到了贯彻。19 世纪末，一位希腊教授，同时是约翰·霍普金斯研究生教育发展中的关键人物之一 Basil Lanneau Gildersleeve 回忆，年轻时他奔赴德国，为成为教授做准备，"因为在美国想成为一名教授是不可能的，与别人争论专业准备的必要性，会遭受嘲笑和荒谬的指责"（Rudolph 1990，334）。

历史学家记载了耶鲁、约翰·霍普金斯、哥伦比亚、密歇根、克拉克和凯斯西储等地，以及美国教育推进协会、美国科学促进协会和美国哲学学会等专业学术团体博士教育先驱们的生活（Storr 1953，7，70，82）。美国博士学位最初以德国哲学博士为蓝本，被认为是授予为学术和研究职业做准备进行拓展研究的精英们的。根据 Anne Buchanan 和 Jean-Pierre Hérubel（1995，2）的研究，美国的博士学位像德国哲学博士学位一样，是由中世纪的巴黎大学和博洛尼亚大学授予的，获得学位的学生将有资格成为行业协会的正式成员（Berelson 1960；Brubacher 和 Rudy 1968；Cordasco 1973；Storr 1953）。如此高的地位和攻读学位带来的挑战促使 William James 称其为"三个魔法字母"（James 1971，341）。

博士教育的统计史和当代博士生的经历及表现，虽然绝大多数情况下被忽视,但却是与叙述历史同等重要的两个课题。这些课题告诉我们博士教育从起源至今发展到了什么程度。博士学位教育的常用统计数据旨在回答以下问题:美国博士教育的增长率是多少?有多少人追求和完成博士学位?追求和完成博士学位的人口构成是什么?什么类型的大学授予博士学位?博士生在学习什么?博士生取得了什么样的成功?拿到博士学位,他们追求什么职业?

一、现状

现在是对博士生研究的一个特别有趣的时期。自 William Bowen 和 Neil Rudenstine(1992)发布博士教育现状和追求博士学位人群的详细调查以来,10多年过去了。在此期间,美国研究生课程种类、规模及学生人数出现了巨大的增长,而对有关寻求博士学位的学生特征或学生人口扩张的经验并没有明确的认识。这些问题在妇女、国际学生、亚裔美国人、非裔美国人、西班牙裔美国人和美国土著中的变化各不相同。与教育的早期阶段一样,博士生群体中占比较少的学生,特别是非裔美国人和西班牙裔美国人,取得成功的主要指标(研究出版物和报告、专业领域内的社会交往和及时完成学位的进度)落后于白人和亚裔美国人。然而,对这些学生群体和他们的博士经历的研究却很少,可能是因为研究人员在获得足够的样本时遇到了困难。我们研究的独特性在于,我们有能力比较博士生的各种人口统计学特征。受访者基数的大小允许通过种族-族裔、国籍和性别分析,最终正确判断不断变化的多样性。

一份国家科学基金会(1996,98)的报告《科学与数学教育指标》(1995)指出:"需要对学生接受教育的质量进行更系统的研究,并研究减少学生流失的方法。"关于成绩的国家数据一般都是可以获得的,但它们缺乏学生的教育、个人和文化背景,财政资助安排,学生行为以及经验等关键内容。这些简单的数据不能满足博士生的信息需求。一位研究员(Lovitts 2001)已把学生项目所要求的信息的缺乏与不断增长的仅剩论文未完成的学生数量和学生的流失率联系起来。在这里,我们揭示统计数据背后的生活细节试图理解这个过程,通过梳理有助于提高博士生发展、成就和经历质量的相关因素来填补现有的研究空白。

在全国不同的博士生群体中，有争议的问题包括以下几个方面：
——学生的不同特点、准备和智力水平；
——学生不同的学校生活方式与博士学位研修的重叠程度；
——学生体验课程和培训的多种方式；
——学生与教师、顾问和导师之间关系的多样性；
——学生完成课程和学位的时间；
——学生资助博士教育的种类和数量；
——学生获得学位后的各种职业计划、机会和追求；
——学生博士教育经历满意度的多样化。

二、扩大样本

我们感谢研究者，他们的早期工作在很多方面提供了线索，说明各种测量在特定群体或环境中的相互作用（Baird 1976，1990b，1993a；Berelson 1960；Bowen 和 Rudenstine 1992；Lovitts 2001；Nerad 和 Cerny 1993；Stein 和 Weidman 1989b，1990；Weiler 1991，1993）。但到目前为止，还没有像我们这样变量全面、样本基数强大的研究存在。我们开展了一项调查，是美国博士生参与人数最多的调查之一，从全国 21 个的主要博士学位授予单位中抽取了 9 036 名学生，代表十一个学科领域。为了确保调查结果的广泛适用性，我们对指定的来源提出了严格的要求。最终，在 28 页内容 88 项调查中得了 70%的反馈。其结果是一个无与伦比的通用数据库，在学生积极参与博士项目的进程中展示对他们的考察成果。调查设计还提供了所有主要种族－族裔背景下足够数量的学生，根据种族－族裔、国籍和性别分析我们的因变量。

我们的目的是解释个人、机构、领域、教师和资金如何帮助学生在博士项目中取得进展。完成这一过程分两个阶段：首先，根据受访者的反馈进行描述性统计分析，并按学科领域组织数据。其次，着手相关分析，探讨众多变量之间的联系。本书的初衷是增进对博士学位进程的认识，我们试图解释研究结果，对叙述分析中可能有深刻意义的缄默和空白保持敏感。

三、持续关注的问题

早在 1960 年 Bernard Berelson 的重要研究《美国研究生教育》中，梳理博士过程的现实情况就已成为对研究人员的挑战。Berelson（1960，1）发现："自 1876 年约翰·霍普金斯大学确立研究生工作以来，研究生院经历了若干阶段，以应对各种教育和社会压力；因此，它已成为主要的研究和学术培训之家；它的组织和课程融合了国内外特色；它与本科生课程互相影响；它的侧重点在学术和专业间不断变化；它已经从一些学科发展到许多机构，而且它一直在高等教育系统的关键点上发挥影响力。"

Berelson 预计，研究生教育也将面临一个"有争议的未来"。学生人数的增加是他所预见到的导致研究生教育越来越具有争议性的原因之一。即使全面了解过去并洞察未来，Berelson 也无法想象以后 40 年研究生教育的规模、多样性和复杂性的增长程度。

然而，研究生教育比其他教育问题吸引公众的关注少。为吸引公众的兴趣，布鲁金斯学会（由国家科学基金会支持）的 Bruce Smith（1985）召开了研究生教育特别会议。Smith（1985，1）的报告指出，教育领域最深远的变革出现在研究生阶段："在学生人口统计学趋势、教师生活方式、知识的快速发展和新领域的增加、资本力度研究、新信息技术转型、研究生的传统职业期望以及其他方面发生变化。"

本书讨论了可能引起公众注意的话题。当然，全国近 90 万名大学教师和 1 300 万名大学生除关注增长趋势和改变人口统计以外，还有既得利益的问题，如社会化、预期和实际的业绩与研究生产力、博士课程用时、学位资助，以及资金和博士生经验质量之间的关系，等等。我们的发现为博士经历的影响与局限以及未来探索的新问题提供了新的见解。

四、本书的结构

本书的前一部分阐述了研究的背景和细节。第二章从历史统计和概念模型的介绍入手，对美国博士教育的背景进行了介绍，这是本书的核心内容。第二章介绍了许多关于长期趋势的数据，显示了博士学位授予机构、研究生入学人数和学位授予人数的增长。研究生教育机构和博士学位获得数量增长的关系也在第二章解决。这些数据尽可能按照学科领域、种族－族裔、国籍和性别分类呈现。我们调查了博士后就业的选择，提出了我们的概念框架，这是本书的重点。我们认为，在美国，博士生教育的巨大发展和多样化使我们处于评估博士生学习经历和成果的黄金时间。

在第三章，关于研究的组织工作，我们阐释如何开发一个全新的数据库，并详细描述了第二章提出的概念模型，提供了每个数据元素的基本原理。在这一章，还介绍了我们开发的收集数据的调查工具，对变量的选择和发展进行了说明。即使最强大的社会科学研究也有局限性，在本章的结尾，描述了我们认为的局限性。

后面几章特别关注了很少有记载的完成博士教育的学生的经历和表现。我们归纳了一些常见的问题：除了博士生的种族－族裔、性别和学科领域以外，还有哪些人口统计学特征（第四章）；学生读博期间的学术、资金和负债是什么（第五章）；博士生如何资助他们的教育（第六章）；学生如何与同龄人、教师和导师互动（第七章）；学生在读博期间的学术生产力是什么（第八章）；学生如何评价自己的表现、满意度和进步（第九章）；博士生的进度、学位完成率和学位用时是多少（第十章）。

在第十一章，我们使用相同的结构来讨论相关性分析：人口统计学、准备和筛选、筹资、社会交往、研究生产力、进度、满意度和学位完成。在第十二章，我们通过研究资金和导师指导等一般问题对博士学位研修的影响，开始对研究结果进行解释。在第十三章，我们继续对影响进行解释和讨论，重点是按种族－族裔、性别和个人背景特征确定的特定群体。在第十四章，我们总结了我们的新知识和理解，提出了今后要解决的问题与改进博士生教育的建议。

第二章

研究的背景、趋势与概念框架

在美国博士学位体制建立后的前半个世纪,高等教育机构提供的博士学位的数量和类型都在稳步增长。在随后的半个世纪里,特别是 20 世纪后半期,经济的增长速度急剧加快。到 1924 年,第一个美国博士学位授予 63 年后,有 61 所大学授予博士学位,而到 1964 年——美国博士学位 100 周年纪念日刚过——这个数字上升到了 208(见表 2.1)。到 2000 年前,有 528 所大学——美国大约三分之一非专业 4 年制高校——授予博士学位。[①]随着机构数量的增加,学位授予的数量也在不断增长。1977—2000 年,每个机构授予学位数量的范围从少于 11 个到 100 个以上(见表 2.2)。2000 年,半数博士学位授予机构授予的学位不超过 30 个。过去 30 年,机构比例在这个范围内一直保持稳定。同年,133 所每年授予 100 个以上博士学位的院校授予的博士学位,占全美所有博士学位的 77.9%(见表 2.3)。

表 2.1 1920—2000 年美国授予博士学位的高等教育机构

年份	授予博士学位的大学数量/所
1920—1924	61
1930—1934	87
1940—1944	107
1950—1954	142
1960—1964	208
1970—1974	307

---

① 2000—2001 年,授予博士学位的 4 年制高等教育机构数量为 654 个(Knapp 等,2002)。

续表

年份	授予博士学位的大学数量/所
1977	371
1981	402
1991	468
2000	528

来源：1977 年之前的数据来自哈蒙（1978）；1977—2000 年的数据来自高等教育信息普查（1977，1981）和综合高等教育数据系统（1991，2000）的学位完成调查。

表 2.2 按照每个机构授予的学位数量 1977—2000 年美国授予博士学位的大学

每个机构授予的博士学位数量区间/个	大学的数量/所			
	1977 年	1981 年	1991 年	2000 年
<11	120	145	143	155
11~20	45	41	70	73
21~30	19	28	34	43
31~50	42	36	44	54
51~100	43	50	59	70
>100	102	102	118	133
总数	371	402	468	528

来源：高等教育信息普查（1977，1981）和综合高等教育数据系统（1991，2000）的学位完成调查。

表 2.3 按博士学位生产水平，2000 年高等教育机构授予的博士学位

博士学位授予数量区间划分/个	大学的数量/所	博士学位授予数量/个	占博士学位总数比例/%
1~10	155	722	1.6
11~20	73	1 080	2.4
21~30	43	1 087	2.4
31~50	54	2 087	4.7
51~100	70	4 920	11.0
>100	133	34 922	77.9
总数	528	44 818	

来源：综合高等教育数据系统（2000）的学位完成调查。

60 所美国最负盛名的、授予最高质量博士学位的大学，构成了北美大学联盟（AAU）。2000 年，大约一半博士学位是由北美大学联盟（AAU）成员授予的。

在吸引国际学生份额最大的科学领域中,这一比例更大。同年,北美大学联盟(AAU)成员授予了全国大多数博士学位,涉及艺术和音乐(66.4%)、人文学(65.3%)、传播与图书馆学(63.4%)、社会科学(63.1%)、工程学(62.4%)、数学和计算机科学(61.7%)、物理科学和地球科学(60.4%)、社会服务专业(55.2%)、生命科学(53.5%)等领域(见表2.4),而工商管理(42.3%)、教育学(30.6%)、心理学(21.4%)、宗教和神学(8.6%)等领域,授予的博士学位不到全国一半(见表2.4)。这些领域对科学和技术设备的投资需要较少,对教师的社团服务和实践需求较高,只需要不太复杂的基础结构研究。这些相对较低的成本要素使非北美大学联盟(AAU)成员可以开展博士教育,并使用相对简单的基础设施。

表 2.4 按主要领域,2000 年北美大学联盟成员授予的博士学位

领域	博士学位总数/个	北美大学联盟授予的博士学位数/个	北美大学联盟授予的博士学位数占博士学位总数比例/%
艺术和音乐	1 136	754	66.4
人文学	3 668	2 397	65.3
传播与图书馆学	415	263	63.4
社会科学	3 983	2 514	63.1
工程学	5 384	3 357	62.4
数学和计算机科学	1 856	1 145	61.7
物理科学和地球科学	4 023	2 429	60.4
社会服务专业	270	149	55.2
生命科学	8 427	4 506	53.5
其他[a]	1 297	588	45.3
工商管理	1 245	527	42.3
教育学	7 171	2 191	30.6
心理学	4 163	891	21.4
宗教和神学	1 780	153	8.6
所有学科	29 162	17 514	60.1

来源:综合高等教育数据系统(2000)完成的调查。
[a] "其他"包括科学和工程技术、跨学科或其他科学、建筑和环境设计、法律、职业研究和家政学。

一、博士学位数量的相对增长

博士教育在 1870—2000 年间稳步增长，与学士和硕士学位的趋势相似。到 20 世纪的第一个 10 年结束时，博士学位授予不到 400 个，占所有学位的 1.3%（见表 2.5）；学士学位占总数的 93.3%，硕士学位占总数的 5.4%。即便如此，美国高等教育的领导者仍担心博士学位泛滥。William James（1971）在——被同时代许多学者分享的——《章鱼博士》中对高校日益提高的对每位教师都拥有博士学位的要求表示关注。James 主要担心扩大（也就是说"降低"）进入博士课程的人数的后果，在某种程度上是高等教育的一个危险先例。

表 2.5 美国大学授予学士学位、硕士学位以及博士学位的历史趋势

年度	学位总数/个	学士学位		硕士学位		博士学位	
		数量/个 [a]	占学位总数比例/%	数量/个	占学位总数比例/%	数量/个	占学位总数比例/%
1869—1870	9 372	9 371	100.0	—	0.0	1	0.0
1879—1880	13 829	12 896	93.3	879	6.3	54	0.4
1889—1890	16 793	15 539	92.5	1 105	6.6	149	0.9
1899—1900	29 375	27 410	93.3	1 583	5.4	382	1.3
1909—1910	39 755	37 199	93.6	2 113	5.3	443	1.1
1919—1920	53 516	48 622	90.9	4 279	8.0	615	1.1
1929—1930	139 752	122 484	87.6	14 969	10.7	2 299	1.6
1939—1940	216 521	186 500	86.1	26 731	12.3	3 290	1.5
1949—1950	496 661	432 058	87.0	58 183	11.7	6 420	1.3
1959—1960	476 704	392 440	82.3	74 435	15.6	9 829	2.1
1969—1970	1 030 473	792 316	76.9	208 291	20.2	29 866	2.9
1979—1980	1 260 113	929 417	73.8	298 081	23.7	32 615	2.6
1989—1990	1 414 016	1 051 344	74.4	324 301	22.9	38 371	2.7
1999—2000	1 739 739	1 237 875	71.2	457 056	26.3	44 808	2.6

来源：国家教育统计中心（2002）。

注：数据展示的是过去每 10 年中最后一年授予的学位数量。

[a] 第一专业学位包括学士学位，到 1960 年止。

尽管一些杰出的学者担心，但博士学位已实现稳步增长。在 2000 年度授予的学士、硕士和博士学位中，博士学位占 2.6%（见表 2.5），共有超过 120 万个学士学位、457 000 多个硕士学位和将近 45 000 个博士学位。在最近的 40 年中，硕士学位授予的比例急剧上升，从 1960 年占所有学位的 15.6%，到 2000 年达到 26.3%。Allan Cartter（1976，76）认为，博士教育进展的部分原因是"研究生教育的后'旅行者号'扩张，由科学前沿的快速发展引发，并迅速得到联邦扩展学生支持项目的大力协助，促进了博士教育的进展"。其他因素包括满足扩大教学与研究需求的人才数量相对短缺（直到 1968 年前）和义务兵役政策的激励、1969 夏天的批准入学的研究生缓服兵役草案（Cartter 1976）。与下降的预测相反（Veysey 1978），研究生教育上升趋势稳定。

二、美国成年人口的博士比例

尽管获得研究生教育的机会越来越多，但只有一小部分美国人获得了博士学位。根据人口普查局（2002）的人口报告，2000 年全国成年人口中只有 1% 左右——18 岁及以上人口中大约 1.5%的男性和 0.6%的女性——获得博士学位（见表 2.6）。这一比例因种族－族裔群体而异。只有 0.3%的非裔、0.4%的西班牙裔、1.1%的白人和 2.6%的亚裔（包括太平洋岛民，下同）获得博士学位。获得博士学位的白人中女性（0.6%）比男性少（1.7%），亚裔女性（1.4%）比男性少（3.9%）。非裔和西班牙裔美国人获得博士学位的性别比例较为平均。

2000 年，美国成年人口中女性占 52%，但仅占博士学位人口的 29.5%。种族－族裔也有类似的不平衡现象。一些群体中博士学位获得者较多，其他群体中较少。例如，白人占人口的 73.4%，占美国当年博士人口的 81.6%；亚裔人口占比 3.9%，博士学位占比 10.2%；西班牙裔人口占比 4.1%，博士学位占比 10.5%；而非裔占总人口的 11.6%，只有 3.5%有博士学位（见表 2.6）。

表 2.6 按种族－族裔和性别，2000 年美国人口中 18 岁及以上的博士学位获得者

种族－族裔和性别	美国 18 岁及以上人口总数			美国人口中 18 岁及以上获得博士学位的总数			
	数量/千	在种族－族裔内的比例/%	总体和在性别内的比例/%	数量/千	总共的博士学位获得者/人	在种族－族裔内的比例/%	总体和在性别内的比例/%
总体的							
总数	201 762	—	100.0	2 032	100.0	—	1.0
男性	96 901	—	48.0	1 433	70.5	—	1.5
女性	104 861	—	52.0	599	29.5	—	0.6
非裔							
总数	23 308	100.0	11.6	72	3.5	100.0	0.3
男性	10 400	44.6	10.7	37	1.8	51.4	0.4
女性	12 908	55.4	12.3	35	1.7	48.6	0.3
亚裔							
总数	7 859	100.0	3.9	207	10.2	100.0	2.6
男性	3 753	47.8	3.9	148	7.3	71.5	3.9
女性	4 106	52.2	3.9	59	2.9	28.5	1.4
西班牙裔							
总数	21 109	100.0	10.5	84	4.1	100.0	0.4
男性	10 443	49.5	10.8	51	2.5	60.7	0.5
女性	10 665	50.5	10.2	33	1.6	39.3	0.3
白人							
总数	148 091	100.0	73.4	1 659	81.6	100.0	1.1
男性	71 674	48.4	74.0	1 195	58.8	72.0	1.7
女性	76 417	51.6	72.9	464	22.8	28.0	0.6

来源：美国人口普查局（2000）。

注：博士学位获得者总数为 2 032 人，其中各个种族－族裔总数为 2 022 人。

三、博士增长的人口统计分析

许多专家未能预见到 20 世纪 70 年代博士研究生教育在种族－族裔和性别方面的拓展，如 Cartter（1976）和 Laurence Veysey（1978）。女性和少数种族，尽管在人数上一直处于劣势，但已是博士生招生、学位获得者整体增长的关键因素。

最近有预测者指出，女性的兴趣和参与程度越来越高，非裔美国人参与程度略低于女性，但他们很少考虑亚裔美国人、西班牙裔美国人和美国土著所扮演的角色。这是可以理解的。因为过去20年美国人口增长很大程度上是由东亚移民和墨西哥人最近的移民推动的。关于女性参与程度提高的预测，部分归因于育龄女性行为的代际差异。在20世纪80年代和90年代，生孩子越来越不妨碍职业发展和研究生入学。同样，历史上国际学生人数很少增加，但在20世纪后期却增加明显。

（一）女性人数增加

自125年前Helen McGill White成为美国第一位女性博士（1877年在波士顿大学）以来，女性已经在取得博士学位上获得巨大的收益，大部分数量增长发生在过去的35年中（见表2.7）。从1960—1970年，女博士生人数翻了两番，而男性人数增加了2倍。1980—2000年，美国女性研究生入学人数增加了60%，男性增加了15.5%（见表2.8）。类似地，与1981年相比，在2000年获得博士学位的女性增加了93%，而男性仅增加了10.1%（见表2.9）。尽管在2000年，女性学士学位授予的比例（57.1%）和研究生入学率（57.9%）都占多数，但获博士学位的人数仍然偏低（44.2%）。然而，女性的总体收益是显著的，因为在20世纪初，每年国家的博士学位她们仅占10%左右。

表2.7 1869—2000年美国大学授予男性和女性博士学位的历史趋势分析

年度	总数量/个	男性/人	占总学位数的比例/%	女性/人	占总学位数的比例/%
1869—1870	1	1	100.0	0	0.0
1879—1880	54	51	94.4	3	5.6
1889—1890	149	147	98.7	2	1.3
1899—1900	382	359	94.0	23	6.0
1909—1910	443	399	90.1	44	9.9
1919—1920	615	522	84.9	93	15.1
1929—1930	2 299	1 946	84.6	353	15.4
1939—1940	3 290	2 861	87.0	429	13.0
1949—1950	6 420	5 804	90.4	616	9.6
1959—1960	9 829	8 801	89.5	1 028	10.5

续表

年度	总数量/个	男性/人	占总学位数的比例/%	女性/人	占总学位数的比例/%
1969—1970	29 866	25 890	86.7	3 976	13.3
1979—1980	32 615	22 943	70.3	9 672	29.7
1989—1990	38 371	24 401	63.6	13 970	36.4
1999—2000	44 808	25 028	55.9	19 780	44.1

来源：国家教育统计中心（2002）。

表 2.8　按种族–族裔和性别，1980、1991 和 2000 年秋季公开研究生招生统计

种族–族裔和性别	1980 年 数量/人	1980 年 比例/%	1991 年 数量/人	1991 年 比例/%	2000 年 数量/人	2000 年 比例/%	1980—2000 年的变化率/%	比例代表制的变化/%
全部种族–族裔								
总数	1 344 073		1 638 900		1 850 271		37.7	
女性	669 220	49.8	878 021	53.6	1 070 655	57.9	60.0	79.3
男性	674 853	50.2	760 879	46.4	779 616	42.1	15.5	20.7
非裔								
总数	75 086	5.6	88 876	5.4	146 147	7.9	94.6	14.0
女性	46 927	62.5	57 924	65.2	101 561	69.5	116.4	
男性	28 159	37.5	30 952	34.8	44 586	30.5	58.3	
美国印第安人/阿拉斯加土著								
总数	5 198	0.4	6 636	0.4	9 529	0.5	83.3	0.9
女性	2 723	52.4	3 892	58.6	6 044	63.4	122.0	
男性	2 475	47.6	2 744	41.4	3 485	36.6	40.8	
亚裔								
总数	31 611	2.4	57 637	3.5	85 032	4.6	169.0	10.6
女性	12 974	41.0	25 880	44.9	44 995	52.9	246.8	
男性	18 637	59.0	31 757	55.1	40 037	47.1	114.8	
西班牙裔								
总数	32 108	2.4	50 811	3.1	86 140	4.7	168.3	10.7
女性	16 370	51.0	28 474	56.0	53 568	62.2	227.2	
男性	15 738	49.0	22 337	44.0	32 572	37.8	107.0	
白人								
总数	1 104 696	82.2	1 257 947	76.8	1 141 574	61.7	3.3	7.3

续表

种族－族裔和性别	1980 年		1991 年		2000 年		1980—2000 年的变化率/%	比例代表制的变化/%
	数量/人	比例/%	数量/人	比例/%	数量/人	比例/%		
女性	566 174	51.3	707 285	56.2	689 147	60.4	21.7	
男性	538 522	48.7	550 662	43.8	452 427	39.6	−16.0	
临时居民								
总数	92 177	6.9	176 993	10.8	232 247	12.6	152.0	27.7
女性	23 503	25.5	54 566	30.8	90 282	38.9	284.1	
男性	68 674	74.5	122 427	69.2	141 965	61.1	106.7	
未确定的种族－族裔								
总数	3 197	0.2		0.0	149 602	8.1	4 579.4	28.8
女性	549	17.2			85 058	56.9	15 393.3	
男性	2 648	82.8			64 544	43.1	2 337.5	

来源：高等教育信息普查（1980）和综合高等教育数据系统（1991，2000）的人数调查。

表 2.9　按学科领域和性别，1981、1991 和 2000 年授予的博士学位

学科和性别	1981 年		1991 年		2000 年		1981—2000 年的变化率/%
	数量/个	比例/%	数量/个	比例/%	数量/个	比例/%	
所有学科							
总数	32 982		39 350		44 818		35.9
女性	10 261	31.1	14 575	37.0	19 806	44.2	93.0
男性	22 721	68.9	24 775	63.0	25 012	55.8	10.1
工程学							
总数	2 561	7.8	5 262	13.4	5 384	12.0	110.2
女性	104	4.1	484	9.2	835	15.5	702.9
男性	2 457	95.9	4 778	90.8	4 549	84.5	85.1
物理科学和地球科学							
总数	3 145	9.5	4 289	10.9	4 023	9.0	27.9
女性	378	12.0	843	19.7	1 026	25.5	171.4
男性	2 767	88.0	3 446	80.3	2 997	74.5	8.3
数学和计算机科学							
总数	980	3.0	1 654	4.2	1 856	4.1	89.4
女性	139	14.2	280	16.9	405	21.8	191.4

续表

学科和性别	1981年		1991年		2000年		1981—2000年的变化率/%
	数量/个	比例/%	数量/个	比例/%	数量/个	比例/%	
男性	841	85.8	1 374	83.1	1 451	78.2	72.5
生命科学							
总数	5 633	17.1	6 687	17.0	8 427	18.8	49.6
女性	1 548	27.5	2 625	39.3	4 037	47.9	160.8
男性	4 085	72.5	4 062	60.7	4 390	52.1	7.5
心理学							
总数	2 964	9.0	3 450	8.8	4 163	9.3	40.5
女性	1 280	43.2	2 113	61.2	2 804	67.4	119.1
男性	1 684	56.8	1 337	38.8	1 359	32.6	19.3
社会科学							
总数	3 276	9.9	3 179	8.1	3 983	8.9	21.6
女性	904	27.6	1 129	35.5	1 710	42.9	89.2
男性	2 372	72.4	2 050	64.5	2 273	57.1	4.2
人文学							
总数	2 383	7.2	2 405	6.1	3 668	8.2	53.9
女性	1 098	46.1	1 197	49.8	1 855	50.6	68.9
男性	1 285	53.9	1 208	50.2	1 813	49.4	41.1
宗教和神学							
总数	1 276	3.9	1 075	2.7	1 780	4.0	39.5
女性	101	4.2	138	5.7	417	11.4	312.9
男性	1 175	49.3	937	39.0	1 363	37.2	16.0
艺术和音乐							
总数	654	2.0	836	2.1	1 136	2.5	73.7
女性	258	39.4	370	44.3	594	52.3	130.2
男性	396	60.6	466	55.7	542	47.7	36.9
教育学							
总数	7 900	24.0	6 706	17.0	7 171	16.0	9.2
女性	3 736	47.3	3 900	58.2	4 611	64.3	23.4
男性	4 164	52.7	2 806	41.8	2 560	35.7	38.5
工商管理							
总数	845	2.6	1 452	3.7	1 245	2.8	47.3

续表

学科和性别	1981年 数量/个	1981年 比例/%	1991年 数量/个	1991年 比例/%	2000年 数量/个	2000年 比例/%	1981—2000年的变化率/%
女性	125	14.8	366	25.2	384	30.8	207.2
男性	720	85.2	1 086	74.8	861	69.2	19.6
传播与图书馆学							
总数	253	0.8	315	0.8	415	0.9	64.0
女性	115	45.5	153	48.6	233	56.1	102.6
男性	138	54.5	162	51.4	182	43.9	31.9
社会服务专业							
总数	433	1.3	430	1.1	270	0.6	37.6
女性	173	40.0	240	55.8	192	71.1	11.0
男性	260	60.0	190	44.2	78	28.9	70.0
其他							
总数	679	2.1	1 610	4.1	1 297	2.9	91.0
男性	302	44.5	737	45.8	703	54.2	132.8
女性	377	55.5	873	54.2	594	45.8	57.6

来源：高等教育信息普查（1981）和综合高等教育数据系统（1991，2000）的学位完成调查。

（二）种族–族裔增益

非裔美国人认为 Edward Bouchet 是非裔最早的获得博士学位者——Edward Bouchet 1874 年在耶鲁成为第一位获得博士学位的非裔美国人；W. E. B. DuBois，哈佛大学 1885 年第一位非裔博士学位获得者——但是，在凭借学士学位获得美国国籍的非裔人口中，他们只能代表一小部分人。美国教育部最初在高等教育的一般资料调查（现在叫综合高等教育数据系统）中收集种族–族裔数据是在 1976 年，因此，我们展示种族–族裔趋势数据只从 1976 年开始。

1976 年，全国研究生院委员会任命了一个由当时著名的高校领导组成的特别顾问小组，调查研究生院少数种族–族裔比例不足的情况。报告显示，少数种族–族裔研究生和博士学位比例不足是"惊人的"（全国研究生院委员会 1976，3）。虽然非裔和西班牙裔美国人占全国人口的 16% 以上，但他们仅占研究生入学人数的 6%~7%，每年获博士学位的比例约为 5%。委员会认为应当增加少数种族-族裔的比例：

增加少数种族-族裔参与研究生教育的比例是实现所有人社会、经济、知识和文化福祉的一个重要的国家目标。增加少数种族-族裔群体获得博士学位的比例是为了社会的集体利益。

公平性是一个基本问题。必须消除根据种族-族裔、宗教、性别或民族血统提供机会和地位的区别，使少数种族-族裔有充分机会根据个人动机和智力潜力从事研究生学习。（全国研究生院委员会1976，1-2）

1977年，全国研究生院委员会发布报告1年后，全国高校共授予33 244个博士学位（见表2.10），其中只有3.8%（1 253）授予非裔，1.6%（534）授予西班牙裔，这两个美国主要的少数种族-族裔群体加起来只有5.4%（1 787），在注册研究生中的比例严重不足。20多年后，2000年博士学位的4.8%（2 140）授予非裔，3.1%（1 384）授予西班牙裔，合计7.9%（3 524）。[①]近30年后，全国研究生院委员会1976年敲响的警钟今天仍在回响。

过去20年的人口统计数据显示，妇女、国际学生和亚裔美国人的发展非常迅速。最引人注目的是西班牙裔、亚裔和国际学生。取得博士学位的西班牙裔人数从1981—2000年增加了188.9%，亚裔人数增加了162.5%，国际学生的人数增加了157.6%（见表2.10）。同一时期，非裔的增长率接近69.2%，美国土著的增长率为18.5%。

表2.10 按种族-族裔和所选择年份，1977—2000年授予的博士学位

年份及数量、比例	非裔	印第安人/阿拉斯加土著	亚裔	西班牙裔	白人	临时居民	未确定的种族-族裔	总计
1977								
数量/个	1 253	95	658	534	26 851	3 747	106	33 244
比例/%	3.8	0.3	2.0	1.6	80.8	11.3	0.3	100
1981								
数量/个	1 265	130	877	479	25 908	4 204	119	32 982
比例/%	3.8	0.4	2.7	1.5	78.6	12.7	0.4	100

---

① 国家科学基金会webcaspar系统分析2000年博士学位数达到48 818个，而教育统计文摘提供的2001年的统计数字是48 808个（NCES，2002）。国家教育统计中心的数字仅限于50个州和哥伦比亚特区。

续表

年份及数量、比例	非裔	印第安人/阿拉斯加土著	亚裔	西班牙裔	白人	临时居民	未确定的种族-族裔	总计
1987								
数量/个	1 016	102	1 057	906	23 373	6 358	1 414	34 226
比例/%	3.0	0.3	3.1	2.6	68.3	18.6	4.1	100
1991								
数量/个	1 210	104	1 452	800	24 902	9 824	1 058	39 350
比例/%	3.1	0.3	3.7	2.0	63.3	25.0	2.7	100
2000								
数量/个	2 140	154	2 302	1 384	26 366	10 831	1 641	44 818
比例/%	4.8	0.34	5.1	3.1	58.8	24.2	3.7	100
博士学位授予在所选时间上的数量变化的百分比/%								
1977—1987	-18.9	7.4	60.6	69.7	-13.0	69.7	1 234.0	3.0
1977—2000	70.8	62.1	249.8	159.2	-1.8	189.1	1 448.1	34.8
1981—2000	69.2	18.5	162.5	188.9	1.8	157.6	1 279.0	35.9
1987—2000	110.6	51.0	117.8	52.8	12.8	70.4	16.1	30.9
博士学位授予在所选时间上的种族-族裔成分变化的百分比/%								
1977—1987	-21.2	4.3	56.0	64.8	-15.5	64.8	1 195.7	
1977—2000	26.7	20.2	159.5	92.2	-27.2	114.4	1 048.3	
1981—2000	24.5	-12.8	93.2	112.6	-25.1	89.6	914.8	
1987—2000	60.9	15.3	66.3	16.7	-13.9	30.1	-11.4	

来源：高等教育信息普查（1977，1981）和综合高等教育数据系统（1987，1991，2000）的学位完成调查。

在同时期的研究生注册和博士学位授予数量上，各种族-族裔群体女性增加均超过男性。研究生注册和博士学位授予均减少的只有白人男性，其研究生注册数下降了16%，获得博士学位数下降了21.1%，美国印第安人/阿拉斯加土著男性获得博士学位数下降了42.1%。（见表2.8、表2.11）。

表2.11 按性别、种族-族裔和国籍，1981、1991和2000年授予的博士学位

种族-族裔和性别	1981年		1991年		2000年		1981—2000年的变化率/%	比例代表制的变化/%
	数量/个	比例/%	数量/个	比例/%	数量/个	比例/%		
所有种族-族裔								
总数	32 982		39 350		44 818		35.9	

续表

种族-族裔和性别	1981年 数量/个	1981年 比例/%	1991年 数量/个	1991年 比例/%	2000年 数量/个	2000年 比例/%	1981—2000年的变化率/%	比例代表制的变化/%
女性	10 261	31.1	14 575	37.0	19 806	44.2	93.0	80.6
男性	22 721	68.9	24 775	63.0	25 012	55.8	10.1	19.4
非裔、非西班牙裔								
总数	1 265		1 210		2 140		69.2	7.4
女性	571	45.1	634	52.4	1 310	61.2	129.4	
男性	694	54.9	576	47.6	830	38.8	19.6	
美国印第安人/阿拉斯加土著								
总数	130		104		154		18.5	0.2
女性	35	26.9	46	44.2	99	64.3	182.9	
男性	95	73.1	58	55.8	55	35.7	−42.1	
亚裔								
总数	877		1 452		2 302		162.5	12.0
女性	222	25.3	474	32.6	1 014	44.0	356.8	
男性	655	74.7	978	67.4	1 288	56.0	96.6	
西班牙裔								
总数	479		800		1 384		188.9	7.6
女性	193	40.3	395	49.4	767	55.4	297.4	
男性	286	59.7	405	50.6	617	44.6	115.7	
白人								
总数	25 908		24 902		26 366		1.8	3.9
女性	8 598	33.2	10 643	42.7	12 714	48.2	47.9	
男性	17 310	66.8	14 259	57.3	13 652	51.8	−21.1	
临时居民								
总数	4 204		9 824		10 831		157.6	56.0
女性	639	15.2	1 993	20.3	3 176	29.3	397.0	
男性	3 565	84.8	7 831	79.7	7 655	70.7	114.7	
未确定的种族-族裔								
总数	119		1 058		1 641		1279.0	12.9
女性	3	2.5	390	36.9	726	44.2	24 100.0	
男性	116	97.5	668	63.1	915	55.8	688.8	

来源：高等教育信息普查（1981）和综合高等教育数据系统（1991，2000）的学位完成调查。

男性和女性博士学位获得者的分布因种族－族裔而异。2000年，男女之比为55.8∶44.2（见表2.11）。一些群体中男性占绝大多数，其他群体为女性占多数。男性博士学位比例较多的群体是亚裔（56.0∶44.0）、白人（51.8∶48.2）、国际学生（70.7∶29.3）。非裔美国人和美国印第安人/阿拉斯加土著是女性博士学位比例占多数的群体（在非裔美国人中，比率是38.8∶61.2，而在美国印第安人/阿拉斯加土著中是35.7∶64.3）。

2000年，国际学生只占研究生注册人数的12.6%，却有近24.2%的博士学位获得者（见表2.8、表2.10）。这表明，国际学生更多地集中于博士教育而不是硕士研究生的学习中，他们的学位完成率可能高于其他群体。1980—2000年，国际学生注册数增加了27.7%，但博士学位授予数增加了56%（见表2.8、表2.11）。

1980—2000年，美国高校研究生招生人数增加了37.7%（见表2.8）。20世纪90年代种族－族裔群体研究生注册人数增长情况复杂。①尽管白人学生注册数1980—2000年增加了3.3%，但2000年他们的比例从82.2%下降到61.7%。其他种族－族裔群体注册学生的数量和比例都出现了增加。亚裔、西班牙裔和国际学生实现了最显著的增长，其次是非裔和美国印第安人/阿拉斯加土著。

总之，取得博士学位的人数1977—2000年增加了34.8%（见表2.10）。20世纪80年代和90年代每年博士学位授予数量却大部分集中在国际学生群体中。1976—2001年，国际学生获得博士学位的人数增长了约189.1%，1977年占博士学位总数的11.3%，2000年占24.2%。同一时期，白人博士学位授予比例从1977年的80.8%下降到2000年的58.8%。在这段时间里，非裔博士学位授予比例从1977年的3.8%增加到2000年的4.8%，西班牙裔和亚裔分别从1.6%和2%增加到3.1%和5.1%。

从表面上看，似乎表明亚裔美国人和国际学生取得了巨大的进步，而非裔和西班牙裔美国人的进步相对较小。尽管如此，这也是进步。2000年，非裔（4.8%）和西班牙裔（3.1%）占授予博士学位总数的百分比与1977年没有多少差别；非裔获得博士学位的人数（2 140）2000年比1977年多70.8%，而西

---

① 美国教育部国家教育统计中心现有的数据收集方法无法区分硕士生和博士生。

班牙裔增加了 159.2%。同年，白人获得博士学位的人数（26 366）比 1977 年少近 1.8%。1977 年，他们占博士学位总数的比例是 80.8%，到 2000 年下降到了 58.8%。

谁能完成博士学位？博士生流失是高等教育中一个令人烦恼的问题。比较入学和完成学位的数据，2000 年，有 26 366 名白人获得博士学位，约占白人研究生入学总数的 2.3%（1 141 574）。而非裔（2 140）和西班牙裔（1 384）获得博士学位的人数都接近各自入学总人数的 1.5%（分别为 146 147 和 86 140）。这是一个粗略但有效的数据，表明研究生院的博士生流失可能在非裔和西班牙裔美国人中较高。另外一个解释是，非裔和西班牙裔美国人对硕士教育的相对专注程度超过了博士教育。美国高校面临的挑战很大程度上是确保在终点线（取得博士学位）的数字和比例与起跑线（取得学士学位、通过研究生入学考试（GRE）和博士入学）的一样。

全国研究生院委员会报告后的 25 年中，全国研究生教育机构已经授予非裔美国人博士学位近 25 000 个，授予西班牙裔美国人 14 000 多个。这些数字与 1999 年非裔（29 222）和西班牙裔（16 498）在各大学担任全职教师的的数字接近。虽然非裔和西班牙裔各占美国成年人口约 11%，但他们担任教师的比例分别只占全国高校教师的 4.9% 和 2.8%（NCES 2002）。

综上所述，1980—2000 年，博士学位模式在种族–族裔、性别和国际参与等方面的总体变化，从学位获得者看，主要表现在亚裔增长了 162.5%，国际学生增加了 157.6%，西班牙裔增加了 188.9%。非裔增加较少，为 69.2%。在同一时期，白人增加了 1.8%（见表 2.10）。这些趋势表明，从总体上和相对于在美国人口中的表现相比，非裔、西班牙裔美国人和女性在美国大学研究生入学和博士学位授予中所占比例偏小。另一方面，女性博士学位数量从 1981 年到 2000 年稳步增长，超过了同种族–族裔群体中的男性。尽管美国人拥有博士学位者中女性仅占三分之一左右，但在 2002 年，女性在 1 年内获得的博士学位数量第一次超过了男性（Smallwood 2003）。这表明博士学位获得者的性别平衡情况正在改善。西班牙裔博士数量也出现了巨大的增长，尽管与国际学生和亚裔学生相比有些黯然失色。

（三）学科领域发展趋势

博士经历的重要特征和考察博士教育发展趋势的另一个重要途径是研究的专业方向。1980—2001 年，博士学位授予增长最大的领域是工程学（110.2%）、数学和计算机科学（89.4%）、艺术和音乐（73.7%）、传播与图书馆学（64%）以及人文学（53.9%）领域（见表 2.9）。相对适度增长的领域是生命科学（49.6%）、工商管理（47.3%）、心理学（40.5%）、宗教和神学（39.5%）、物理科学和地球科学（27.9%）以及社会科学（21.6%）领域。1981 年，授予的教育学博士占所有授予的博士学位的 24%，而 2000 年为 16%。

1980—2001 年最令人印象深刻的女性博士数量增长发生在工程学领域。1981 年，104 个工程学博士学位授予女性，2000 年为 835 个，增长了 702.9%（见表 2.9）。2000 年，女性只占工程学博士的 15.5%，虽然比 1981 年的 4.1%有很大的提高。但这一比例远低于在全部博士学位获得者中 44.2%的占比。其他女性博士学位获得者增长明显的领域有物理科学和地球科学，女性博士人数增加了 171.4%。而在数学和生命科学领域，女性博士分别增加了 191.4%和 160.8%。在各主要领域，2000 年女性获得博士学位的人数都比 1981 年多。与之相比，男性博士人数在社会服务专业领域下降了 70%，在教育学领域下降了 38.5%，在心理学领域下降了 19.3%，在社会科学领域下降了 4.2%。2000 年，妇女取得了社会服务专业（71.1%）、心理学（67.4%）、教育学（64.3%）、传播与图书馆学（56.1%）、艺术和音乐（52.3%）、人文学（50.6%）等领域的大多数博士学位。

除获得博士学位的人数每年增加以外，非裔和西班牙裔美国人进步的另一个标志，是在主要领域分布的变化，虽然这种变化并不大。例如，1981 年，非裔美国人获得博士学位者，1.9%在工程学领域，8.3%在生命科学领域，9.2%在心理学领域（见表 2.12）。到 2000 年前，工程学领域有 4.3%的非裔美国人取得博士学位，生命科学领域达到 10.3%，心理学领域达到 10.0%。但即使是这样，这些比例似乎也在发生变化并达到更均衡的分布。1981 年，非裔美国人获得博士学位者中，48.5%在教育学领域，但到 2000 年前，这一比例下降到了 36.8%。为保持在所有博士学位获得者中的足够比例，授予非裔美国人博士学位的数量应当在各领域特别是教育学领域增加。

与其他种族–族裔群体相比，亚裔美国人获得博士学位的数量在各领域分布均匀。国际学生获得学位主要集中在工程学、数学与科学领域。2000年，国际学生在工程学、数学和计算机科学以及物理科学和生命科学等领域获得学位的比例相对较高。例如，1981—2000年，在工程学领域，国际学生获得博士学位的人数增加了185.4%，占国际学生获得博士学位者中的比例从37.3%增加到50.7%。

1981—2000年，尽管西班牙裔在各领域获得博士学位的数量实现了相当大的增长，但在所有博士学位中的占比仍很小。2000年，西班牙裔在心理学领域获得的博士学位与其他领域相比比例最高，为6.4%。与非裔美国人、美国印第安人/阿拉斯加土著居民一样，各领域中西班牙裔获得博士学位的比例均不足。在其余主要领域中，西班牙裔在学位获得者中的占比都不到5%。2000年，获得博士学位的美国印第安人/阿拉斯加土著居民占全部博士学位获得者的0.3%，在各个领域中的占比都不到1%。

表2.12 按种族–族裔和学科领域，1981、1991和2000年授予的博士学位

学科和种族–族裔	1981年 数量	1981年 种族–族裔占比/%	1981年 种族–族裔内占总数的比例	1991年 数量	1991年 种族–族裔占比/%	1991年 种族–族裔内占总数的比例	2000年 数量	2000年 种族–族裔占比/%	2000年 种族–族裔内占总数的比例	1981—2000年的变化率
所有学科										
所有种族–族裔	32 982			39 350			44 818			35.9
临时居民	4 204	12.7		9 824	25.0		10 831	24.2		157.6
非裔	1 265	3.8		1 210	3.1		2 140	4.8		69.2
美国印第安人/阿拉斯加土著	130	0.4		104	0.3		154	0.3		18.5
亚裔	877	2.7		1 452	3.7		2 302	5.1		162.5
西班牙裔	479	1.5		800	2.0		1 384	3.1		188.9
白人	25 908	78.6		24 902	63.3		26 366	58.8		1.8
未确定的种族–族裔	119	0.4		1 058	2.7		1 641	3.7		1 279.0
工程学										
所有种族–族裔	2 561			5 262			5 384			110.2
临时居民	956	37.3	22.7	2 726	51.8	27.7	2 728	50.7	25.2	185.4

续表

学科和种族-族裔	1981年			1991年			2000年			1981—2000年的变化率
	数量	种族-族裔占比/%	种族-族裔内占总数的比例	数量	种族-族裔占比/%	种族-族裔内占总数的比例	数量	种族-族裔占比/%	种族-族裔内占总数的比例	
非裔	24	0.9	1.9	45	0.9	3.7	91	1.7	4.3	279.2
美国印第安人/阿拉斯加土著	5	0.2	3.8	7	0.1	6.7	5	0.1	3.2	0.0
亚裔	191	7.5	21.8	355	6.7	24.4	380	7.1	16.5	99.0
西班牙裔	23	0.9	4.8	50	1.0	6.3	86	1.6	6.2	273.9
白人	1 352	52.8	5.2	1 959	37.2	7.9	1 948	36.2	7.4	44.1
未确定的种族-族裔	10	0.4	8.4	120	2.3	11.3	146	2.7	8.9	1 360.0
物理科学与地球科学										
所有种族-族裔	3 145			4 289			4 023			27.9
临时居民	530	16.9	12.6	1 431	33.4	14.6	1 466	36.4	13.5	176.6
非裔	32	1.0	2.5	36	0.8	3.0	68	1.7	3.2	112.5
美国印第安人/阿拉斯加土著	4	0.1	3.1	9	0.2	8.7	14	0.3	9.1	250.0
亚裔	106	3.4	12.1	171	4.0	11.8	201	5.0	8.7	89.6
西班牙裔	27	0.9	5.6	73	1.7	9.1	76	1.9	5.5	181.5
白人	2 445	77.7	9.4	2 480	57.8	10.0	2 016	50.1	7.6	-17.5
未确定的种族-族裔	1	0.0	0.8	89	2.1	8.4	182	4.5	11.1	18 100.0
数学和计算机科学										
所有种族-族裔	980			1 654			1 856			89.4
临时居民	225	16.6	5.4	808	48.9	8.2	868	46.9	8.0	285.8
非裔	10	0.7	0.8	14	0.8	1.2	27	1.5	1.3	170.0
美国印第安人/阿拉斯加土著	3	0.2	2.3	2	0.1	1.9	2	0.1	1.3	-33.3
亚裔	45	3.3	5.1	75	4.5	5.2	127	6.8	5.5	182.2
西班牙裔	6	0.4	1.3	19	1.1	2.4	25	1.3	1.8	316.7
白人	691	51.1	2.7	705	42.6	2.8	745	40.1	2.8	7.8
未确定的种族-族裔	0	0.0	0.0	31	1.9	2.9	62	3.3	3.8	n.a.

续表

学科和种族-族裔	1981年			1991年			2000年			1981—2000年的变化率
	数量	种族-族裔占比/%	种族-族裔内占总数的比例	数量	种族-族裔占比/%	种族-族裔内占总数的比例	数量	种族-族裔占比/%	种族-族裔内占总数的比例	
生命科学										
所有种族-族裔	5 633			6 687			8 427			49.6
临时居民	720	12.8	17.1	1 689	25.3	17.2	2 183	25.9	20.2	203.2
非裔	105	1.9	8.3	113	1.7	9.3	220	2.6	10.3	109.5
美国印第安人/阿拉斯加土著	16	0.3	12.3	9	0.1	8.7	18	0.2	11.7	12.5
亚裔	194	3.4	22.1	289	4.3	19.9	652	7.7	28.3	236.1
西班牙裔	68	1.2	14.2	97	1.5	12.1	218	2.6	15.8	220.6
白人	4 530	80.4	17.5	4 317	64.6	17.3	4 870	57.8	18.5	7.5
未确定的和族-族裔	0	0.0	0.0	173	2.6	16.4	266	3.2	16.2	n.a.
心理学										
所有种族-族裔	2 964			3 450			4 163			40.5
临时居民	95	3.2	2.3	125	3.6	1.3	154	3.7	1.4	62.1
非裔	116	3.9	9.2	128	3.7	10.6	214	5.1	10.0	84.5
美国印第安人/阿拉斯加土著	10	0.3	7.7	16	0.5	15.4	27	0.6	17.5	170.0
亚裔	33	1.1	3.8	60	1.7	4.1	181	4.3	7.9	448.5
西班牙裔	73	2.5	15.2	148	4.3	18.5	267	6.4	19.3	265.8
白人	2 637	89.0	10.2	2 878	83.4	11.6	3 168	76.1	12.0	20.1
未确定的和族-族裔	0	0.0	0.0	95	2.8	9.0	152	3.7	9.3	n.a.
社会科学										
所有种族-族裔	3 276			3 179			3 983			21.6
临时居民	437	13.3	10.4	846	26.6	8.6	1 058	26.6	9.8	142.1
非裔	106	3.2	8.4	115	3.6	9.5	200	5.0	9.3	88.7
美国印第安人/阿拉斯加土著	13	0.4	10.0	11	0.3	10.6	15	0.4	9.7	15.4
亚裔	78	2.4	8.9	95	3.0	6.5	174	4.4	7.6	123.1
西班牙裔	53	1.6	11.1	69	2.2	8.6	104	2.6	7.5	96.2
白人	2 589	79.0	10.0	1 958	61.6	7.9	2 220	55.7	8.4	-14.3
未确定的种族-族裔	0	0.0	0.0	85	2.7	8.0	212	5.3	12.9	n.a.

续表

学科和种族-族裔	1981年 数量	1981年 种族-族裔占比/%	1981年 种族-族裔内占总数的比例	1991年 数量	1991年 种族-族裔占比/%	1991年 种族-族裔内占总数的比例	2000年 数量	2000年 种族-族裔占比/%	2000年 种族-族裔内占总数的比例	1981—2000年的变化率
人文学										
所有种族-族裔	2 383			2 405			3 668			53.9
临时居民	208	8.7	4.9	398	16.5	4.1	437	11.9	4.0	110.1
非裔	65	2.7	5.1	53	2.2	4.4	127	3.5	5.9	95.4
美国印第安人/阿拉斯加土著	8	0.3	6.2	3	0.1	2.9	13	0.4	8.4	62.5
亚裔	27	1.1	3.1	57	2.4	3.9	116	3.2	5.0	329.6
西班牙裔	56	2.3	11.7	88	3.7	11.0	167	4.6	12.1	198.2
白人	2 019	84.7	7.8	1 720	71.5	6.9	2 611	71.2	9.9	29.3
未确定的种族-族裔	0	0.0	0.0	86	3.6	8.1	197	5.4	12.0	n.a.
宗教和神学										
所有种族-族裔	1 276			1 075			1 780			39.5
临时居民	90	7.1	2.1	116	10.8	1.2	265	14.9	2.4	194.4
非裔	45	3.5	3.6	66	6.1	5.5	196	11.0	9.2	335.6
美国印第安人/阿拉斯加土著	1	0.1	0.8	1	0.1	1.0	1	0.1	0.6	0.0
亚裔	33	2.6	3.8	45	4.2	3.1	92	5.2	4.0	178.8
西班牙裔	7	0.5	1.5	21	2.0	2.6	29	1.6	2.1	314.3
白人	993	77.8	3.8	812	75.5	3.3	1 148	64.5	4.4	15.6
未确定的种族-族裔	107	8.4	89.9	14	1.3	1.3	49	2.8	3.0	-54.2
艺术和音乐										
所有种族-族裔	654			836			1 136			73.7
临时居民	37	5.7	0.9	102	12.2	1.0	224	19.7	2.1	505.4
非裔	17	2.6	1.3	14	1.7	1.2	30	2.6	1.4	76.5
美国印第安人/阿拉斯加土著	2	0.3	1.5	2	0.2	1.9	1	0.1	0.6	-50.0
亚裔	7	1.1	0.8	26	3.1	1.8	49	4.3	2.1	600.0
西班牙裔	4	0.6	0.8	8	1.0	1.0	21	1.8	1.5	425.0
白人	587	89.8	2.3	666	79.7	2.7	756	66.5	2.9	28.8

续表

学科和种族-族裔	1981年			1991年			2000年			1981—2000年的变化率
	数量	种族-族裔占比/%	种族-族裔内占总数的比例	数量	种族-族裔占比/%	种族-族裔内占总数的比例	数量	种族-族裔占比/%	种族-族裔内占总数的比例	
未确定的种族-族裔	0	0.0	0.0	18	2.2	1.7	55	4.8	3.4	n.a.
教育学										
所有种族-族裔	7 900			6 706			7 171			−9.2
临时居民	593	7.5	14.1	577	8.6	5.9	634	8.8	5.9	6.9
非裔	614	7.8	48.5	463	6.9	38.3	787	11.0	36.8	28.2
美国印第安人/阿拉斯加土著	57	0.7	43.8	36	0.5	34.6	45	0.6	29.2	−21.1
亚裔	105	1.3	12.0	127	1.9	8.7	185	2.6	8.0	76.2
西班牙裔	140	1.8	29.2	164	2.4	20.5	322	4.5	23.3	130.0
白人	6 391	80.9	24.7	5 136	76.6	20.6	4 981	69.5	18.9	−22.1
未确定的种族-族裔	0	0.0	0.0	203	3.0	19.2	217	3.0	13.2	n.a.
工商管理										
所有种族-族裔	845			1 452			1 245			47.3
临时居民	161	19.1	3.8	519	35.7	5.3	410	32.9	3.8	154.7
非裔	32	3.8	2.5	28	1.9	2.3	56	4.5	2.6	75.0
美国印第安人/阿拉斯加土著	5	0.6	3.8	2	0.1	1.9	5	0.4	3.2	0.0
亚裔	25	3.0	2.9	57	3.9	3.9	61	4.9	2.6	144.0
西班牙裔	2	0.2	0.4	9	0.6	1.1	18	1.4	1.3	800.0
白人	619	73.3	2.4	785	54.1	3.2	655	52.6	2.5	5.8
未确定的种族-族裔	1	0.1	0.8	52	3.6	4.9	40	3.2	2.4	3 900.0
传播与图书馆学										
所有种族-族裔	253			315			415			64.0
临时居民	29	11.5	0.7	60	19.0	0.6	96	23.1	0.9	231.0
非裔	19	7.5	1.5	27	8.6	2.2	25	6.0	1.2	31.6
美国印第安人/阿拉斯加土著	1	0.4	0.8	0	0.0	0.0	2	0.5	1.3	100.0
亚裔	5	2.0	0.6	9	2.9	0.6	5	1.2	0.2	0.0
西班牙裔	1	0.4	0.2	2	0.6	0.3	11	2.7	0.8	1 000.0

续表

学科和种族-族裔	1981年			1991年			2000年			1981—2000年的变化率
	数量	种族-族裔占比/%	种族-族裔内占总数的比例	数量	种族-族裔占比/%	种族-族裔内占总数的比例	数量	种族-族裔占比/%	种族-族裔内占总数的比例	
白人	198	78.3	0.8	209	66.3	0.8	269	64.8	1.0	35.9
未确定的种族-族裔	0	0.0	0.0	8	2.5	0.8	7	1.7	0.4	n.a.
社会服务专业										
所有种族-族裔	433			430			270			-37.6
临时居民	28	6.5	0.7	63	14.7	0.6	26	9.6	0.2	-7.1
非裔	52	12.0	4.1	35	8.1	2.9	27	10.0	1.3	-48.1
美国印第安人/阿拉斯加土著	2	0.5	1.5	2	0.5	1.9	0	0.0	0.0	-100.0
亚裔	11	2.5	1.3	10	2.3	0.7	12	4.4	0.5	9.1
西班牙裔	10	2.3	2.1	13	3.0	1.6	11	4.1	0.8	10.0
白人	330	76.2	1.3	302	70.2	1.2	186	68.9	0.7	-43.6
未确定的种族-族裔	0	0.0	0.0	5	1.2	0.5	8	3.0	0.5	n.a.
其他										
所有种族-族裔	679			1 610			1 297			91.0
临时居民	95	14.0	2.3	364	22.6	3.7	282	21.7	2.6	196.8
非裔	28	4.1	2.2	73	4.5	6.0	72	5.6	3.4	157.1
美国印第安人/阿拉斯加土著	3	0.4	2.3	4	0.2	3.8	6	0.5	3.9	100.0
亚裔	17	2.5	1.9	76	4.7	5.2	67	5.2	2.9	294.1
西班牙裔	9	1.3	1.9	39	2.4	4.9	29	2.2	2.1	222.2
白人	527	77.6	2.0	975	60.6	3.9	793	61.1	3.0	50.5
未确定的种族-族裔	0	0.0	0.0	79	4.9	7.5	48	3.7	2.9	n.a.

来源：高等教育信息普查（1981）和综合高等教育数据系统（1991，2000）的学位完成调查。

（四）职业选择

我们对博士生的兴趣不仅仅是他们获得学位的经验，我们也对他们的博士后计划感兴趣,这可以衡量他们的博士教育经历。国家科学基金会的博士学位年度普查产生了最近获得博士学位者的职业选择的数据(见表2.13)。2000年,51.8%博士学位获得者致力于学术工作,而1980年为52.8%。另有21.1%致力于私营企业或自主创业,8.4%选择受雇于政府,1980年这两项比例分别为17%和12.6%。2000年,18.7%的新获博士学位者致力于学术、私营企业和政府以外的行业,1980年这一比例为17.5%。大约一半博士生计划在学院工作(Hoffer等,2001)。这些会对他们的课程工作或非课程培训有什么影响?

表2.13 按人口统计分组和选定年份,1980—2000年
美国博士学位获得者毕业后的就业部门

部门和年份	总数	男性	女性	美国公民	永久签证	临时签证	亚裔	非裔	西班牙裔	美国印第安人 [a]	白人
所有就业选择											
1980/人	14 558	10 053	4 505	14 010	548	470	481	628	257	41	12 674
1990/人	13 396	7 603	5 793	12 899	497	1 205	416	536	382	50	11 891
2000/人	14 752	7 505	7 247	14 049	703	2 371	854	897	594	87	12 139
对部门反应的就业选择											
1980/人	14 540	10 042	4 498	13 994	546	470	481	626	256	41	12 659
1990/人	13 283	7 559	5 724	12 789	494	1 200	415	530	378	49	11 791
2000/人	14 550	7 407	7 143	13 858	692	2 324	831	884	581	85	11 992
学术界											
1980/%	52.8	49.0	61.3	53.3	41.4	48.3	30.4	60.1	59.0	51.2	53.3
1990/%	52.0	47.9	57.3	51.8	57.1	55.9	40.2	56.8	57.9	65.3	51.9
2000/%	51.8	48.4	55.4	52.1	45.1	34.3	36.0	52.9	57.5	63.5	52.4
私营企业或自主创业											
1980/%	17.0	20.5	9.4	15.8	47.8	41.5	53.2	4.3	9.8	9.8	16.3
1990/%	20.4	25.8	13.2	19.9	31.6	39.0	43.9	5.3	12.7	14.3	20.4
2000/%	21.1	27.5	14.5	19.9	45.7	59.6	49.1	12.4	17.6	8.2	20.1
政府											
1980/%	12.6	14.2	9.3	13.0	3.8	4.5	8.1	14.2	12.9	17.1	12.7
1990/%	9.6	10.9	7.9	9.8	3.8	1.8	8.7	10.2	10.8	4.1	9.6
2000/%	8.4	9.8	6.9	8.6	3.8	1.7	6.5	9.0	9.1	11.8	8.3

续表

部门和年份	总数	男性	女性	美国公民	永久签证	临时签证	亚裔	非裔	西班牙裔	美国印第安人[a]	白人
其他											
1980/%	17.5	16.4	20.0	17.9	7.0	5.7	8.3	21.4	18.4	22.0	17.7
1990/%	18.1	15.4	21.6	18.5	7.5	3.3	7.2	27.7	18.5	16.3	18.1
2000/%	18.7	14.3	23.3	19.4	5.5	4.4	8.4	25.6	15.8	16.5	19.2

来源：Hoffer, et al. (2001)。

[a] 包括阿拉斯加土著。

与博士经历的其他方面一样，就业承诺因种族-族裔和性别而异。2000年，女性（55.4%）承诺做学术工作的比例高于男性（48.4%），这在过去的几十年中一直保持不变。在种族-族裔群体中，亚裔表示做学术工作的承诺（36.0%）的比例较低，选择私营企业或自主创业（49.1%）的比例较高。这两项数据均超过白人（分别为52.4%和20.1%）、非裔（分别为52.9%和12.4%）和西班牙裔（分别为57.5%和17.6%）。非裔承诺做其他职业的比例（25.6%）高于其他种族-族裔群体。国际学生和亚裔的模式类似；持永久和临时签证的国际博士生选择学术工作的比例（分别为45.1%和34.3%）低于美国公民（52.1%）。

（五）趋势综述

本章综述博士教育的发展现状和趋势如下：

——博士学位授予机构数量大幅增加（见表2.1）；

——博士学位授予机构每年产生的学位数量差异较大（见表2.2、表2.3）；

——投资高的领域的学位比例高，例如科学领域，AAU成员授予（见表2.4）；

——过去30年博士学位授予数量稳步增长（见表2.5）；

——博士学位在美国成年人口中占比偏低（1%）（见表2.6）；

——种族-族裔和性别群体与一般人口群体的比例不均衡（见表2.6）；

——过去30年女性在获得博士学位者中占比大幅上升（见表2.7）；

——女性、非裔和西班牙裔美国研究生课程注册人数增加（见表2.8）；

——工程学、科学与数学领域女性博士比例增加（见表2.9）；

——工程学、数学、计算机科学、工商管理、艺术和音乐等领域博士学位数量增长强劲（见表2.9）；

——非裔和西班牙裔在获得博士学位者中的占比较低，与他们在总人口中的比例较低有关（见表2.6、表2.10）；

——国际学生、西班牙裔和亚裔获得博士学位的比例较高（见表2.10、表2.11）；

——非裔和西班牙裔按领域分布较低的学科正在变化（见表2.12）；

——获得博士学位者具有远离学术工作的发展趋势（见表2.13）。

总之，数据表明国家博士学位在领域、种族-族裔、国籍和性别等方面充满活力，日益增长。

四、我们的概念分析框架

为寻找促进博士教育成功的因素，研究人员探索了人口统计学、金融学、学术和个人特征。对博士学位研修和成功获得学位者的观察可以提供有力的理论依据。我们都听说过各种理论：年龄大的学生花费更长时间来完成他们的课程；助研奖学金比助教奖学金好；学生来自选择性本科院校占得先机，等等。

Bernard Berelson 的《美国研究生教育》（1960）为本研究奠定了基础。他的研究为了解过去 40 年的巨大变化提供了依据。Berelson 进行他的研究时，博士教育主要是白人男性的经验，但我们发现他研究的问题惊人的熟悉：学生在哪里获得学士学位？他们对研究生院的知识准备是什么？他们如何资助研究生教育？他们获得学位用了多长时间？我们对学科领域及助教奖学金与助研奖学金对完成学位时间不同影响的关注，与 Berelson 早期的研究结果呼应。

我们还在策划这本书的基础研究时，William Bowen 和 Neil Rudenstine 的《追求博士学位》（1992）出版了。他们对学科领域以及助教奖学金和助研奖学金对完成学位时间不同影响的关注，影响了我们的思路。我们对当代博士生经历和社会交往的考察，主要依赖其他学者对博士生经验分类的研究，例如 Leonard Baird（1990b）、James Blackwell（1981）、Beatriz Clewell（1987）、Ronald Ehrenberg（Ehrenberg 和 Mavros 1995）、Corinna Ethington 和 Anoush Pisani（1993）、Jean Girves（Girves 和 Wemmerus 1988）、Chris Golde（Golde 和 Dore 1997）、Barbara

Lovitts（2001）、Gary Malaney（1987）、Maresi Nerad（Nerad 和 Cerny 1993）、Willie Pearson（1985）、Anne Pruitt 和 Paul Isaac（1985）、Elizabeth Stein（Stein 和 Weidman 1989b）、Vincent Tinto（1993）、Howard Tuckman（Tuckman、Coyle 和 Bae 1990）、John Weidman（Weidman、Twale 和 Stein 2001）和 Kenneth Wilson（1965）。对之前工作的具体关联在本书中都有详细的说明，在这里只是简单地描述我们的概念模型及其组成部分。

我们对概念模型的名称与定位与社会科学家研究各阶段学生教育经历和表现时使用的模型类似。然而，在教育的其他层面，这些博士阶段概念的定义、目的和意义都是独一无二的。例如，资金支持在本科阶段和博士阶段可以说是同等重要的。但在博士阶段，资助的类型（学业奖学金、助研奖学金和助教奖学金）在很多方面还定义了学生专业准备的类型，而不是简单的资金来源和是否需要偿还。社会经济地位通常是由父母或个人的教育、收入和职业的组合来衡量，是另一个有特别意义的好例子。在本科阶段，有代表性的学生与父母有直接的关系，学生的人力资本是父母人力资本的反映。在博士研究生阶段，学生对父母的依赖往往较少，因此，他们自己的家庭收入应考虑在生活水平预估中。每一个关键因素都在书中被解释和讨论。

图 2.1 介绍了我们的框架的要素。它表明个人和学术背景以及其他获益，有助于提高学生的经验和成果的质量。从本质上讲，学生的个人背景对教师来说价值越高，我们期待的经验和表现可能就越积极。在解释有助于学生经历的其他特征和经验时，我们的模型表达了对梳理每一个背景因素和从经验与成果中获益的独特效果的兴趣。该模型包括先前研究中所包含的常规测量和首次在这里检验的一些新测量的组合。前者是将我们的发现与现有文献进行对比。在本章中，我们只是列出模型的元素来介绍变量的合集和测量的关系类型。

图 2.1 中间的方格是结果测量。我们分析的重点包括博士经历的五个主要因素：资助类型、社会交往、研究生产力、满意度和中断学习，以及学位完成。五大标题下列出的是我们分析考察的具体要素。我们认识到，这五个方面内容并不代表博士经历重要方面的详细清单，最缺乏的可能是教学经历。

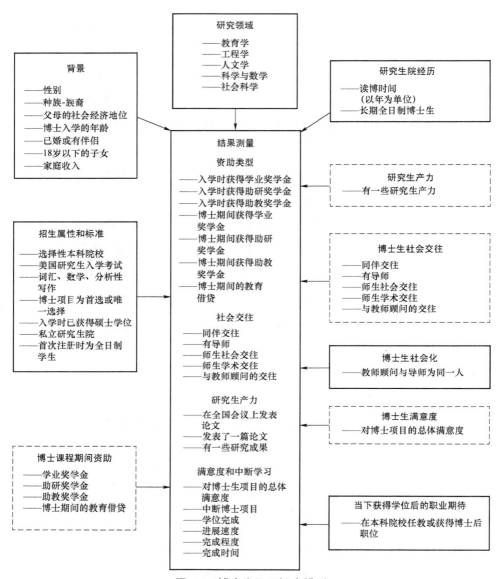

图 2.1 博士生经历概念模型

围绕结果的是对博士经历中可能影响结果的其他特征的测量。周围方格一个重要的区别特征是实线还是虚线做边框。实线方格包括博士经历的个人特征或方面,通常我们只用来预测结果。例如,我们研究 GRE 分数(在实线框中)与研究生产力之间的关系,但不预测 GRE 分数。虚线方格包括博士经历的各个方面,可能是学生经历与结果的决定性因素。接受助研奖学金是测量博士经历的一个例子，我们首先预测谁将在博士课程中获得助研奖学金。此外，我们还对研究助理与博士研究生产力的关系感兴趣。我们的假设是学生获得的资助类型与他们的研究生产力有关。对于这些问题，我们可以想到一个经典的问题，是先有鸡还是先有蛋？我们不是从统计数据估计事件的顺序，而是处理关系。但是，在我们的分析和解释中提出了最有可能的顺序。

"背景"模块的变量包括许多可能影响学生博士经历的个人和家庭属性。性别和种族－族裔都是在出生时确定的，而父母社会经济地位、博士入学年龄、婚姻或伴侣状况、有未满 18 岁子女和家庭收入等，在一生中都会有所变化。这些背景特征可能对学生以前的教育经历产生积极或消极的影响，并继续影响他们的博士经历。

博士经历的关键方面是学科领域。与大学阶段各主要专业相似的学生经历不同，研究生阶段的专业差异在几个重要方面影响博士生的经历。例如，学科的历史和文化标准往往决定学术生产力的风格和类型。在人文学领域，著作经常被认为是最高成就的象征，而同行评审的期刊文章是科学领域的首选模式。人文学侧重于叙述形式，而科学侧重于定量分析。另一个区别是习惯的筹资渠道和数量。人文学者习惯于从有限的慈善组织和更为狭窄的政府资源中获得小额资助从事个别研究，而科学领域的学者几乎占据了所有的政府资助项目和大量基金捐赠。这些因素可能决定可接受的奖学金及资助模式、资金支持的类型，及获得学位后的职业选择（Bowen 和 Rudenstine 1992；Lovitts 2001）。

"招生属性和标准"模块中的元素显示了研究生院录取过程的不同方面。当学生申请研究生入学时，通常要提供一些证明，例如学士学位、GRE 成绩，入学前是否获得硕士学位，以及是否寻求全日制或兼职学习等。这些证明向研究生招生委员会表示未来的学生有处理博士课程工作并在某种程度上对选定的领域做出贡献的能力。后者在博士学习中表现得更加明显，但最初的估计是教师委员会选择录取学生时做出的。现在盛行的思想是，毕业于选择性本科院校、GRE 分数较高、有硕士学位和打算注册全日制学生等，对招生委员会最具吸引力。假设在第一或唯一志愿的研究生院注册入学的学生可能更快乐，我们询问了学生注册进入的博士项目是否是他们申请研究生院时的第一选择。

课程用时和全日制注册是研究生院经历的其他方面,可能对博士生如何体验博士教育起作用。获得学位后的职业期望——例如有志于成为教师——是与学生如何决策和体验博士教育有关的附加因素。

五、统计分析

本研究的分析是描述性的和关联的。在第四章至第十章中,我们进行了描述性分析,目的是提供博士经历的图景,揭示不同学科领域内种族-族裔和性别群体间的异同。这些包括连续结果的差异分析和二分(二元)结果的卡方检验(交叉表)。

数据库通常包含多层次信息,提供个别案例(一级数据)和所在组织或群体的数据(二级数据)。例如,数据库可以包括学生和学校、病人和医院、公司和所在州,或本研究中博士生(一级)和就读院系(二级)的信息。几十年来,研究人员将二级特征聚合在一级特征数据上,导致众多大量理论和方法错误。对包含"嵌套"组件的数据进行适当的分析需要分层线性建模(Bryk 和 Raudenbush 1992),使我们能够隔离二级特征对结果的影响,并确定具体的二级特征是否影响一级特征与结果之间的关系。

与大多数定量研究一样,结果较大的变化更容易发现影响因素。因为分层线性建模的目标(如传统的最小二乘回归)是"解释"个体结果中的差异,其中的微小变化意味着没有什么可以解释。分层线性建模增加了一个附加因素。一级单位(博士生个体)中的结果可能各不相同,但在二级单位(院系)中,变化可能十分相似。因此在目前的情况下,院系中的变化比博士生大。例如,单个院系历史专业的学生可能比 21 个历史系中的学生的变化更大。如果二级单位(院系,在这种情况下)中的结果没有变化,则传统的普通最小二乘回归是合适的。我们的探索性分析发现,博士生成果的差异与攻读学位的院系有关。

关系分析包括学科领域的回归分析。我们进行了线性(连续结果)和逻辑(二分法结果)回归分析。回归分析主要集中在学生背景特征、本科准备和研究生经历的复杂关系的相关测量中。这个分析允许我们评估博士生的多样性特征和经验的质量对相关测量的影响。表 F.21（附录 F）是说明每个分析中的变量，显示了在任何领域中统计显著贡献者的变量和在任何领域都不显著的变量。

六、持续研究

本章开始的历史背景向我们展示了博士教育取得的进展。它在规模和多样性上都已发展壮大，成为美国高等教育的重要组成部分。很少有人争论博士学位是否应该成为大学教师身份的必要条件。各高校都寻求有博士学位的人，区域和专业认证协会在决定其成员机构，特别是 4 年制高校的认证地位时，都要考虑到博士的数量。过去 45 年来，美国博士教育的规模和人口多样性的增长使我们能够及时地研究它是如何运转的。

第三章

调查设计与研究模型

凡事预则立：对大多数人的努力而言，知识就是力量。学生追求博士学位也是如此。我们的目的除了深入了解学生经历的不同方式，还要让现在和未来的学生有能力更好地构建自己的博士经验，并为教师和管理者提供统计支持与策略，拓展学生的成功与满意度。

专注博士经历的研究人员最初面临着障碍。在第二章曾指出，现有的数据库不能区分博士生与硕士生；而且即使有些数据库包含研究生的特征，也不足以让研究人员全面调查学生的表现和社会经历，更不用说与之关联的筹集资金和学位用时等问题。[①]其他纵向数据库提供的信息主要是进入研究生院的学生类型，但不包括资金支持的数据。[②]另一个来源是国家科学基金会博士普查提供的完成学业的学生的有用信息，特别是他们如何资助自己的教育。但它只包括成功获得学位的参与者，并没有透露他们的发展情况和体验的质量。最后，北美大学联盟和美国研究生院联合会收集了学生进入和通过博士项目的流动数据信息，但存在制度偏见，缺乏学生发展、成就和满意度等个人信息。

所有这些原因都表明，只有开发一个复杂的、能够涵盖全美博士生人口的新数据库，才能切实增进我们对博士进程的认识。我们设计研究的目的是获取产生新博士的决定性经历和背景。这是一个很高的要求。需要的调查工具覆盖了过去的研究者、参与院校的校长和我们一系列重要小组的参与者提出的相关问题，通

---

① 这些包括国家教育统计中心数据库，如国家高等教育学生资助调查（NCES 1998）及后续调查、高等教育初始阶段调查（NCES 1992b）、学士以上学位调查（1992a）以及最近的大学毕业生调查（1995）。

② 这些包括国家教育统计中心1972年全国纵向研究（NCES 2003）和高中及以上研究（NCES 2000）。

过选择极为广泛的样本来实现这种可能性。这些讨论使主要兴趣范围减少为八大类：人口统计学信息、准备和筛选、社会交往、筹集资金、生产力、个人满意度、进度和学位完成率。

在调查准备中，我们采用多元类比分析法，希望通过性别、种族－族裔或学科领域分析结果的不同模式，例如，我们希望能观察资金支持的范围和对不同群体的影响，重点是设计清晰的初始结构，最终揭示博士学位研修需要改进的地方——这些可能性在绪论中被引用。机会在哪里？哪里有思想偏差？未来的博士生如何处理博士教育的经验？大学如何促进学生的进步？

一、兴趣变量

（一）人口统计学信息

我们的出发点来自趋势数据的启示（第二章介绍）。学术界从来没有预测今天的博士课程——无论是数字上还是在不断增长的多样性，其中包括国际学生的急剧增加。我们要了解博士项目在目前广泛的社会变化中如何设置，具有怎样的代表性。例如，我们知道女性在博士教育中的整体比例不足，特别是在科学和工程学领域。与此同时，国际学生似乎在增多。一直以来，博士学位获得率持续上升，对学术工作者和更高层次的商业、工业和政府都有显著影响。

一些现象需要解释，包括非裔和西班牙裔美国人在博士教育中的人数不足——非裔美国人的情况更为严重。我们需要知道这种不足在多大程度上只是数字失衡，到什么程度就与整个成功过程中的不平衡有关。同样，亚裔美国人的显著进步提出了另一些不同的问题。例如，他们在博士教育中的强劲表现是否反映了更广泛的社会？他们和其他种族－族裔群体的比例，在少数领域集中和分散于多领域的程度如何。

家庭背景也是我们感兴趣的。博士教育在多大程度上是复制社会秩序而不是扩大高等教育机会？有没有对外开放？我们想了解，数量上占优势的博士生家庭对他们大学毕业和后学士学习而言是否是一种传统。这也适用于样本中的本科院校。如果是的话，我们想确定进入选择性本科院校对博士教育经历的质量有什么影响。

（二）博士学位前的准备

高校存在从硕士生中遴选博士生的问题，几乎没有明确的数据加以区分。既然我们将博士教育作为优秀智力的中心和创造知识的系统，那么，我们可以认为学生进行了严谨而集中的准备。本科生准备的具体内容是什么？

在调查情景中，我们有机会观察博士生是否被限定于预备的公式中。是否还有一所小型的生源学校，它的学生追求最理想的学校？他们在生活中是否打算追求博士学位或同等学力？他们是否都必须提交本科 4.0 的平均绩点以获得录取？家庭背景在多大程度上是准备工作的一部分？进入课程的人有什么共同点，种族 – 族裔、性别和年龄有哪些不同？然而，当了解人们如何为读博士做准备时，我们为效率做出选择。例如，我们可以期待选择性本科院校，但对所有本科生而言这不是广泛的经验。

（三）博士学位前的筛选

我们一直对研究生入学考试（GRE）与入学经历和表现的关系感兴趣。GRE 被研究生机构广泛用来鉴别人才。考试可提供多少个不同方面的信息？随着课程变得更加正式，GRE 已经成为入学申请过程中日益重要的因素。然而，在学术领域，分数的使用是不同的。有些项目要求 GRE 成绩但并不重视，有些则用来作为录取或资助的重要决策依据。目前还没有系统的研究，也没有人真正了解研究生教育中 GRE 的各种使用方式和使用时附带价值的变化。一个大样本的 GRE 成绩有助于其他研究目标的实现。例如，使我们检查考试分数与研究生产力和学位进展等结果之间的关系。GRE 在多大程度上可以预测博士生一年级后经历的质量？

尽管博士学位前筛选的范围构成了自身的挑战，但在这里我们不能检测全部效果。在招生过程中被筛除的人不在我们样本的范围内。然而，我们提供了替代检测 GRE 对增加录取机会影响的方法。通过询问学生是否得到首选的博士项目，我们可以发现准备、背景甚至考试成绩之间的关系。通过询问对课程的满意度，我们对机构筛选决策的个人结果进行了进一步的研究。然而，由于不知道大门有多宽，我们无法对筛选做出结论。

（四）社会交往

10 年前，Claude Steele 痛苦地写道，在某个时刻他开始觉得自己是一个学者；

我们中的许多人都认同这个小而重要的顿悟:"我记得从前在研究生院与研究顾问做实验,只是以较小的兴趣等待结果。我努力在最后期限前完成。学术研究事业——社会心理学家的核心任务,而我还不是社会心理学家。我进入学校有其他原因——想要一个高级学位,我对学术工作抱有茫然的雄心,在研究生院让父母为我感到骄傲。但是随着时间的流逝,我开始喜欢这项工作了。我也开始领会赋予它意义的价值体系,教师们对待我好像他们认为我可以做到这一点。渐渐地,我开始认为自己是一个社会心理学家"(Steele 1992,72)。虽然我们把这个过程描述为社会交往,但它可以很容易地被看作专业的"适应"。学生既有意识又下意识地获得与其领域有关的知识,了解从业人员的特性。我们假设,专业适应可以通过博士生与院系之间的关系,以及博士生与教师顾问、教师和同事的互动来证明。虽然博士学位研修被认为是个人的努力,但以前的研究(Arce 和 Manning 1984;Baird 1990b;Bargar 和 Mayo-Chamberlain 1983;Blackwell 1993;Hartnett 1976;Lovitts 2001)证明,社会关系——学生与教师、学生与同伴——也对博士经历产生影响。

我们想了解,导师指导与进度之间以及导师指导与研究生产力之间的关系,也想探讨学生的课外生活与博士经历之间的关系。样本学生多种多样,我们期望他们的经历的质量能够反映这种多样性。我们的目标是探索他们的学术和社会经验的范围以及质量,然后将这些发现与研究生产力和进度等其他结果联系起来。

(五)资金支持

我们假设,单纯资金支持既可能促进也可能阻碍博士生经历的其他方面。对于调查设计,这意味着要寻找可持续、更长期的支持来完成论文和专著,以及通过助教提高教学技能的方法,并始终保持与社会交往和个人满意度一致的生活质量。此外,需要承认,基于早期成就的剩余债务负担与潜在的奖学金和助学金而言,本科准备对学生如何资助自己的博士研修具有重要意义。20世纪90年代,研究生院院长们和研究人员关注的问题是日益增长的债务负担的影响,但其他资金安排,如奖学金和助学金,甚至吸引个人资源,可能以不同的方式影响博士生的表现。分享这些关注,我们试图了解各种形式的支持对学生经历的影响。就奖学金和助学金来说,是否所有的学生都有相同的机会去获得这些资金支持,以及这些资助是否对学生的其他指标，如进度、种族－族裔、国籍或性别，都有同样的回报。

（六）研究生产力

我们对学生表现的测量来自对研究生产力的学术评价。当然，对准备从事大学教学职业的新手学者来说，出版物和会议论文是学术表现的重要证据。他们显示个人超越博士生最低期望的能力，并向公众展示自己的技能和知识。在学术用语中，这些小成果（一篇文章、一份会议海报）可以为工作和任期记录添加早期分数，但是许多博士生是在入学后才知道这种自我推销的形式的。这样的研究生产力是否为一种重要的交换——延长学位用时？如前所述，在进度或完成学位用时上，学生可能陷入矛盾之中：由于博士学位是许多职业的垫脚石，学生们越早开始在自己的领域里进步，就会越早获益。另一方面，在许多领域，进度较快可能与研究生产力较低相关。

研究生产力的概念还有其他作用。我们自己的博士教育经历已经清楚地说明了 A＋到 B－等级评分的普遍局限。当 45% 的学生给自己排名在班级前 25%（与我们的样本情况一样）时，需要利用其他方法来衡量学生的表现，或者需要我们评价博士生表现使用更广泛的变量。因此，我们对研究生产力的关注，为学生了解院系声望提供了一种有用方式。通过多种方式定义生产力——出版物、论文发表和相似的成果——我们希望能展示各领域中充分利用研究机会，以及共享学术界关注的公众传播知识的学生比例。

（七）个人满意度

正如所有的博士候选人报告的那样，成功地完成综合测试和博士论文答辩的幸福感与个人满意度无法相比。我们探讨了个人满意度和自我实现的需要在博士过程中的作用。这一概念也体现了人们对博士课程选择的恰当与舒适性的赞赏和认可。虽然学生可能会在各种绩效指标上取得成功，但高度的满足感和自我实现感在所有的努力中都是有价值的。从本质上讲，博士生正在用生活的大部分时间与不确定的未来做交换。如果没有个人的满足感，随着时间的推移，我们可能会看到学生在其他学术或个人追求中遇到困难。至少，我们可能会看到对课程越来越鄙视，或许不能完成学位。

（八）进度

博士学位证书被认为是最终的奖励，但这个结果是由多种因素促成的。首先是坚持，激起取得博士候选人资格的信念——所谓 ABD（仅剩博士论文未完成）本身就是值得庆祝的一步。ABD 是一种常见的标题，如果非官方的认定学生完成了课程工作，通常是通过资格考试公布博士学位的候选人；所缺乏的只是完成博士论文和答辩。ABD 留给学生的只是学位完成过程中的一个障碍。此外，这一成就的实现，是对学生的毅力和应对学术生活挑战的能力的一种赞赏。

几十年来，学位用时已成为博士教育的替罪羊，无论从效率的角度来看，还是参照新评级的设立——ABD——越来越多的学生最终放弃。既然博士教育超越学术的重要意义和学术意义一样，那么，知道任务的预期时间就很重要。此外，通过设计标志各阶段的时间表，我们希望了解资金支持、指导和课程满意度的作用等相关问题。除了关注越来越多的 ABD，学位用时也许是学术界内外讨论最广、最令人困惑和担忧的博士生经历的一个方面。与学士学位和第一专业学位规定学位时限不同，博士学位用时更宽松。进度和用时似乎更多地依赖学科准则，而不是其他因素，如资金支持。

因为在调查中学生不能提供他们自己的完成日期，我们很早就决定了另一个可能合适的测量标准，即进度。是否所有的学生在所有领域取得了类似的学位进展，或在领域、种族-族裔和性别上有重要的差别？以前的研究表明，性别、婚姻状况和家属人数阻碍进度（Abedi 和 Benkin 1987；Nerad 和 Cerny 1993；Tuckman、Coyle 和 Bae 1990）。我们假设一系列有关学位时间表的问题——课程完成、资格考试和候选人成绩——将揭示重要的和之前未确定的差异。

（九）学位完成

博士教育各领域的研究表明，成就的层次中最重要的是学位完成。学生进入博士阶段往往把取得证书作为最高成就。学位完成意味着课程需求的成功实现，不仅对学术领域或学科，而且对公众来说都是成功的。虽然我们的研究不是纵向的，但我们可以检测完成率和完成时间。

我们可以按学科领域、种族-族裔、国籍和性别发布暂时性的完成率数据。其他研究者认为，一些领域的流失率高达 50%，低至 10%（Bowen 和 Rudenstine 1992；

Lovitts 2001）。由于我们的调查侧重于学生第二学年或更高年级的博士学位研修，有效地排除了那些想碰运气的人。因此，我们预计样本的学科生存率和完成率可能大大高于以前的研究报告。

二、研究设计

（一）院校选择

我们这样选择重点大学：授予大多数博士学位，机构管理人员的合作有保障。我们挑选了 21 所大学中的 17 所作为试点，并用剩余 4 所提供特殊的种类。我们选择了一个有目的的抽样计划，把调查结果推广到全国最大的研究型大学的博士生群体。样本中的机构是纽约城市大学、克拉克-亚特兰大大学、哥伦比亚大学、哈佛大学、霍华德大学、印第安纳大学、纽约大学、俄亥俄州立大学、普林斯顿大学、罗格斯大学新不伦瑞克分校、斯坦福大学、师范学院、天普大学、加利福尼亚大学伯克利分校、加利福尼亚大学洛杉矶分校、马里兰大学学院公园分校、密歇根大学安阿伯分校、北卡罗来纳大学教堂山分校、得克萨斯大学奥斯汀分校、威斯康星大学麦迪逊分校和范德堡大学。

六个标准指导这些博士学位授予院校的选择（见附录 A，表 A.1）：我们选择全美顶尖的 60 所博士学位授予院校，同时选择获得美国政府最高基金资助的以及提供各领域学位的前 120 所大学[①]，从中选择美国各地理区域内的代表院校，选择的大学是少数族裔博士学位的主要培养单位之一，根据 1994 年国家研究委员会的总结报告学术排名很高（见表 A.2）。

此外，还选择了其他大学以满足特定目的。纽约城市大学、天普大学和师范学院提供了与其他 18 所大学的传统全日制博士招生的对比。霍华德大学和克拉克-亚特兰大大学被选中是因为它们是历史悠久的黑人大学，支持非裔学生样本。

（二）学科领域

我们想把主要领域尽可能多地纳入研究。当领域研究理论拓宽，超越了前人

[①] 排名前 60 位的大学每年授予近 60% 的博士学位。1992—1993 年，它们授予了美国 42 132 个博士学位中的 24 220 个。

狭窄的学科研究范围时，我们选择了组合策略。首先，选择英语、历史、经济学、数学、政治学和物理学与 Bowen 和 Rudenstine（1992）《博士之路》研究中的 6 个学科匹配。这让我们能够将一部分发现与 Bowen 和 Rudenstine 的绩效指标，特别是学位用时做对比。其次，我们选择了工程学和教育学领域。因为学生入学后的经历和培训常常被忽略，尽管他们也经常接受研究和学术生涯的培训。同时，这两个领域提供了与社会科学和人文学博士生经历的对比。

这些学科也是研究生院院长建议我们选择的，因为他们面临的挑战是确保占比不足的学生获得成功。这样，样品中的博士生选自以下 11 个学科领域：生物科学，包括生物化学、生物物理学和分子生物学；经济学；教育学；工程学，包括化学工程、电气工程和机械工程；英语；历史；数学；物理科学，包括化学和物理；政治科学；心理学；社会学。为了便于分析，11 个领域被划分为 5 个主要领域：教育学；工程学；人文学（英语和历史）；科学与数学（生物科学、数学和物理科学）；社会科学（经济学、政治学、心理学和社会学）。（讨论为什么我们将生物科学、数学和物理科学结合在一起，见附录 B。）

（三）样本构建

本研究的目标是创建一个新鲜的、目标明确的数据库，因此必须构建一个活跃的注册博士生样本，在学科领域、种族–族裔、国籍和性别等方面取得充分的代表性。为确保被调查者深入学科领域，我们重点关注一学年以上积极参与博士项目的学生。样本经过了精心设计，以确保每个参与的大学和学科领域注册博士生具有代表性而没有偏见。为实现这一目标，样本设计开发包括整个非裔美国人、亚裔美国人、西班牙裔美国人和美国印第安人/阿拉斯加土著学生的普查，白人博士生随机抽样，国际博士生大样本（50%）随机抽样，他们都参加了 1996 年秋季六个学分的课程或学位论文工作。结果是 14 020 名博士生的分层抽样，来自 21 所大学和 11 个学科或研究领域。

三、调查方法

对博士生的经济、经历和表现的调查，得益于 Michael Nettles 早前对非裔、西班牙裔和白人博士生的研究（1989）。Nettles 的早期博士生调查（1986）是与佛罗里达州立大学、俄亥俄州立大学、罗格斯大学和马里兰大学学院公园分校的副院长们合作进行的。基于已发表的文章、信函和与 21 所大学联络员交流产生的新发现，我们修改了调查方法。我们邀请了校园联络员，其中大部分是副院长，结合了管理实践和当代研究生教育政策。

为了完善方法，我们在纽约州立大学布法罗分校、西北大学和密歇根大学进行了初步实验。调查方法在同步条件下向博士生提供，并进行了长时间专题小组跟踪随访。这些小组询问调查对象对问题的措辞和问题覆盖的范围。

新方法包括七个部分：申请和入学程序、目前的博士教育经历、出勤模式、资助博士生教育、未来的计划、本科生的经历以及背景。此外，学生被要求签署文件同意教育考试服务中心向我们提供 GRE 成绩。该方法还包括学生提供两个亲戚的姓名和地址，他们总能知道他在哪里。这些信息对于纵向追踪学生是有价值的。（关于调查方法见附录 C。）

（一）调查设计和数据收集

本研究数据收集阶段的目标是使我们的调查获得 70%的回复率。为实现这一目标，我们首先对整个样本进行了调查，然后对未回复者进行二次调查。每个调查包中都有我们与参加大学代表双方或三方共同签署的信件。每次调查邮寄的几天内，我们都会向样本中的每个学生邮寄明信片进行提醒。我们用现金支付吸引学生完成调查。完成完整调查的博士生将进入奖池，获得十三个现金支付之一的奖励（一个 500 美元、一个 400 美元、一个 300 美元、十个 100 美元现金支付）。

（二）回复率

9 036 名样本博士生的总回复率为 70%。受访者在种族-族裔、性别和学科领域方面占比不同。有 75%的白人博士生回复，其后依次是西班牙裔 72%、亚裔 66%、非裔 64%、国际学生 58%。美国公民的回复率为 84%，国际公民为 58%。74%的女性和 65%的男性返回了一份完整的调查问卷。在学科领域，回复率分别是：教育学 79%，人文学及社会科学 69%，科学与数学 64%，工程学 63%。

（三）样本加权

受访者包括美国公民的四个种族-族裔团体和来自世界各地的国际公民组成的第五个小组。受访者中 10%是非裔，9%是亚裔，7%是西班牙裔，58%

是白人，16%是国际公民。受访者被平均分为女性和男性。受访者的学科领域分布如下：教育学 27%、工程学 10%、人文学 15%、科学与数学 21%、社会科学 27%。

为了获得各学科领域研究生入学者种族-族裔分布的近似比例，受访者样本必须进行加权以修正样本过密或过疏。我们选择样本领域中 21 所大学 1996 年在册研究生（硕士和博士研究生），作为判断样本代表性的标准。在被认为不可能的情况下，我们得到了其他年份的数据。权重被引用到 1996 年数据中，这应该比我们的样本更能代表博士生的实际情况（见附录 D、表 D.2）。

少数种族-族裔采样过密，目的是产生足够大的样本来分析。这不是关于性别的问题，所以女性没有过度采样，权重变量不考虑性别。如果调查中女性的比例与我们的目标人群有很大不同，这可能是有问题的。然而，参考权重群体，女性在调查中所占的比例和 1996 年研究生项目招生中所占的比例几乎没有实验上的差异。

实际的权重公式试图精确地把我们的样本分布与基数的分布相匹配：

$$W = \frac{\text{种族-族裔和学科领域内的总注册数（机构中的学生数）}}{\text{种族-族裔和学科领域内的总注册数（样本）}} \times \frac{\text{总注册数（样本）}}{\text{总注册数（机构中的学生数）}}$$

这将使样本中的每一个比例与基数匹配，消除少数种族-族裔学生过度取样的有关问题。在本书的分析中，样本概数是加权的。表 3.1 显示了从未加权到加权的样本权重分布的影响。

表 3.1 未加权和加权的样本分布

变量	未加权的		加权的	
	数量/人	%	数量/人	%
性别				
女性	4 533	50	4 086	45
男性	4 502	50	4 949	55
种族-族裔				
非裔	943	10	570	6

续表

变量	未加权的		加权的	
	数量/人	%	数量/人	%
亚裔	773	9	676	7
西班牙裔	602	7	347	4
白人	5 256	58	5 411	60
国际学生	1 462	16	2 032	22
专业				
工程学	2 507	28	2 633	29
教育学	886	10	1 591	18
人文学	1 326	15	858	9
科学与数学	1 853	21	2 341	26
社会科学	2 464	27	1 613	18

来源：博士生经济状况、经历和表现调查。

（四）数据库开发

我们添加了《美国高校的巴伦周刊简介》（1999）中学生对本科院校的入学选择排名补充数据。[①]此外，对签署同意书的学生，我们增加了从教育考试服务中心获得的 GRE 一般能力考试成绩。预测变量包括可能影响博士生经历的个人特征和机构特征：种族－族裔、性别、父母社会经济地位、入学年龄、学生是否已婚或有伴侣、是否有 18 岁以下子女、学生的家庭收入和学生 GRE 成绩（语言、数学、分析性写作）、是否毕业于美国选择性本科院校、博士入学前是否有硕士学位、是否进入第一或唯一志愿博士项目、是否全日制注册入学、在公立还是私立大学、入学几年、是否保持全日制注册身份、教师顾问与导师是否为同一人、学生完成学位后对教师或博士后职位的期望。（附录 D 对这些变量和过程做了更详细的描述，将社会经济地位等变量标准化以便进行比较，还对因素分析和回归工具进行了详细描述。）

（五）局限性

在收集证据的许多工具中，我们选择了大规模的数据库调查路径。然而，一

---

① 巴伦奖选择性地位，以高中排名、高中平均学分绩点和入学考试（SAT 或 ACT）分数中值为基础。

些受访者意外地就他们的情况发表了看法，其中许多包含在后面的章节中，我们的所有科目都有详细的说明，这将丰富我们对调查结果的理解。虽然我们选择的领域包括大多数博士生，但没有覆盖新增的学科及分支学科。我们可能包括商业、外语和美的艺术——比如音乐。但要做到这一点，就必须对目标取样的多样性进行重要权衡。很简单，这项研究如果有用的话，就要求有足够数量的种族－族裔混合以便于分析。制定的项目需要大量的学生，也造成对一些较小的博士学位授予机构要考虑排除。因为我们集中于主要机构，选择的参与者可能会被视为精英，但这是美国高等教育一个无可辩驳的方面。在研究生层次，最有学术选择性的院校拥有最多的合格候选人，而且在所研究领域也有最多的声望很高的院系。

　　本研究的设计与构成校园主要劳动力的研究生联盟初创时期巧合。显然，这是一个重要的发展，可以预见它在我们所有感兴趣的方面，如资金支持、社会交往和研究生产力等方面产生的影响。尽管如此，大多数研究生的活动在我们的调查完成之后，需要几个月甚至几年结束。因此，很遗憾博士生发展的这些经历我们没有解释。

　　博士经历需要关注的另一个重要方面是学位论文的撰写过程。它的可变性，取决于机构、院系和委员会成员，这似乎本身就是一个研究项目。我们知道有一系列经过批准的选择，从替代正式论文的三篇期刊文章，到要求一篇有突破性的原创论文。但是，随着我们的调查变得时间更长和令人畏缩，我们决定放弃这些探索，尽管它总体上会有一些改善。

　　这项研究的重点是博士生，意味着我们所有的注意力都集中在收集学生对他们经历的描述上，而忽视了教师和管理者的观点。他们的评论肯定会给这里的发现增添质感和细微差别，也许其他研究人员会抓住机会。最后，只有努力收集有关这些博士研究对象的纵向数据，才能充分了解该数据库的价值。只有这样，我们才能讨论博士生经历对博士后生活和社会的贡献。

第四章

样本的人口统计学分析

一位 80 岁的博士生给我们写了一封短信，说他在获得候选人资格之前曾接受过导管和前列腺手术，我们开始认识到我们的样本具有非同寻常的深度。我们已经确认了那些从未被传统研究涉及的学生经历。这样的个人信息不是被要求的，而是伴随着调查完成建立的一种亲密关系的信息。它提醒我们处理的不仅仅是数据，而且是真实的人的希望和梦想。当然，我们已经调查了传统的适龄学生，还包括一些非传统年龄的学生作为异常值，我们认为取样达到了全面。当我们 80 岁的受访者得出结论："一个人到 80 岁才获得博士学位确实是一个问题，但达到这样的高度是值得骄傲和自豪的。"我们很难不为此欢呼。

样本的人口统计学数据与美国教育部国家教育统计中心（1994，2001 NCES）以及国家科学基金会（Hoffer et al. 2001）公布的新博士学位获得者的人口统计学数据类似。例如，男性略多于女性（分别为 55%和 45%）；6%的受访者是非裔，7%是亚裔，4%是西班牙裔，61%是白人，22%是国际学生；学科领域的比例：教育学近 29%，工程学 18%，人文学 9%，科学与数学 26%，社会科学 18%。

在研究领域中，种族–族裔和性别比例存在着真正的差异。当我们按性别和学科领域进行样本分类时，其性别构成从接近均匀分布转变为类似于国家的博士学位获得者的统计数据。其中，教育学领域中女性博士生占 69%，工程学领域为 14%，人文学领域为 52%，科学与数学领域为 32%，社会科学领域为 52%。同样，样本的种族–族裔构成（见表 4.1）类似于国家的博士学位获得者的统计数据（见表 2.12）：西班牙裔集中在教育学和人文学领域，非裔集中在教育学和社会科学领域，而国际学生和亚裔集中在工程学和科学与数学领域。

表 4.1 按领域，样本的种族-族裔分布

专业	非裔	亚裔	西班牙裔	白人	非本国公民	总计
教育学						
数量/人	279	144	150	1 841	219	2 633
%	11	6	6	70	8	100
工程学						
数量/人	42	181	41	682	645	1 591
%	3	11	3	43	41	100
人文学						
数量/人	52	47	40	660	60	859
%	6	6	5	77	7	100
科学与数学						
数量/人	60	219	51	1 298	712	2 340
%	3	9	2	56	30	100
社会科学						
数量/人	136	85	66	930	396	1 613
%	8	5	4	58	25	100
总计/人	569	676	348	5 411	2 032	9 036

来源：博士生经济状况、经历和表现调查。

过去 30 年中，一些研究人员注意到科学领域非裔学生比例不足的问题（Malcom 1990；Malcom、Hall 和 Brown 1975；Thomas 1980）；其他一些研究人员则对妇女和少数种族比例普遍不足表示关注（CSEPP 1995）。从我们的人口统计数据看，这些担忧是有道理的。从性别、种族-族裔和领域角度，我们注意到一些特定的博士学科中少数种族-族裔背景的女性和男性人数偏少。例如，在工程学领域，种族-族裔和性别构成是：非裔妇女 1%，非裔男性 2%；亚裔女性 2%，亚裔男性 9%；西班牙裔女性 1%，西班牙裔男性 2%；白人女性 7%，白人男性 36%；国际女性 4%，国际男性 36%。各领域性别在种族-族裔上分布不均，限制了我们的分析。同样，各领域的西班牙裔样本数量少也阻碍了我们观察这个群体的特定经历。我们没有处理 Abdín Noboa-Ríos（1982）和 Robert Ibarra（1996）提出的西班牙裔各少数民族在博士教育过程中的差异问题，如墨西哥裔和波多黎各裔美国人。

一、博士生年龄

年龄一直是关于博士生研究关注的问题。相关研究文献主要集中于人力资源投资、接受资助、研究生产力、学生完成学位的选择和年龄对进度的影响等方面。[①] 80 岁的候选人的故事说明，在我们的样本中，开始博士教育的年龄相差很大。科学与数学领域平均年龄最小，25 岁。教育学领域平均年龄最大，超过 35 岁。除工程学领域女生的年龄几乎年轻了 1 岁外，其他领域男性和女性年龄差距在几个月内。在种族－族裔和国籍方面，亚裔美国学生年龄（26 岁）略低于平均水平（29 岁），但在学科领域中，他们都不比西班牙裔和白人年轻；非裔博士生的年龄（教育学领域 37 岁、科学与数学领域 28 岁）比平均年龄略大（教育学领域 35 岁、科学与数学领域 25 岁）；博士学业开始时，国际学生的年龄（32 岁）除了在教育学领域略低（35 岁）以外，接近于所有领域的平均数。

二、学生决定攻读博士学位时的年龄

我们对文献的回顾没有揭示学生做出一生中最重要的决定——攻读博士学位时的年龄。如前所述，我们对一些问题的兴趣只是通过描述性分析来观察个人博士学位意识的发展。

我们询问学生最初决定攻读博士学位的年龄，科学与数学领域的学生在 20 岁之前就做出了决定，而教育学领域的学生直到 30 岁左右才做出决定。年龄的领域差异得到了证实。样本中其他领域做出决定的平均年龄介于两者之间，接近 24 岁。一般来说，女性在工程学领域稍早，在科学与数学领域稍晚。其他三个领域没有明显的性别差异。同样，种族－族裔差异也反映在之前博士教育开始年龄的数据中。亚裔美国博士生在教育领域似乎早于白人做出决定，在工程学领域早于白人和国际学生，在科学与数学领域早于国际学生。非裔在所有领域都接近平

[①] 考察年龄与资助的关系的研究，见 Malaney（1987）和 Baird（1976）；博士生年龄与研究生产力的关系的研究，见 Hagedorn 和 Doyle（1993）；年龄与博士生获得研究生产力的关系的研究，见 Buchmueller、Dominitz 和 Hansen（1999）以及 Clemente（1973）；年龄与坚持学业的关系的研究，见 Girves 和 Wemmerus（1988）与 Ott、Markewich 及 Ochsner（1984）；年龄与学位进展的关系的研究，见 Tuckman、Coyle 和 Bae（1990）；年龄与学位完成的关系的研究，见 Baker（1998）及 Cook 和 Swanson（1978）。

均年龄,与西班牙裔和国际学生一样。

三、做出攻读博士学位的决定

与工程学(近60%)、人文学(57%)和社会科学(57%)博士生相比,超过75%的科学与数学领域的学生在大学生涯之前或期间决定攻读博士学位。然而,只有25%的教育学学生在上大学之前或期间做出攻读博士学位的决定。在教育学、工程学、人文学和科学与数学领域,在读本科期间做出攻读博士学位决定的性别比例相当。教育学以外的各领域,男女生决定攻读博士学位的时间都在读本科期间(从工程学的38%到科学与数学的48%)。在教育学领域,男女生的决定时间都是在获得硕士学位(39%)后的工作期间。工程学领域的男生在读硕士期间和硕士之后的阶段也是决定攻读博士学位的重要时间(31%,女性20%)。在工程学领域,硕士毕业后决定攻读博士学位的女性多于男性(13%,男性8%)。

观察不同种族-族裔的学生决定读博的时间,我们发现虽然比例是变化的,但除教育学领域外,其他各领域不同种族-族裔群体的时间都是在读本科期间,教育学领域的学生决定读博的时间是获得硕士学位后的工作期间。我们的结果与Pearson(1985)的结论相似,大多数黑人和白人科学家是在读本科期间做出读博的决定的。

四、父母的受教育水平

针对有关博士过程的最初征询只是复制现有社会结构的质疑,我们考察了样本学生的父母受教育水平。[①]审查样本学生入学的领域,我们发现近34%的人文学的学生来自至少有一位家长是博士或第一专业学位的家庭(例如法学博士J.D.、医学博士M.D.)。科学与数学、社会科学领域的学生也有很强的父母教育背景,至少有一个具有高级学位的父母的比例分别为27%和26%。工程学领域的学生中,24%的父母取得了较高的学位。在教育学领域的学生中,这一数字降到了16%,显然他们来自最弱的教育背景的家庭。

---

① 研究人员发现,博士学位获得者的父母受教育程度似乎较高(Smith and Tang 1994),样本学生的父母成就较高并不令我们感到惊讶。

不同领域的性别差异更具启发性。例如，在工程学领域，39%的女性博士生的父母取得了博士学位或第一专业学位，男性工程学博士生的父母只有21%。工程学领域的男生很可能父母最高学历是高中文凭（19%）的比例高于女生（12%）。该模式——男生比例高于女生，其父母的最高学历是高中——适用于所有其他领域。

在各领域，父母学历最高的是亚裔和白人博士生，父母学历最高的领域是人文学。在人文学领域，亚裔和白人博士生的父母已经完成研究生学位的略低于60%，与之相比，非裔的父母为40%，国际学生的父母为37%，西班牙裔的父母近32%。在工程学、科学与数学和社会科学领域，亚裔和白人博士生的父母有一半以上已经完成研究生学位。这一水平的父母的受教育程度远远超过了一般美国人父母的受教育程度。

在所有领域中，工程学领域的非裔和西班牙裔博士生报告拥有研究生学历的父母的比例最高（分别为40%和48%），对工程学和科学与数学领域有重要影响。在教育学领域，大多数（60%以上）非裔、西班牙裔和国际博士生的父母都没有完成学士学位。相比之下，超过一半（55%）的白人博士生父母和三分之二（68%）亚裔博士生父母至少有一人有学士学位，而39%的白人和34%的亚裔博士生的父母是研究生学历。

五、父母的社会经济地位

另一个计算数据结合父母的受教育程度和职业，产生了对父母社会经济地位（SES）的测量。我们把它应用于所有领域。考虑到博士生通常要从父母家中离开至少几年，父母的社会经济地位与博士生经历质量间的关系仍然不清楚。[1]人文学领域的学生的父母社会经济地位最高，其次是社会科学和科学与数学领域的学生，家庭背景相似。工程学、教育学领域的学生的父母社会经济地位平均最低。我们很好奇，除了社会科学，为什么每个领域的女性学生的父母社会经济地位都比男性学生的父母高。在差异显著的四个领域中，工程学领域的女性学生的父母

---

[1] 在一项关于影响学位完成的研究中（Mooney 1968），我们发现父母的社会经济地位对博士生完成学位没有显著影响。

社会经济地位最高,其次是人文学领域的女性学生。

总之,非裔和西班牙裔学生与其他种族-族裔群体相比,父母的社会经济地位相对较低,彼此也不相同。亚裔和白人学生的父母社会经济地位在五个领域没有显著差异。非裔学生的父母社会经济地位只在工程学领域比亚裔和白人学生父母低。在人文学领域,非裔学生的父母社会经济地位与亚裔学生父母相似。西班牙裔学生的父母社会经济地位在教育学领域低于白人和国际学生的父母,在人文学和社会科学领域低于白人学生的父母。在所有五个领域国际学生的父母社会经济地位似乎都比白人低。

六、内部的影响因素

在回顾 R. B. Levin 和 A. L. W. Franklin（1984）以及 Marilyn Heins、S. N. Fahey 和 L. I. Leiden（1984）著作的基础上,Baird（1990b）指出,研究生的非学术角色往往与他们的学术角色同等重要,如配偶或伴侣关系和父母。这些多重角色可能相互冲突分散学生的注意,而且可能带来对学生时间、精力和财富的大量需求。研究人员试图确定婚姻或伴侣关系与博士项目成功（Feldman 1973；Hawley 1993）、婚姻状况与研究生产力（Feldman 1973）、婚姻状况与社会交往（Feldman 1973）、婚姻状况与学位进展（Girves 和 Wemmerus 1988）间的关系。

我们对婚姻状况的测量可能与以前的研究没有可比性,因为我们的定义包括已婚和有伴侣的学生。为了便于呈现和阅读,我们将这一类样本通称为已婚。在这种分类下,样本中几乎54%的博士生都结婚了。已婚学生的比例最大（62%）的是教育学领域（教育学博士生的年龄较大）,其后依次是人文学（54%）、社会科学（52%）、科学与数学（50%）和工程学领域（49%）。我们观察到唯一的显著差异在教育学领域与其他领域之间。由性别看婚姻状况,我们发现教育学博士生 68%的男性和 59%的女性已婚。人文学领域也出现了类似的模式,其中 57%的男性和 51%的女性已婚。科学与数学领域相反,53%的女性和 49%的男性已婚。其他领域婚姻状况性别差异极小。

比较种族-族裔群体,虽然有不同比例的学生结婚,但大多数在统计上没有什么不同。比较非裔和白人时,我们观察到在几个领域有差异。教育学、人文学和社会科学领域的白人学生比非裔学生已婚率高。在教育学领域,白人比国际学生已婚率高。而在科学与数学领域,国际学生已婚率高于非裔和亚裔。在社会科学领域,国际学生已婚比例也较高。

(一)配偶或伴侣的学历

拥有高学历配偶的好处是什么?至少有一批学者发现,黑人博士生配偶的高等教育程度与较高的学位完成率有关(Willie、Grady 和 Hope 1991)。在我们的样本中,博士生配偶最好的特点是具有很高的学历。当我们了解博士生配偶的最高学历时,只有少数异常现象出现:12%的人没有学士学位,2%的人受教育程度为高中或更低。配偶没有学士学位的学生比例最高的是教育学领域(15%),其后依次是社会科学(11%)、工程学(10%)、科学与数学(9%)领域。样本中有配偶的学生大约28%的配偶最高学历为本科,45%有硕士学位,16%有哲学、法学或医学博士学位。

我们的数据似乎与 Helen Astin(1969)和 Saul Feldman(1973)的研究结果一致。在所有领域中,女性比男性更容易有受教育程度为哲学博士、法学博士和医学博士的配偶。博士生配偶的受教育程度几乎没有种族-族裔差异。

(二)配偶的学生身份

许多博士生的配偶都达到了较高的受教育水平,也有许多人的配偶同时在攻读博士学位。研究主要集中于双学生夫妇,了解双学生夫妇及其对博士生经历影响的并不多。在已婚学生中,近三分之一(29%)的配偶是学生。教育学领域的学生配偶是学生的最少(17%)。科学与数学领域博士生最有可能有学生配偶(40%),其次是工程学(34%)、社会科学(32%)和人文学(31%)。教育学和其他领域之间配偶差异的统计学意义显著,很可能是因为他们的配偶年龄较大和有工作收入。在教育学领域,配偶也是学生的男生比例高于女生(19%:16%)。在科学与数学领域,我们发现了相反的情况:配偶是学生的女生比例比男生高(45%:38%)。我们观察到配偶学生身份的种族-族裔差异最小:三分之一非教育学领域的博士生和大约一半科学与数学领域的国际学生有学生配偶。

(三)有未满18岁的子女

有18岁以下子女对博士生的影响受到的关注有限。这方面的研究主要集中在有孩子对女性和男性研究生压力的不同影响上。已婚女研究生有孩子被认为经历了最大的时间压力（Gilbert 1982）。一个更为普遍的问题是孩子对学位进展的影响（Abedi 和 Benkin 1987；Nerad 和 Cerny 1993；Tuckman、Coyle 和 Bae 1990；Wilson 1965）。一般结论是：有孩子和有更多的孩子——在 Howard Tuckman、Susan L. Coyle 和 Yupin Bae（1990）的研究中——阻碍了学位的进展。

我们的样本显示，许多领域的学生放弃生育，至少是暂时放弃。在科学与数学领域，87%的受访者没有 18 岁以下的子女，其后依次是人文学（82%）、工程学（81%）、社会科学（80%）和教育学（52%）。在教育学、工程学、科学与数学领域，我们发现有 18 岁以下子女的学生的性别比例存在差异。在任何情况下，报告有 18 岁以下子女的女性样本少于男性，种族－族裔群体在有子女方面没有什么差别。在科学与数学领域，30%非裔学生有 18 岁以下的子女，白人为 10%。有趣的是，在教育学领域，一半以上非裔和西班牙裔报告有 18 岁以下的子女，而亚裔仅略多于三分之一，白人占近一半。

七、年收入

样本的收入证实了我们对研究生所做的经济牺牲的报告，他们是 Marjorie Lozoff（1976，142）所描述的典型的"有教养的穷人"。67%的受访者报告年收入（不包括配偶的收入）不到 20 000 美元，24%的受访者年收入在 20 000~49 999 美元，9%的受访者年收入超过 50 000 美元。除教育学领域外，其他领域的学生（工程学 70%、社会科学 73%、人文学 78%、科学与数学 88%）年收入不到 20 000 美元。教育学是唯一一个有学生报告高比例年收入在 20 000~50 000 美元（38%）和超过 50 000 美元（24%）的领域，这可以用他们年龄较大和有全职工作的可能性来解释。除教育学领域以外，年收入低于 20 000 美元的男性和女性的比例基本一致。在教育学领域，这一档次收入的女性（42%）比男性（30%）多。在教育学和工程学领域，报告年收入超过 50 000 美元的男性比女性多。种族－族裔差异在收入方面似乎很小。在教育学领域，27%的非裔学生的年收入为 20 000 美元或更少，西班牙裔为 40%，白人为 35%，亚裔为 55%，国际学生为 70%。在社会科学领域，我们观察到类似的模式。

（一）配偶年收入

我们知道，一些领域的女性博士生可能比男性同行收入低，但她们的配偶更可能获得比所有领域男性博士生的配偶超过 50 000 美元的年收入。当种族－族裔有差异时，国际学生的配偶的年收入往往少于 50 000 美元，这可能是因为国际学生配偶的就业限制。在教育学领域，西班牙裔学生的配偶（27%）年收入超过 50 000 美元的比例小于白人（46%）。

（二）家庭年平均收入

配偶的收入差异是家庭年平均收入差异的反映。教育学博士生家庭年平均收入比其他领域的学生高，但存在性别差异：除教育学和人文学领域外，女博士生的家庭年平均收入高于男性。

家庭年平均收入的种族－族裔差异主要体现在教育领域：非裔和白人分别为 57 000 美元和 67 000 美元，亚裔和白人分别为 49 000 美元和 67 000 美元，西班牙裔和白人分别为 49 000 美元和 67 000 美元，国际学生和白人分别为 24 000 美元和 67 000 美元。同样，在科学与数学领域，白人的家庭年平均收入领先于亚裔，分别为 30 000 美元和 26 000 美元；非裔的家庭年平均收入低于白人，分别为 22 000 美元和 30 000 美元。在工程学领域，每一个种族－族裔群体报告的家庭年平均收入都比国际学生高：国际学生家庭年平均收入为 24 000 美元，而非裔为 42 000 美元，亚裔为 34 000 美元，白人为 39 000 美元，西班牙裔为 30 000 美元。国际学生的低收入在很大程度上取决于签证对其收入的限制，这通常要求他们全日制入学，保持良好的学术地位，每周在学校工作不超过 20 小时。

八、小结

与任何涉及样本的研究一样，了解作为结果和发现的背景特征很重要。样本的人口统计学数据很有用，它们类似于美国国家科学基金会和教育部报告的博士学位获得者的特征。虽然这并不意味着我们的样本经验可以推广到全国 600 多个博士学位授予机构的所有博士生群体，但它确实有普遍意义。因为我们的样本是典型的，也许博士生可以选择这些研究成果用于自己。该样本还揭示了不同领域、种族－族裔和性别的人口统计学数据，应该记住它们与其他章节研究结果的关联。

第五章

录取与筛选

从第四章的数据可以清楚地看出，并不是所有的博士生都是生来平等的，他们以不同的优势进入博士教育。对于有些学生家庭来说，研究生教育是一个未知领域和重视的目标。而对于另一些家庭来说，研究生教育是家庭传统。有些学生在上学早期就决定攻读博士，而另一些学生是在工作后才考虑的。有些学生由于孩子出生使他们在博士学习中分心。有些学生在退休的年纪才开始读博，因此比其他同学年龄大。本科教育、GRE成绩、大学与博士入学的时间间隔等，是影响学生最终课程经历的其他因素。一旦申请博士项目，每个学生都要经过不同学科和院系的筛选。GRE成绩是一个非常重要的筛选因素，主要在于录取中所起的关键作用和预测学业成功的可能性。

一、本科院校的选择性

在《河流的形状》一书中，William Bowen 和 Derek Bok（1998）关注并发现选择性本科院校毕业生在就业市场上的优势。似乎选择性本科院校的学生具有获取学士后（postbaccalaureate）学位的优势。[①]博士生就读本科院校的选择性与能否成功完成研究生学位课程有关（Astin 1982；Baker 1998；Mooney 1968）。

我们对美国最具选择性的前120所大学的学生非常感兴趣，因为这些学生的

---

① 我们对博士生本科院校的选择性和他们的研究生产力之间关系的研究感兴趣，但只能找到本科院校的选择性和获得博士学位者的研究生产力之间关系的研究（Buchmueller、Dominitz 和 Hansen 1999；Long、Allison 和 McGinnis 1979；Wong 和 Sanders 1983）。

选择性也许能反映出他们博士计划的准备情况和学习倾向。①我们可以确定样本中除 240 名学生之外所有学生本科院校的选择性。因为对美国之外的高校无法评定等级,所以我们把在这类高校获得学士学位的学生设为未就读于选择性本科院校。

90%的博士生就读的院校与本科不同,约 36%的样本学生本科就读于 120 所中竞争力最强或很强的院校。在主要学科领域,来自竞争力最强或很强的院校的学生比例最高的是人文学(55%),然后是社会科学(38%)、科学与数学(36%)、工程学(35%)和教育学(28%)。

除工程学和社会科学领域外,我们发现本科院校的选择性没有明显的性别差异。在工程学和社会科学领域,女性就读于选择性本科院校的比例高于男性(工程学女性为 44%,男性为 33%;社会科学女性为 41%,男性为 33%)。值得一提的是,工程学女性人数比例较低。或许增加低选择性本科院校女性的比例以达到与男性比例相当可产生更高的代表性。

从不同种族－族裔本科入学考试成绩看,各领域的亚裔学生就读于选择性较高的院校的比例较高,而非裔学生就读于选择性低的院校的比例较高。②除人文学领域外,非裔与亚裔、白人、国际学生相比,就读于选择性高的院校的比例较低。在科学与数学领域,一半以上的亚裔和白人博士生就读于最具竞争力的本科院校,而非裔仅为 16%。亚裔和非裔的差距是最大的,这种差距也体现在教育学(35%和 19%)、工程学(64%和 34%)和社会科学(53%和 33%)领域。正如我们研究中所涉及的,如果最有名的研究生院校的博士教育仅依赖最具选择性的本科院校的学生,那么我们看到非裔和西班牙裔代表性不足的情况就会更加严重。非裔占全国最具选择性的本科院校学位获得者的 5%,而亚裔的比例为 11%。提高非裔美国博士生的比例需要一些策略,包括继续从更大范围的选择性本科院校录取学生,在最具选择性的本科院校增加非裔学生的比例,以及在研究生录取时

---

① 我们开发了一个本科院校选择性的数据文件,我们称之为"内特尔斯和米利特的院校选择性增强文件",此文件以"巴伦的美国院校选择性概况"为基础,并增加了在"巴伦的美国院校选择性概况"中所未评估的选择性本科院校。

② 至少在一项研究(Nettles 1990b)中表明,与西班牙裔和白人学生相比,非裔美国学生就读于选择性本科院校的可能性较低。

以更宽的选择标准来预测他们的成功。

二、首选课程

研究者曾经推测课程选择对随后的读博经历的影响。对于那些选择博士项目时期待有特定的导师、特定知识重点或想加入特别研究计划的学生，第一选择也许是至关重要的。对于其他不太确定自己的重点或者研究工作更具冒险和探索精神的人来说，进入首选课程就不那么重要了。当然，除非有一些地理偏好或限制。是否学生进入首选或唯一选择课程会对自己的博士经历更加满意？在我们的样本中，超过三分之二（69%）的学生进入了首选或唯一选择的博士院校。教育学学生（86%）比其他学科学生进入首选院校的更多。教育学也是相对年龄较大和非全日制学生较多的学科，因此也更可能有地理偏好。

工程学（70%）是首选或唯一选择课程比例仅次于教育学的领域，其次为科学与数学（63%）、社会科学（60%）和人文学（53%）领域。这一顺序表明在本研究选择的院校中，人文学、社会科学和科学与数学是博士生录取最具竞争性的领域。在教育学和社会科学领域，就读于首选或唯一选择课程的女性比例略高于男性（教育学分别为88%和84%，社会科学分别为62%和57%）。种族－族裔差别不明显，因为各学科大部分博士似乎都能进入首选或唯一选择的博士项目学习。

三、本科与博士专业的一致性

不同领域博士项目对基础知识的要求和准备的程度存在差异，但从先前的学习中熟悉学科领域内容在各学科似乎都有优势。例如，John Smart（1987）发现选择继续读本科的专业的学生能更好地适应研究生院的学习。他们与教师的关系更加融洽，比那些换专业的同学对研究生院更满意。

考虑到学科的数量和累积的特点，大部分工程学（88%）和科学与数学（83%）领域的学生的本科和博士的专业保持一致，这不足为奇。出于同样的原因，人文学领域（70%）和社会科学领域的学生（63%）中博士与本科专业一致的比例也较高。相反，只有22%的教育学博士生有本科教育学学位。与工程学和科学与数学不同，教育学是一系列延伸学科的专业学科领域，包括大量年龄较大和拥有工作经验而远离本科经历的学生。性别在教育学和工程学领域的差异都较小。在教育学领域，75%的女性和85%的男性本科与博士主修专业不同。在工程学领域，18%的女性和11%的男性没有主修与本科相同的学科专业。这是两个性别分布偏颇的领域。在不同情况下，占优势的性别更倾向于本科和博士专业一致。这表明在上述两个领域中占少数性别比例的学生（工程学领域为女性和教育学领域为男性）需要更长的时间来考虑适合他们的领域。

与其他种族－族裔相比，亚裔教育学博士生（7%）选择与学士学位相同专业学科领域的较少，而白人为 21%，西班牙裔为 22%，国际学生为 30%，非裔为 30%。考虑到亚裔学生对高等数学、科学和工程学的兴趣较大，而对师范教育的兴趣相对较低，亚裔博士生的本科专业为教育学的比例较低就不足为奇了。

四、就读公立与私立研究生院校

博士阶段公立和私立院校课程的差别没有本科大。事实上，我们的分层线性模型分析表明，在同伴交往和师生交往方面，大学内部课程间的差异大于大学之间的差异。尽管与本科教育一样，私立院校的博士教育费用和其他费用高于公立院校，但是，由于博士生的其他费用已经包括在奖学金和助学金内，因此他们实际支付的费用在公立和私立院校中差别不大。在我们的样本中超过60%的学生就读于公立研究生院，但在不同领域有很大差别。科学与数学领域超过三分之二（71%）的学生就读于公立研究生院，工程学领域为 68%，人文学领域为 66%，社会科学领域为 62%。教育学领域就读于私立院校的比例最高（59%），原因是样本中大部分学生就读于哥伦比亚大学师范学院。68%就读于私立研究生院的教育学博士生是在师范学院注册的。

在人文学、科学与数学和社会科学领域，就读于公立和私立研究生院的学生性别差异不大。在教育学和工程学领域，就读于私立研究生院的女性比例高于男性（教育学女男比例为60%和56%，工程学为42%和30%）。虽然除教育学外，大部分博士生就读于公立研究生院，但也存在一些种族－族裔差异。在教育学领域，非裔学生（62%）就读于私立研究生院的比例高于西班牙裔（49%）和国际学生（51%），白人（60%）就读于私立研究生院的比例也高于西班牙裔（49%）。即使在国际学生中需求量大的工程学和科学与数学课程，就读于私立研究生院的白人博士生（38%）比例，也超过国际学生（27%）。非裔学生（57%）在科学与数学领域高于亚裔（33%）、西班牙裔（24%）和国际学生（26%）。在科学与数学领域，非裔博士生就读于首选院校和私立院校的比例接近。

五、GRE 成绩

尽管 GRE 成绩非常重要，但学生和教师都不太清楚它如何在博士项目中发挥作用。以下引文内容来自调查对象主动提供的一封信，证明学生对于 GRE 成绩作用认识的模糊："我很高兴提供一些需要的信息，我不相信我的 GRE 成绩、平均学分绩点或学术表现等级与你们的研究目标有关（这不是保护隐私的问题）。我知道这些信息有助于其他调查信息的分类和情景化。我相信你们的主要目的与绪言声明的一样是重要和必要的，我只是不相信考试成绩和平均学分绩点是相关的，对于这一点我十分肯定（我很高兴一些问题在调查中得以提及）。"

Warren Willingham（1974）认为，GRE 对研究生录取的作用高于本科阶段的平均学分绩点，因为本科成绩有两个弱点——范围较窄、对不同学院和大学之间意义不同。Tuckman、Coyle 和 Bae（1990）尝试区分 GRE 成绩和学业成绩各自代表的内容。他们认为，GRE 成绩是用来测量成就的，而学业成绩是测量学生能力的。无论区别是什么，许多研究生院都要求学生参加 GRE 一般能力考试。他们用这一成绩来预测学生的成功和做出重要决定，例如谁将获得不同的奖学金和助学金。[①]为了清楚表明样本的情况，我们讨论一般能力考试的每一部分，即语言、数学和分析性写作，从学科领域、性别和种族－族裔——这些能反映 GRE 和其他入学成绩考试特点的不同方面来研究。

样本中学生语言考试的整体平均分为 583 分。五个学科领域中语言平均分最高的是人文学领域（669 分），以下依次为社会科学（601 分）、科学与数学（575

---

① 研究者已研究了 GRE 成绩与学业奖学金获得情况的关系（Malaney 1987）、与平均学分绩点的关系（Morrison 和 Morrison 1995；Sternberg 和 William 1997）、与博士学位获得者的研究生产力的关系（Clark 和 Centra 1982；Schrader 1978，1980），以及与学位获得情况的关系（Ehrenberg 和 Mavros 1995；Rock 1972；Zwick 1991；Zwick 和 Braun 1988）。

分)、工程学（562分）和教育学（556分）领域。除教育学领域外，考虑到各个学科的本质特点，这一顺序是令人鼓舞的。我们预期人文学领域的学生应展现较高的语言能力和较低的数学能力。教育学领域的学生的语言成绩尽管并不令人惊奇，但也能反映学生在本学科更广泛范围的不同兴趣以及种族-族裔和年龄的人口统计学的多样性。在工程学和科学与数学领域GRE语言成绩性别差异明显。在工程学领域，女性的平均成绩高于男性（587分和557分）。而在科学与数学领域，男性的平均成绩略高于女性（579分和568分）。工程学领域的学生语言成绩的性别差异或许与上文报告的事实有关，即本科阶段更多的女性从其他领域转到工程学领域。不考虑她们是从什么学科转入的，与那些没有换专业的同伴相比，她们先前的训练可能更多地关注语言而非数学。

与前文观察的一样，样本中人文学领域的学生的语言平均成绩最高，男性和女性平均成绩接近（671分和667分），其次为社会科学（597分和605分）和教育学（559分和553分）领域。人文学领域白人语言平均成绩最高（689分），其次为亚裔（645分）、西班牙裔（618分）、国际学生（576分）和非裔（569分）。这也是过去半个世纪GRE成绩中我们已经习惯的顺序。国际学生在排序中的位置部分反映了英语是母语的样本学生的成绩。非裔学生排在最末与其他两部分考试结果一致。由于GRE成绩是研究生录取和其他福利与奖励的标准，这也是非裔学生面临的一个主要挑战。所有种族-族裔群体研究生语言平均成绩最低的是在教育学领域。与其他领域一致，教育学领域中白人平均成绩最高（591分），其后依次为亚裔（515分）、西班牙裔（506分）、非裔（461分）和国际学生（446分）。

GRE数学成绩的总均值为672分。工程学领域的学生平均成绩最高，为757分，其次为科学与数学（731分）、社会科学（656分）、人文学（614分）和教育学（567分）领域。但各领域性别差距明显，在各种情况下，男性平均成绩均为最高（见图5.1）。工程学领域性别差异最小，且男性和女性都比其他领域分高（女性750分，男性758分）。尽管女性工程学博士生更多地由非工程学本科专业转入，但她们也展现出很高的数学能力。科学与数学领域的学生的数学平均成绩排名居次，性别差异比工程学领域大（男性为743分，女性为704分）。社会科学领域男性和女性的差距比科学与数学领域更大（男性为641分，女性为588分）。

教育学领域的差距达到了 42 分，男性为 596 分，女性为 554 分。

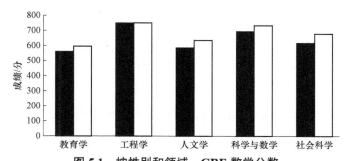

图 5.1　按性别和领域，GRE 数学分数

GRE 分数在 200～800 分。实心柱体代表女性，空心柱体代表男性。
来源：博士生经济状况、经历和表现调查。

在所有种族–族裔群体中，工程学领域的学生比其他领域的学生的 GRE 数学平均成绩更高，领先的群体是亚裔学生（769 分），其次为国际学生（764 分）和白人学生（755 分）（见图 5.2），这些成绩均高于西班牙裔（714 分）和非裔学生（671）。这些相对高的成绩也反映了研究生考试委员会面临的新挑战——设计更好地鉴别较高成绩范围的学生的数学考试。在 200～800 分成绩范围，工程学博士生的平均成绩接近最高值也反映了他们较高的数学能力，但同时也表明需要一个更具挑战性的考试。科学与数学领域的情况基本一样，尽管分数稍低。国际学生（751 分）和亚裔学生（745 分）的数学平均成绩高于其他种族–族裔。如白人的数学平均成绩为 728 分，西班牙裔为 656 分，非裔为 566 分。或许正是因为这些较高成绩，一些领域要求在一般能力考试之后还要增加专业课考试。

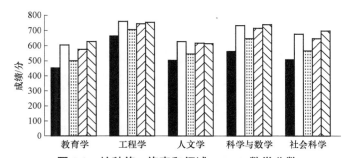

图 5.2　按种族–族裔和领域，GRE 数学分数

GRE 分数在 200～800 分。实心柱体代表非裔，空心柱体代表亚裔，
点状柱体代表西班牙裔，上升斜剖线柱体代表白人，下降斜剖线柱体代表国际学生。
来源：博士生经济状况、经历和表现调查。

然而，至少从 GRE 成绩来看，工程学和科学与数学的平均成绩也同样反映出西班牙裔尤其是非裔学生在各自学科领域与成绩最好者的差距。其次，在社会科学领域，非裔学生比其他群体的 GRE 数学平均成绩都低，为 509 分，而国际学生为 710 分，亚裔为 687 分，白人为 657 分，西班牙裔为 571 分。在教育学领域，国际学生和亚裔学生 GRE 数学平均成绩最高，分别为 630 分和 609 分。白人学生 GRE 数学平均成绩为 578 分，西班牙裔为 499 分，非裔为 452 分。教育学领域非裔学生在所有五个领域的各种族－族裔群体中数学平均成绩最低。这是要攻读教育学博士学位的非裔学生、研究生考试委员会以及招收非裔学生的高校所必须考虑的。

与语言考试一样，GRE 分析性写作考试更具辨别力，但成绩分布更均匀。全样本 GRE 分析性写作成绩总平均值为 645 分。其中，科学与数学领域的学生平均成绩最高，为 679 分，其次为工程学（677 分）、社会科学（646 分）、人文学（645 分）和教育学（571 分）领域。除工程学领域外，分析性写作成绩性别差异不明显。在工程学领域，女性比男性多 31 分（704 分和 673 分）。这比数学的平均成绩差距大（男性比女性高 8 分），与语言的平均成绩差距接近。事实上，工程学领域女性的分析性写作的平均成绩在所有学科领域和性别中是最高的。在其他领域，男性和女性平均成绩相似。在科学与数学领域，男性和女性的分析性写作的平均成绩分别为 680 分和 678 分。社会科学领域分别为 647 分和 645 分，人文学领域分别为 648 分和 643 分，教育学领域分别为 570 分和 571 分。

在种族－族裔群体中，GRE 分析性写作的平均成绩和数学成绩情况一样。最高的分数出现在工程学和科学与数学领域，平均分数最高的是白人和亚裔。工程学领域白人和亚裔学生的分析性写作平均成绩分别为 709 分和 697 分，科学与数学领域分别为 705 分和 683 分。工程学领域非裔学生的分析性写作平均成绩为 599 分，科学与数学为 522 分。这两个领域西班牙裔学生的平均成绩分别为 622 分和 598 分，而国际学生都在 648 分上下。与 GRE 语言和数学成绩情况一样，教育学领域博士生分析性写作平均成绩在各种族－族裔群体中最低，而非裔是成绩最低的种族－族裔群体，459 分。在教育学博士生中，白人 GRE 分析性写作平均成绩最高（599 分），其次为亚裔（561 分）、西班牙裔（524 分）和国际学生（517

分）。样本中非裔学生分析性写作平均成绩的种族－族裔排序与语言和数学成绩一致，反映了国家在教育、考试和公平等方面所面临的巨大挑战。

六、课程过渡

（一）硕士学位的作用

学生通过不同方式读博。有些人在获得学士学位后紧接着就攻读博士学位，而有些人会等几年。有些人在博士进程前完成了硕士学位，而有些人则直接读博。

教育学领域的学生（79%）读博前完成硕士学位的比例，比其他学科领域多得多。这再一次显示了教育学博士学位的专业特性。工程学领域在一定程度上不及教育学领域，但比其他领域和学科更重要的是，其博士学位也是专业学位，在样本中完成硕士学位的比例仅次于教育学（45%）领域。其他三个领域中，社会科学（36%）和人文学（34%）超过三分之一的学生获得了硕士学位；科学与数学（20%）领域的学生获得硕士学位的比例最小，只有五分之一。男性和女性的差别仅存在于工程学和科学与数学领域。将近47%工程学领域的男性有硕士学位，而女性比例为31%；科学与数学领域的男性为21%，女性为18%。

与样本的其他方面一样，学生前期准备与成绩的模式和倾向存在种族－族裔差异。在教育学领域，非裔（85%）从硕士学位开始的比例高于亚裔（69%）和国际学生（73%）。在工程学领域，国际学生（59%）已获得硕士学位的比例高于亚裔（39%）和白人（33%）。科学与数学领域的情况相同：约39%的国际学生有硕士学位，而亚裔为18%、西班牙裔为8%、白人为10%。在科学与数学领域，有硕士学位的非裔（27%）比例首次超过西班牙裔（7%）和白人（10%）。博士入学前获得硕士学位是否是一个优势是有疑问的，除教育学领域外，这似乎并不占主导地位。我们的样本中有一些学生在完成学位论文、资格考试，甚至课程需求的工作之前放弃博士追求，最终还可以把硕士学位当作一个安慰。但是在读博士前就有志于研究生教育获取硕士学位的是另一回事。在教育学领域，这种方式似乎是常态而非例外，许多博士项目都是这种模式。在其他领域，获得学士学位后直接读博是通常的做法。

(二）学位间隔时间

另一个过渡方式的指标是学生完成学士学位和博士入学的间隔时间。间隔时间与其他过渡方式一样，有其目的和结果。考虑到教育学的专业特性，人们普遍认为在间隔期进行长期的教育实践有益于获取教育博士学位，不论他们将来获得学位后是成为学者还是领导。与教育学相比，人们普遍认为科学与数学读博越早，就越能延长研究生产力。考虑到其工作的性质，他们最多产的时期往往是在职业生涯的前半段。就大部分博士生的特征来说，学位的间隔时间因领域而异。科学与数学领域的学生报告的间隔时间最短，仅 2 年多一点。

与之相反，教育学领域的学生经历了平均 12 年的最长间隔时间。其他三个领域（工程学、人文学和社会科学），学生平均间隔时间为 3.5～4.5 年。男性和女性在这方面的差别是可以忽略的，甚至存在性别差异的工程学和科学与数学领域，差异也是很小的。在工程学领域，女性间隔时间比男性平均少半年（女性 3.0 年，男性 3.5 年）。在社会科学领域，女性比男性多半年（女性 4.5 年，男性 4.0 年）。在科学与数学领域，两性平均间隔时间都接近 2.25 年。而在人文学领域，都接近 4.5 年。正如我们所看到的，教育学领域男性和女性的平均间隔时间均接近 12 年。

在教育学领域，非裔和白人的间隔时间（12.5 年）都比其他种族－族裔群体长：亚裔和国际学生 8 年，西班牙裔 10 年。除教育学外，种族－族裔差异最大是在科学与数学领域，非裔的间隔时间是其他种族－族裔群体的 2 倍（4:2 年）。这些选择可能带来一些影响。Beatriz Clewell（1987）认为，少数种族－族裔的学生获得学士学位后立即读博更可能坚持完成学业。

与期望一致，学生提出的间隔原因因领域而异，尽管有三个主要的普遍原因——需要工作经历、需要休息、不确定性。这并不奇怪，一个领域越倾向于成为专业领域，工作经历和是否追求博士学位的不确定性就越有可能成为影响间隔时间的因素。在教育学领域，超过三分之一（35%）的学生获得学士学位后不确定是否继续读博士，其次为需要工作经历（32%）和组建家庭（9%）。对工程学领域的学生来说，最重要的原因是需要工作经历（31%）、不确定是否攻读博士学位（17%）和需要休息（10%）。在人文学领域，不确定是否攻读博士学位

（30%）是主要原因，其次是需要休息（25%）和需要工作经历（13%）。在科学与数学领域，学生的第一个原因是需要工作经历（25%），其次是需要休息（16%）和不确定是否攻读博士学位（15%）。在社会科学领域，学生最大的原因是不确定是否攻读博士学位（28%），其次为需要工作经历（25%）和需要休息（14%）。

在教育学和人文学领域，女性和男性报告获得学士学位与开始读博间隔时间的原因差别不大。在工程学领域，20%的女性报告需要休息，男性为8%；而33%的男性希望有工作经历，女性为17%。25%的女性显示不确定是否攻读博士学位，男性为16%。这似乎与工程学领域博士生专业变更的性别差异相符。社会科学和科学与数学领域的差异不明显。在科学与数学领域，最主要的原因是19%的女性不知道是否要继续攻读博士学位，男性为13%。在社会科学领域，30%的女性和25%的男性不确定大学毕业后是否继续攻读博士学位。种族-族裔群体间隔时间的原因的最大差异在教育学领域。与非裔和西班牙裔相比，白人提出间隔时间的首要原因为不确定是否继续攻读博士学位的比例更高。

五、博士入学之初的全日制注册

所有雄心勃勃的追求，投入更多的时间和努力都将产生积极的效果。博士教育也不例外。作为全日制学生入学已证明与博士生的毅力和学位获得有关（Clewell 1987；Givers 和 Wemmerus 1988；Ott 和 Markewich 1985）。

我们的数据支持博士学习最好的方式是全日制这一普遍看法。教育学领域多数博士生（63%）为全日制，但比其他领域低得多。除教育学领域外，全日制学习的平均值超过90%：工程学95%，人文学95%，科学与数学97%，社会科学94%。在某种程度上，这也反映了用于样本选择的全日制标准和机构的研究需要。在人文学和社会科学领域，男性全日制注册率比女性稍高。除科学与数学外的其他领域，白人和非裔学生全日制注册率相同。全日制注册率较低是非裔学生的另一个特征，这也引起人们对他们的全日制身份可能受以前学术经历和GRE分数等人力资本影响程度的关注与思考。国际学生通常在博士入学之初拥有最高的全日制注册率，这与其J-1和F-1学生签证要求在学期内保持全日制注册有极大关系。

六、始终注册全日制学生

在我们的样本中,学生在整个博士学习进程中的全日制注册率出现了降低。与在博士入学之初的全日制注册一样,教育学领域的学生在博士学习进程中的全日制注册率最低,只有一半以下的学生(42%)保持全日制注册,而人文学领域的学生为79%,社会科学领域的学生为81%,工程学领域的学生为86%,科学与数学领域的学生为91%。社会科学领域女性始终保持全日制注册率低于男性,78%∶85%。国际学生的全日制注册身份在博士学习进程中也有变化。

七、小结

学生读博士前取得的优势有多种形式,包括本科学习经历的质量、是否进入首选博士研究机构、GRE成绩和课程的过渡方式等。博士生最显著和惊人的区别是不同领域和种族-族裔的GRE成绩。我们在第十一章考察了GRE成绩对博士生不同经历的影响。从这点来说,观察领域、种族-族裔和性别群体的广泛差异,使我们能知道分数决定学生潜能的程度,尤其是分数与学生表现的关系。不管怎样,人们可以认识博士生的社会和人力资本的多样性。

第六章

资助博士教育

我们开始这项研究是为了寻找 Catherine 原始问题的答案:"从入学开始到完成学位,博士生是如何资助他们自己的?"已经得出的结论是,这个表面上看起来很简单的问题并没有简单的答案。博士生的经济条件、处境、选择和结果是复杂的。实际上,这个问题本身并不像看起来那么简单。首先,不同来源和类型的资助有很多,每一种都带有培训和职业的含义。有一个学生这样描述自己的处境:"我的资助经历比表现的更复杂。一般而言,我的生活费用由所在的研究机构资助。我过去有一些非教育类型的信用卡债务,现在已经还清。今年用联邦贷款买了一台电脑,但这种情况并不多。我读本科时曾有一些贷款,但在读研究生之前我父母就替我偿还了。所以这笔'贷款'就变成了'个人来源'。"资金是重要的,原因在于它不仅仅是满足学生的需要,而且有助于高校在考虑录取学生时确定符合条件的学生的规模,并促进政府和高校完善培养博士生的政策。

为研究学生的经济状况,我们调查了学生在大学本科阶段的债务和他们开始读博时未偿还的大学本科教育债务。为确认学生如何资助他们的博士项目,我们调查了他们入学时和读博期间接受资助的类型,以及他们的个人来源和外部工作需求。当考虑学生所在的不同学科领域、相同领域女性与男性的不同经历和学生的种族-族裔特征时,资金情况就变得更加复杂了。

过去 30 年,学者们对资金在学生入学、坚持学业以及学习质量上所起的作用含糊其词。一些学者把学生在读博期间接受的资助类型与他们的研究生产力联系起来(Buchmueller、Dominitz 和 Hansen 1999;Ethington 和 Pisani 1993;Roaden 和 Worthen 1976),另外一些学者发现了资助与获得学位以及完成学位用时的关系（Bowen 和 Rudenstine 1992；Ehrenberg 和 Mavros 1995）。我们已经认识到含糊其词也是有理由的。资金是一个复杂的问题，涉及有形资产，如成本、价格、个人收入、不同类型的助学金和奖学金，以及很多无形资产，如个人对于资金获取和使用的不同态度、认识和心理。

Bowen 和 Rudenstine（1992，178）提出了一个简洁有力的说法，"钱显然是重要的"。首先，计算资金往往是学生考虑博士项目时决策过程的一部分。学生决定进入特定课程时，将面临整个博士经历中都会遇到的很多相同的资金问题，如盘点个人资金来源、日常生活费预算、债务处理以及确保奖学金与助学金。

20 年前，Bruce Smith（1985）指出，文理学科的学生因为大量的本科债务可能已经对进入研究生院失去信心。也许 Gary Malaney（1987，85）的评论能最好地总结研究生教育中资金因素的重要性："没有它（资金支持），未来的学生可能就不会开始研究生学习……并且当前的学生可能无法完成他们的学位课程。"他认为随着研究生教育成本增加和本科生债务负担加重，研究生学习的资金支持或许是吸引许多本科生继续高等学位学习的必要条件。

Malaney 20 年前对学生的评价似乎也适用于今天的研究生。因为资金是博士教育经历和成就的一个关键因素，也许解开难题的一个途径就是考察各主要领域不同性别和种族－族裔学生的资助经验。

一、读博前的学生债务

本科教育债务负担长期被视为可能阻碍学生继续研究生教育的因素。但是，65%的样本学生获得学士学位时并没有债务。国家教育统计中心分析 1999—2002 年全国高等教育助学贷款研究（NPSAS：02）数据后认为，1999—2000 年 60% 的非教育学领域和 50%的教育学领域获得博士学位的学生没有任何本科教育借款（Choy、Geis 和 Malizio 2002）。按照这个结论，我们的样本比例与博士学位获得者无本科教育借款相当。同样，1995—1996 年 43.7%的本科生有教育借款（Berkner 和 Malizio 1998），也与我们 35%的样本比例接近，在某种程度上有典型性。

博士生承担本科教育债务的倾向，因领域、种族－族裔、性别而略有不同。样本中工程学领域的学生大学毕业时无债务的比例最高（74%），其后依次是科学与数学（69%）、社会科学（62%）、教育学（59%）和人文学（58%）领域的学生。这些领域排序并不能直观地显示与社会经济地位（SES）的关系，已知在我们的样本调查中，人文学领域的学生社会经济地位是最高的——当然，社会经济地位更高的学生对本科贷款反感程度更低。

从历史上看，女性为本科教育贷款的可能性更小（Nettles 1990；Solmon 1976）。Audrey Cohen 和 Alida Mesrop（1972）把20世纪六七十年代女性对贷款反感程度相对较高归因于她们对贷款严重影响未来收入的忧虑——预期低于男性——以及银行业性别歧视导致女性贷款相对困难。值得注意的是，过去10年，大学生的性别表现也发生了变化：2000年，大部分本科生为女性（56%）。与过去不同，现代女性和男性的本科教育贷款倾向似乎不相上下。全国高等教育学生助学贷款研究（NPSAS：96）显示，1996年，26.5%的本科女性与24.4%的男性获得了贷款（Berkner 和 Malizio 1998）。我们的研究结果显示大学生借贷行为因领域而异。在社会科学领域，没有债务的女性（60%）比例稍低于男性（65%）。在教育学领域，没有债务的男性（56%）比例略低于女性（61%）。工程学、人文学、科学与数学领域，没有发现性别差异。在各种情况下，尽管样本学生本科教育贷款的比例（5%～10%）略高于本科人口的总比例，但比较而言并非不一致。

很多大学要求国际学生证明有能力支付攻读博士学位的费用，所以没有本科教育债务的国际学生比例高于其他种族－族裔群体就不足为奇了。在教育学领域，非裔（43%）和西班牙裔（41%）没有本科债务的比例低于其他种族－族裔群体。同样，在人文学领域，只有33%的非裔和30%的西班牙裔没有本科债务，而白人和国际学生的比例分别为59%和79%。在科学与数学领域，只有55%的非裔和西班牙裔没有本科债务，而国际学生为86%。在社会科学领域，只有38%的非裔没有债务，而亚裔为61%，白人为57%，国际学生为84%。非裔和西班牙裔高本科负债率反映了他们与白人和国际学生相比财产较少。这是非裔和西班牙裔博士生劣势特征的另一个方面。

学生是否负有本科贷款债务是分析的第一个层次，其次是负债数额。有本科贷款债务的博士生，32%的负债少于 5 000 美元，27%的负债在 5 000～9 999 美元，40%的负债为 10 000 美元或更多。平均负债约 9 500 美元。教育学领域的学生平均负债 8 828 美元，而工程学领域为 9 924 美元，人文学领域为 9 577 美元，科学与数学领域为 9 718 美元，社会科学领域为 10 191 美元。各领域男性与女性负债水平相当。在教育学、工程学、人文学和社会科学领域，学生的本科平均负债没有显著的种族－族裔差异。在科学与数学领域，亚裔和白人的本科贷款债务（分别为 6 824 美元和 7 352 美元）低于国际学生（8 180 美元）。鉴于博士教育是一种投资，最终会获得更大的职业报酬，这些债务看起来是适度的，但其对低社会经济地位的学生的影响程度超过高社会经济地位的学生，这或许是研究生机构和决策者应该关注的问题。

在样本学生中，没有负债的博士生比例最高的是工程学（78%）领域，其后依次是科学与数学（73%）、教育学（73%）、社会科学（67%）和人文学（61%）领域。而父母社会经济地位最高的人文学领域的学生，博士入学时没有负债的比例最低。在工程学和社会科学领域，女性无负债比例略低于男性。在工程学领域，无负债的女性为 71%，而男性为 80%；在社会科学领域，女性为 64%，男性为 70%。在所有领域，国际学生博士入学时是最有可能没有教育债务的。在教育学、人文学和社会科学领域，非裔和西班牙裔博士生入学时比白人同伴更有可能负有教育债务。

博士生入学时的平均教育债务略高于 11 000 美元，我们不知道他们攻读博士学位期间为偿还债务从事的服务类型。社会科学领域的博士生入学前累计平均教育债务最高，略高于 12 426 美元。工程学领域的博士生平均教育债务最低，略高于 10 510 美元。博士入学时教育债务高于 10 000 美元的比例最高的是人文学（18%）和社会科学（17%）领域，其次为科学与数学（13%）、教育学（12%）和工程学（10%）领域。研究生院需要对这些领域内教育债务的社会阶层结构做更多了解。负债的女性和男性博士生入学前的平均贷款债务仅在教育学领域有明显差异（分别为 12 086 美元和 10 085 美元）。相同领域的博士生入学时的平均教育债务没有种族－族裔差异。

非裔和西班牙裔学生与其他群体相比累积的本科债务更高，但令人惊讶的是他们在读博入学时的债务总额却比较低。一个有趣但超出本研究范围的现象是，非裔和西班牙裔博士生数量不足的原因，可以归结为他们有较高的本科债务和持续的债务负担。而我们的研究关注的是已经博士在读的学生，因此无法法回答这个问题。Catherine Millett（2003）在一项独立研究中的证据表明，债务似乎对于社会经济地位低的学生的高等教育决策有很大影响，研究生机构寻求增加非裔和西班牙裔博士生比例时，应该给予更多关注。

二、入学资助

提供资助的类型可能是学生学术机会的质量和数量的反映，甚至可以预测他们的经历质量。学业奖学金看起来是最好的，因为它往往涵盖了学生的所有费用，且通常没有工作要求，而助研奖学金和助教奖学金常常要求学生和教师一起从事项目研究或教学活动，但是却可以为学生提供职业生涯准备中最有价值的社会关系和见习资格。我们感兴趣的是，学生注册进入博士项目时是否得到了研究生院提供的资助。在这项研究之前的预备研究中，几个研究生院院长告诉我们，他们相信很多学生知道获得的资助来自研究生院，但往往不清楚这些资金的原始来源。例如，学生知道他们与教授一起进行项目研究工作，但他们可能不清楚，这个项目是由美国国家卫生研究院培训助学金拨款资助的，他们的学费、津贴等都由该项拨款支付。同样，享有助教奖学金的博士生可能不知道，他们的资助来源是本科学生的学杂费。因此，我们要求样本中的学生说明是否接受了研究生院的资助，但没有要求他们说明来源，假设与我们的预备考察结果一致，那么他们可能不知道。

（一）研究生院的资助

研究生院向样本中67%的获录取学生提供了资助。处于两个极端的分别是：科学与数学领域，91%得到资助；教育学领域，46%得到资助。考虑到教育学博士教育的专业性，尽管得到资助的比例较低，仍然令人印象深刻。可能有人认为科学与数学领域的资助来源主要是本科学费补贴、研究拨款和项目合同。在教育学领域，由于大量学生在博士入学前已获得硕士学位，我们可以假设硕士学位课程期间产生的资助已经为学生的博士项目提供了额外的补贴。在其他领域，约三分之二的新生获得了资助：工程学（71%）、人文学（61%）、社会科学（66%）。这些最初的资助也有一些性别差异。在工程学和人文学领域，女性获得资助的比例较高——工程学领域为女性77%，男性70%，人文学领域为女性65%，男性57%。就工程学领域而言，获得资助的女博士生只是一个比例较大而规模很小的群体，或许是女生供不应求的结果。

入学资助的种族-族裔差别主要表现在国际学生和白人学生之间，尽管这些差异并不巨大。除人文学领域外，国际学生获得研究生院资助的比例稍低。在教育学和人文学领域，非裔和西班牙裔获得入学资助的比例高于白人学生：在教育学领域非裔和西班牙裔分别为54%和64%，而白人为45%；在人文学领域非裔和西班牙裔分别为87%和82%，而白人为56%。

在科学与数学领域，虽然大量非裔学生入学时获得了资助，但比例少于其他非国际学生（非裔为82%，而亚裔为95%，西班牙裔为98%，白人为92%）。这也许和样本中传统黑人高校科学与数学领域的非裔博士生入学资助率低有关（见附录E就读传统黑人高校的差别效应）。鉴于非裔学生在科学与数学领域的博士生人数严重不足，且在美国受过博士教育的非裔劳动力供应匮乏，这样低的资助率仍然是重要的。

（二）学业奖学金

为了与其他博士项目竞争，研究生机构经常为有前途和学术成就记录的博士生提供奖学金。奖学金通常可以反映人才的市场供求关系，在某种程度上，也可以通过人口统计学数据体现。近一半学生（48%）被录取时获得了奖学金资助。人文学领域接受奖学金的比例最高（71%），其次是社会科学（52%）、科学与数学（45%）、工程学（45%）和教育学（44%）领域。工程学（女性54%，男性43%）和科学与数学（女性52%，男性42%）领域，获得奖学金的女性比男性多。

除教育学领域外，其他领域获资助的西班牙裔和非裔样本学生，超过三分之二在博士注册入学时就得到了奖学金（见图6.1）。这些比例反映了各领域西班牙裔和非裔博士生供不应求的情况。尽管这些奖励对于吸引学生很重要，但除非得到更大范围的支持，否则他们可能失去见习的机会，与奖学金的短期利益相比，见习机会对长远的职业成功有更大的影响。

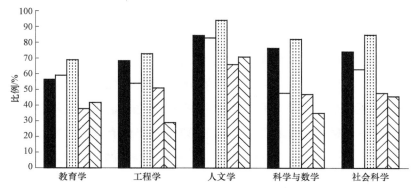

图 6.1　按种族−族裔和领域，博士生入学学业奖学金
实心柱体代表非裔，空心柱体代表亚裔，点状柱体代表西班牙裔，
上升斜剖线柱体代表白人，下降斜剖线柱体代表国际学生。
来源：博士生经济状况、经历和表现调查。

（三）助研奖学金

助研奖学金通常要求学生每周与教师一起工作 10～20 小时，从事内部赞助或补贴的研究和外部赞助的研究。它们为学生提供亲自动手操作的培训和体验，为其成为各自领域的独立生产者做准备。教师们常常认为这些奖金高的岗位对他们自己的研究项目的成功是宝贵的。他们通常被要求及时传播自己的研究成果，并需要学生提供实质性的帮助。

44%的入学时接受资助的博士生获得了助研奖学金。工程学领域学生获得助研奖学金比例最高（69%），其次是科学与数学（55%）、社会科学（30%）、教育学（26%）和人文学（14%）领域。博士生入学助研奖学金唯一统计有明显性别差异的是工程学领域，男性接受这项资助的比例（70%）大于女性（61%）。这就提出了一个工程学领域的女性得到不同的有价值的实习体验机会的可能性问题。

一些研究者考察了不同种族−族裔的教育资助。Blackwell（1987）和 Nettles（1990a）发现，白人获得助教或助研奖学金的比例高于黑人。Pearson（1985）发现，黑人助学金与奖学金之间没有大的差别，但获得助教奖学金的比例高于助研奖学金。Williamson 和 Fenske（1994）报告，墨西哥裔和美国土著女性比男性经济困难更多，这些困难与她们的借贷需要有关。

初始助研奖学金的种族-族裔差异似乎来自工程学和科学与数学领域非裔美国学生的低频次提供。在我们的样本中，在工程学领域，36%的非裔学生获得了助研奖学金，而亚裔学生为69%，白人学生为70%，国际学生为71%。同样，在科学与数学领域，33%的非裔学生博士入学后获得助研奖学金，而亚裔学生为62%，白人学生为56%，西班牙裔学生为56%，国际学生为53%。教育学、人文学和社会科学领域情况类似，虽然种族-族裔群体之间的差异并不明显，但在科学与数学和工程学领域，非裔学生在助研奖学金提供的有价值的实习机会上的显著劣势尤其令人担忧。他们在这两个领域人数不足的问题最为严重，其他领域的模式类似，不过并不明显。而鉴于研究生院中非裔学生比例严重不足，这也提出了决策时需要考虑的包括种族-族裔在内的问题的各种因素以及社会动态的作用等。西班牙裔过去一直与非裔学生归类接近，但在助研奖学金提供方面，他们现在更接近其他群体。这些问题将在关系分析中进一步探讨。

（四）助教奖学金

研究生助教奖学金涵盖了广泛的教学活动范围，包括协助教授备课，为学生提供辅导帮助和直接教学。对于准备成为教师的学生来说，读博期间的教学经历是非常宝贵的。对于大学教师受到的课堂教学质量参差不齐和不满意的批评，似乎有一个解决办法——或许也是最好的解决办法——就是加强对未来教师的培养。作为大学的一项短期利益，有才能的博士生为本科生提供教学，对资助博士生培养和研究有重要的经济意义。

样本中约60%接受入学资助的博士生获得了助教奖学金。这是一个较大的比重，超过了学业奖学金（48%）和助研奖学金（44%）。工程学、科学与数学以及社会科学领域助教奖学金的比例与平均水平一致，在教育学（41%）和人文学（44%）领域比重较低。考虑到国家对高校人文学本科生有相当大的需求，可以期待提供的人文学博士生的助教奖学金比例与社会科学学科的学生相当。

在科学与数学和社会科学领域，获得助教奖学金的性别差异明显。在科学与数学领域，67%的女性和77%的男性获得了助教奖学金。在社会科学领域，60%的女性和67%的男性获得了助教奖学金。

获得入学资助的学生中，非裔与白人相比，在工程学、科学与数学和社会科学领域获得助教奖学金的比例相对较低。与助研奖学金一样，非裔在工程学和科学与数学领域要获得与其他种族-族裔群体相同比例的助教奖学金所面临的挑战最大。在工程学领域，只有19%的非裔学生获得助教奖学金，而总比例是43%。在科学与数学领域，非裔学生只有53%，而总比例是74%。我们或许可以得出结论，非裔没有得到与白人比例相当的助教奖学金，因为他们得到了学业奖学金，他们获得学业奖学金的概率的确高于白人。西班牙裔也比白人学生获得学业奖学金的概率高，然而他们入学时获得助教奖学金的比例却不像非裔学生那样低。

三、读博期间的资助来源

入学资助对于博士招生是重要的。有无资金支持是学生选择特定研究生课程的一个因素。然而，在获得最初的资助之后，博士生还要面临多年的学习和工作，获得长期资助对于理解博士教育经历的质量，或许比最初的资助更重要。在调查中，我们询问博士生是否接受过以下十二种不同来源中任何一种的支持：学业奖学金、助研奖学金、助教奖学金、行政助学金、学生宿舍或课程助学金、差旅补助、学位论文补助、大学科研补助、来自私人基金的研究补助、联邦或大学赞助贷款、学费或杂费减免和雇主学费资助。我们关注其中三类：学业奖学金、助研奖学金和助教奖学金。下文的讨论表明，这些资助形式更多的是学科领域学习的成果。

（一）学业奖学金

早在1960年，研究者就已经注意到资金援助在各学科领域的分配差异。Berelson（1960）引用1957年全国民意研究中心的调查显示，超过四分之三的文理学科的研究生获得了学业奖学金。同样，53%的人文学、51%的物理学、48%的工程学和45%的生物学与社会科学领域的学生也获得了学业奖学金。Berelson（1960）也报告了自己的调查结论，除专业领域（如教育学）外，学业奖学金和助教奖学金被均匀地分配至各领域，约占最终获得博士学位学生的一半。Arthur Hauptman（1986）也发现，艺术和人文学的研究生最有可能获得学业奖学金资助。

我们的样本大体上也证实了这些结论。人文学领域比其他领域的博士生更有可能获得学业奖学金，他们获得这些资助的比例略高于69%，其次是社会科学

(61%)、科学与数学（59%）、工程学（50%）和教育学（46%）领域。

Baird（1976）在一项对接受不同类型资助的学生特点的研究中发现，男性和女性获得学业奖学金和助学金的可能性是一样的。在教育学、人文学和社会科学领域，我们的研究结果支持 Baird 的发现，但在工程学和科学与数学领域则不支持。在这两个领域，女性更可能得到学业奖学金：在工程学领域，69%的女性获得了学业奖学金，男性为 47%；在科学与数学领域，67%的女性获得了学业奖学金，男性为 56%。

Baird（1976）和 Malaney（1987）都发现种族–族裔是得到学业奖学金的一个重要预测因素。我们的研究也显示了相似的结果。当我们跨学科领域考察学生博士教育期间获得学业奖学金的情况时，西班牙裔是最可能的获得者（81%），其次是非裔（67%）、亚裔（60%）、白人（55%）和国际学生（45%）。增加学科领域范畴来考察，种族–族裔差异基本没有变化。在各领域，西班牙裔在读博期间获得学业奖学金的比例高于白人。在教育学、工程学和社会科学领域，非裔获得学业奖学金的比例高于白人。教育学领域是西班牙裔对非裔在读博期间获得学业奖学金唯一有优势的领域。另一个明显的例外是与美国公民有关的国际学生。在工程学和科学与数学领域，非裔、亚裔和白人都报告了比国际学生更高的学业奖学金获得率。在社会科学领域，非裔和西班牙裔的比例高于国际学生。而在教育学领域，西班牙裔学生获得学业奖学金的比例高于国际学生。我们无法判断学业奖学金支持对于吸引学生攻读博士或继续学业的影响，因为我们的样本只包括正在攻读学位的并至少完成了 1 年学位课程的学生。这对全面了解博士生的经济状况有重要意义。

（二）助研奖学金

Berelson（1960）发现助研奖学金主要限于科学和工程学领域，那时大部分资金都集中在这两个领域。Baird（1976）后来断定，物理学、生命科学和工程学领域的学生比其他领域的同伴能更频繁地获得助研奖学金。10 年后，Hauptman（1986）报告说这三个领域的学生更可能获得助研奖学金，而在艺术、人文学和自然科学领域的学生与其他领域相比更有可能得到助教奖学金。这些差异在当前研究中仍然存在，助研奖学金在工程学、科学与数学领域最为普遍，82%的工程学博士生获得了这种形式的支持，其次是科学与数学（69%）、社会科学（49%）、人文学（33%）和教育学（28%）领域的博士生。

在我们的样本中，男性和女性在所有领域获得助研奖学金的机会是均等的。这一结论与其他研究者的结论不同，他们认为男性和女性虽然获得资助的比例相同，但男性往往获得助研奖学金，而女性更可能获得助教奖学金（Solmon 1976；Wong 和 Sanders 1983）。Lewis Solmon（1976）把这一分配差异归因于男性教授偏爱和男学生一起工作，从而更有益于男性的专业发展。这也与我们的结论不同：工程学领域的男性博士生在入学时更易获得助研奖学金。在助研奖学金均等性的条件下，似乎在读博期间，最初入学时的性别失衡状态已经被打破，即使对工程学教职工来说女性的比例不足，这种情形解决了性别公平的困境。

一些研究者也调查了助研奖学金和助教奖学金是否在不同种族－族裔群体中均匀分布。Marian Brazziel 和 William Brazziel（1987）的数据显示一些少数种族－族裔群体在教学和研究助理中所占比例不到白人的一半。Nettles（1989）在后来的研究中证实，黑人博士生获得助教和助研岗位的机会比白人或西班牙裔的同伴都少。Pruitt 和 Isaac（1985）认为助研和助教奖学金对通过研究和教学促进学生实践的作用至关重要，是留住少数种族－族裔学生的关键举措。不考虑领域范畴，观察曾有过研究助理（博士研究的某时间点）的教师的种族－族裔倾向时，我们发现非裔博士生成为研究助手的可能性最低，为28%，而亚裔为62%，西班牙裔为44%，白人为51%，国际学生为61%。

当增加领域范畴时，差异会发生变化（见图6.2）。人文学领域是唯一没有种族－族裔差异的领域。在教育学领域，19%的非裔获得了助研奖学金，亚裔为37%，白人为29%。在工程学领域，曾担任过研究助理的学生，非裔比例为44%，落后于亚裔（81%）、西班牙裔（83%）、白人（86%）和国际学生（81%）。在科学与数学领域，读博期间得到助研奖学金的学生比例，亚裔（72%）、西班牙裔（67%）、白人（71%）和国际学生（65%）均高于非裔（38%）。非裔在助学金方面的问题是严峻的，无论是入学资助，还是在整个博士经历中的比例均不足。这种消极状况对他们读博及职业准备期间的研究生产力可能有怎样的影响？

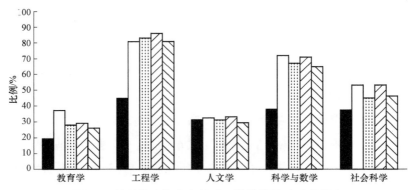

图 6.2　按种族-族裔和领域，读博期间助研奖学金
实心柱体代表非裔，空心柱体代表亚裔，点状柱体代表西班牙裔，
上升斜剖线柱体代表白人，下降斜剖线柱体代表国际学生。
来源：关于博士生经济状况、经历和表现的调查。

我们的数据清楚地显示，国际学生没有被排除在美国大学助研奖学金资助范围之外。这与国际学生是自己负担博士教育费用的消费者的观点相反，而支持国际学生是精英人才的流行看法，教师寻求他们加入自己的研究。Baird 早在 1976 年的报告中就指出，虽然国际学生较少获得美国机构给予的资助，但他们得到助学金的机会与美国学生相等。10 年后，Malaney（1987）也有类似的发现。Hauptman（1986）从 1983 年博士普查的数据中发现，36%的美国学生获得助研奖学金，而外国侨民与持永久签证的外国学生的比例分别为 47%和 52%。Hauptman 承认，这些学生主要在物理学和工程学领域，也许在那里他们有更大的机会获得助学金。但似乎从 20 世纪 80 年代至今，他们并没有因为外国公民身份而被拒绝提供助研奖学金。样本中，80%的工程学领域的国际学生获得了助研奖学金，科学与数学领域为 65%，社会科学领域为 46%，人文学领域为 29%，教育学领域为 26%。在各种情况下，这些比例与亚裔和西班牙裔相当，仅略低于白人。

（三）助教奖学金

除教育学领域外，助教奖学金是一种资金支持的普遍形式。获得助教奖学金比例最高的是科学与数学（74%）领域和人文学（74%）领域的学生，其次是社会科学（64%）、工程学（51%）和教育学（29%）领域的学生。事实上，样本中人文学领域的学生享有助教奖学金的比例长期以来一直处于最高水平，虽然在博士项目之初他们的参与率最低。与社会科学领域相比，似乎人文学领域的课程更能发挥博士生的教学作用。在人文学领域，女性与男性报告担任过助教的比例相当。在工程学领域，女性助教比例（61%）高于男性（49%），教育学领域也是如此（女性30%，男性27%）。与之相反，科学与数学领域（男性76%，女性70%）和社会科学领域（男性68%，女性60%）男性获得助教奖学金的比例更高。

与助研奖学金情况类似，西班牙裔有助教经历的比例与白人接近（见图6.3）。除人文学领域外，非裔任助教的比例往往低于白人——教育学领域18%：30%，工程学领域33%：60%，科学与数学领域50%：70%，社会科学领域46%：66%。在教育学、科学与数学和社会科学领域，非裔与亚裔也有差异。总之，人文学和科学与数学领域超过50%的非裔学生长期参与研究工作，这也许是本项研究中参与助教奖学金调查的最令人鼓舞的水平。1986年，Hauptman报告40%获得博士学位的国际学生在研究生期间曾担任过教学助理，而美国博士生的比例为52%。在我们的样本中，57%的国际学生担任过教学助理。不过这一比例随领域而发生变化，最高的是科学与数学领域72%，最低的为教育学领域27%。

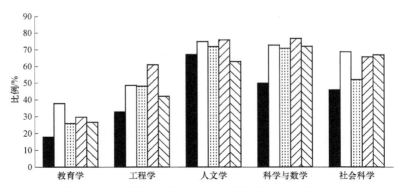

图6.3 按种族–族裔和领域，读博期间助教奖学金
实心柱体代表非裔，空心柱体代表亚裔，点状柱体代表西班牙裔，
上升斜剖线柱体代表白人，下降斜剖线柱体代表国际学生。
来源：博士生经济状况、经历和表现调查。

除工程学领域担任助教的比例低于白人（42%：61%）外，其他领域的国际学生与白人比例接近。在科学与数学（72%：50%）和社会科学（67%：46%）领域，国际学生担任助教的比例超过了非裔学生。总体上，国际学生参与助教的比例相对较高，特别是在科学与数学领域最具有代表性，这进一步证明了国际学生对博士教育事业的重要价值。这也提出了一些问题：美国博士教育对国际学生现在的研究生产力水平的依赖程度如何？美国博士生的质量是否合格？

四、读博期间的其他资助

除了充足的学业奖学金、助研奖学金和助教奖学金，博士生还需要其他来源的资金支持他们的博士项目，包括贷款、个人资源以及与博士课程无关的工作。

（一）教育债务

Hauptman（1986）报告，社会科学、艺术与人文和教育学领域的博士生比物理学、生命科学和工程学领域的博士生更可能借贷。总体而言，样本中30%的博士生在课程期间产生了债务。在各学科领域，范围差异很大，债务比例最高的是人文学领域（47%），其次是教育学（44%）、社会科学（40%）、科学与数学（14%）和工程学（12%）领域。样本中，社会科学领域女性借贷的比例高于男性（44%：35%）。

当然，国际学生很少借贷。这一群体债务率最高的领域是人文学领域（16%）。另外，在教育学和科学与数学领域中，非裔和西班牙裔借贷倾向比国际学生高，加大了他们的累积劣势。这与 Earl Smith 和 Joyce Tang（1994）对国家科学基金会（NSF）年度获得博士学位的调查（SED）以及相关博士调查（SDR）的分析一致。在大多数情况下，即使非裔和西班牙裔有较高的借贷率，与白人相比差异也不明显。

负债是一个问题，债务的数额是另一个问题。Hauptman（1986）援引关于宾夕法尼亚州研究生和专业借贷者（David 1983）的研究指出，除了在艺术、社会科学、人文学和教育学领域借贷较多外，博士生平均累积债务从1976、1977年到1982、1983年翻了1番，从5 000美元增加到了10 000美元。我们的样本范围非常广泛，教育学博士生与研究生院有关的平均负债额最高（22 286美元），科学与数学领域的博士生最低（12 920美元）。而博士生平均教育负债额为19 343美元。总体来说，女性平均教育债务（19 843美元）水平高于男性（18 731美元）。同领域的学生债务负担没有性别差异。

总之，平均教育债务没有种族–族裔差异。在学科领域内，读博期间学生教育债务的种族–族裔差异不同于本科生。在教育学、人文学和社会科学领域，不同种族–族裔群体学生的平均教育债务水平接近。而在工程学领域，国际学生的平均教育债务水平明显高于白人（23 214：15 236美元）。科学与数学领域的情况类似，国际学生的平均教育债务为 23 182 美元，西班牙裔和白人学生分别为 12 143 美元、11 738 美元。即使获得助教奖学金的比例较高，工程学和科学与数学领域的国际学生的债务水平仍然会带来疑问，较高成本的生活必然要求负担如此高水平的债务。

（二）个人资源

一个流行的观点是博士生很少用自己的个人资源，而几乎完全依靠学业奖学金和助学金来支付博士教育费用。换句话说，任何名副其实的博士生都不需要依靠个人资源来支付博士教育费用，高质量的博士项目有足够的资源资助学生从课程开始一直到完成学位。很少有人研究他们为自己的博士教育实际支付了多少费用。Gita Wilder 和 Nazli Baydar（1991）对参加 GRE 一般能力考试的 2 521 名男性和女性的纵向研究，为我们提供了一些数据。在已就读于研究生院的 56% 的学生中，仅有 14% 显示没有支付任何费用，其他学生平均负担了自己一半费用。由于 Wilder 和 Baydar 的样本中也包括了资金来源不太充足的硕士生，因此，预计博士生需要自己支付的费用可能更少。

在我们调查当年，样本中近 40% 的博士生表示，除学业奖学金和助学金外，还使用个人资源支付学费和其他费用。使用个人资源的学生年均花费近 4 500 美元。科学与数学领域的学生使用的个人资源最少（年均少于 2 628 美元），而教育学领域年均费用为 5 255 美元。各领域男性和女性用个人资源支付博士教育费用的经历相似。

1990 年，Nettles 开始调查使用个人资源的学生的种族-族裔差异。他发现黑人和白人学生都比西班牙裔更依赖使用个人资源支付大部分博士教育费用（Nettles，1990）。在我们的研究中，国际学生的出现使情况更为复杂。在教育学领域，国际学生似乎利用更多的个人资源资助他们的博士教育。他们使用个人资源（9 739 美元）的总额超过了其他种族-族裔群体。在工程学领域，与亚裔（3 008 美元）和白人（3 073 美元）的个人消费相比，国际学生（6 600 美元）对个人资源的依赖程度更高。在社会科学领域，与非裔（2 830 美元）和白人（3 810 美元）相比，国际学生（6 273 美元）对于个人资源的依赖性显著。

（三）与学术课程无关的工作

人们担忧博士生工作会占用他们的学术工作时间，妨碍他们的学位进程。

Jamal Abedi 和 Ellen Benkin（1987，13）的结论认为私人收入很重要，"如果博士生获得大学的足够支持，不需要在校外工作，将直接提升他们完成学位的速度"。Lisa Gillingha、Joseph Seneca 和 Michael Taussig（1991）的研究支持这样的观点，在学术以外的工作时间过多，对完成学位用时有负面影响。

学业课程之外的工作在教育学和其他领域间存在巨大差异。教育学领域的学生平均每周需花费近 14 个小时用于与学业课程无关的工作。这反映了在这个领域有相当大比例的非全日制学生就读，且很多都在学校内工作。人文学和社会科学领域的学生平均每周工作约 6.5 小时，而工程学、科学与数学领域的学生平均每周用于无关学业课程工作的时间少于 3 小时。工程学是唯一存在性别差异的领域，男性平均每周为 3 小时，女性平均每周为 1.4 小时。

总之，在我们的样本中，非裔学生用于无关学业课程工作的时间较多，超过了亚裔、白人和国际学生。在社会科学领域，非裔学生平均每周工作 10.5 小时，同白人和国际学生相比，这一数字是明显的。在教育学领域，非裔、西班牙裔和白人平均每周工作时间比国际学生长。在工程学领域，亚裔和白人比国际学生平均每周工作的时间长。在科学与数学领域，白人平均每周工作的时间明显多于国际学生。

五、小结

除提供基本生活需要之外，资助是博士生经历的核心内容。好消息是，博士生的资金来源是丰富的，至少样本中的博士教育机构是这样，通过学业奖学金、助研奖学金和助教奖学金为博士生提供了充足的资源。博士生资金来源的丰富性表现在他们成功得到多种来源的资助，从而减少了对贷款和个人资源的依赖。本章涉及的领域、种族－族裔、性别等相关内容将在第十一章做进一步分析。尽管与同伴们相比，非裔学生获得助教奖学金和助研奖学金的份额较小，借贷率较高，但在做出种族歧视可能是罪魁祸首的结论之前，调查导致这些缺点的因素是很重要的。我们感兴趣的是，国际学生似乎得到了各种形式，特别是助教奖学金和助研奖学金的积极资助，而且在大部分情况下不比他们的美国同伴少。21 世纪初美国博士学位授予单位需要及时处理的问题是：在后"9·11"环境下，如果被迫减少对国际人才和收入的依赖，是否还可以维持相同的研究生产力水平。

第七章

社会交往

"呈上这份调查时，我想做些解释。收到你们的第一份调查前不久，我的博士论文刚被学术委员会拒绝了，我决定放弃我的博士项目。因此，我不再认为自己是研究生了。"这个字条与一份完整的调查附在一起。我们只能想象在课程的最后阶段，学生和所在院系出现这一令人失望结果时的情境。我们推测答案就在学生没有提供的社会交往关系中，如他与研究生院教师的社会和学术关系、与教师顾问的关系、是否有导师以及与导师的关系等，这些因素可能是了解这一不幸结果的关键。

社会交往在教育的各个阶段都很重要。但是，由于博士项目评分的严格限制和博士生工作的个性化选择，研究生院的社会交往指标是评价学生进步和成就的重要依据。社会交往过程的重要性在于，它促进了学生博士教育的绩效、满意度和成功，也体现在未来10年教师的更新换代极可能带来的对教师招聘、续聘、研究生产力和满意度等一系列问题的关注。这些都包含在博士生社会交往的广义概念中——通常，在这个进程中学生获得有效参与组织专业活动需要的态度、信念、价值和技能。

博士生应以预期的经历进入他们的博士项目，这将对促进他们的智力和社会化水平带来积极影响。入学注册和获得学位的博士生的研究生产力数据是由美国政府定期监测的，但博士生培养的重要特征、学术研究生涯中社会交往的性质和地位却被忽视了。因此，与注册和学位授予数量等重要统计数据相比，美国博士生的社会交往增长和人口的多样化是研究生教育中一个比较模糊的部分。随着研究生招生人数增长和种族-族裔更具多样性，不同背景的学生社会交往的变化越来越受到关注,以至期待在全国甚至全球范围提供学术和研究生产力与领导力。

在过去的 40 年,相关研究生教育学者已经确认了社会交往的重要性,同时也表达了对博士生社会交往质量研究不足的忧虑。著名学者 Rodney Hartnett 对研究生社会交往研究的缺乏感到惊讶。他在著作中提到,"一个人的专业学术生涯的身份特征往往很大程度上受到研究生培养期间社会交往的影响。毕竟今天的研究生就是明天的教师"。(Hartnett 1981,212)

一、社会交往模式

前人对社会交往进程方式的探索启发了我们的研究。Bernard Rosen 和 Alan Bates(1967)关注的是美国研究生院致力于培养成人发挥专业作用。作者把教师和研究生定义为代理人与新手,建立了一个社会交往的互动模型,包括知识获取、角色分化、循序进展、权威模型、独立成长和目标承诺等要素。近来的工作更多地集中于博士生与同伴的互动,这对学生社会交往的平衡必不可少(Stein 和 Weidman 1989b;Weidman、Twale 和 Stein 2001)。Baird(1992)支持把教师和学生当作导师和同伴的观念,并增加了时间要素,认为随着学生课程的延续,社会交往的程度也在加深。Baird 说:

"随着课程的进展,学生越来越融入院系和学科生活,从而获得更多更近与教师互动的机会。……一开始,他们需要了解课程对他们的期望和要求,这样在某种程度上对教师有些疏远。处于博士论文阶段的学生,已有实习经历,适应了社会化的行为规范,更期待与教师的密切合作。同样,学生在课程之初可能会把同学视为未知数或竞争对手,而在课程后期,他们把同学看作院系共同体的一部分。"

Baird 在伊利诺伊大学芝加哥分校的一项对博士生的研究中检验了这一理论。他的报告提出,与新生和中期博士生相比,高年级博士生花费更多的时间与教师在课外交流,获得更多的指导机会,与同学的互动更多。他随后设计了一个研究生社会交往的集成模型,包含了很多先前研究中的重要因素。其中,教师和研究生同伴是社会交往的重要媒介。在博士生经历日趋社会化的同时,他们也发展了在学校和职业取得成功所需的技能。Baird 的模型还解释了学生所充当的其他角色（例如配偶或伴侣、父母、雇员、社区公民），可能补充或削弱他们的研究生角色。这些额外的角色对于少数种族－族裔的学生和多数学生的影响可能存在差异，对各种族－族裔群体的影响方式可能也不同。少数种族－族裔的学生与其他学生受影响的方式、程度和效果等存在哪些差异还不清楚。Baird 观察的结论是："在集成模型下，学生流失与以下情况有关：与教师和同学的社会、学术关系不融洽，未充分掌握学科论证形式，以及配偶、雇主和其他团体的不支持。"

John Weidman、Darla J. Twale 和 Elizabeth Stein（2001）提出了对研究生和专业学位学生社会化的最新思考。他们对早期工作的改良（Stein 和 Weidman 1989b，1990）最能体现社会化思想的特征是由静态线性进程到动态非线性进程观念的转变。

二、当前研究概况

我们把这些社会交往模型的关键要素融入当前的研究，以展示博士生课程经历和社会交往的质量。我们的调查内容包括博士生对他们与教师的社会和学术交往、与同伴的关系、与导师及教师顾问的关系以及职业期望的看法。

（一）师生社会交往

我们的研究试图区分社会化进程中的各种互动关系。首先，我们从大多数博士生开始社会交往进程的关系入手——师生社会交往。对师生社会交往的考察反映了学生与教师课外关系的发展情况。构成师生社会交往的五个因素反映了学生对于读博期间与教师关系的质量、舒适度以及满意度的看法。工程学、科学与数学和教育学领域的博士生与教师互动似乎最多，人文学和社会科学领域的博士生相对较少。这一结果与 Baird（1990a）的"研究生教育学术文化因领域而异"的观点一致，或许可以解释学生经历质量的差异。Baird 区分了科学领域研究生参与教师课题工作的合作属性，以及人文学领域学生独立开展项目工作的个性化研究氛围。

在教育学和工程学领域，我们注意到师生社会交往中显著的性别差异。在这两个领域中，男性博士生认为他们与教师的社会交往强于女性。仅从这些领域的性别比例似乎无法解释这一现象，因为在教育学领域女性占大多数而后者男性占大多数。总之，工程学领域学生社会交往强于其他领域主要与男性学生具有较强的师生社会交往意识有关。在科学与数学领域，两个性别的师生社会交往意识都较强。

师生社会交往的种族－族裔差异主要体现在工程学和科学与数学领域非裔学生与其他种族－族裔群体之间。非裔学生在这些领域的低比例似乎无助于他们与教师的社会交往。工程学领域非裔学生的师生交往意识低于亚裔、白人以及国际学生，他们是所有领域师生社会交往水平最低的种族－族裔群体。在科学与数学领域，非裔学生也认为他们的师生交往质量低于白人和国际学生。其他领域的学生对师生社会交往质量的看法没有明显的种族－族裔差异。鉴于前面章节中观察到非裔学生在工程学、科学与数学领域所面临的人力资本挑战，积极的师生社会交往似乎是克服其他劣势的必要条件。但是，他们在这两个领域面临最大的挑战，而另一方面，消极的社会交往在起作用。此外，由于西班牙裔学生并没有表现出与其他种族－族裔群体的差异，所以与教师的社会交往对于这两个领域的非裔学生是一项特别的挑战，而不是其他种族－族裔或领域。

（二）同伴社会交往

研究人员认识到同伴互动是博士生社会交往的一个重要组成部分。根据 Marjorie Lozoff（1976）的观点，同伴群的一个功能就是排遣寂寞，Arlene Daniels（1975）认为，同伴支持是学生保持学习动力的重要因素。Henry Frierson（1986）对北卡罗来纳州四所医学院学生的研究结论认为，与非裔和白人同伴频繁互动对非裔学生来说是有意义的，但与同种族－族裔的同伴交往更能产生愉悦的感觉。这是重点关注并有证据支持以同种族－族裔互动作为学生社会交往因素的为数不多的研究之一。Emilie Smith 和 William Davidson（1992）对中西部一所大型公立大学非裔研究生和专业学生的调查发现，同伴交流对在专业会议和出版物上发表论文有积极影响。Baird（1990a）强调了同伴群在研究生院的重要作用。

我们的广泛同伴互动因素包含五项内容：轻松接触交友、与其他研究生一起参加非正式研究小组、参与被赞助的社会项目、与不同种族－族裔背景的研究生的社交、与其他研究生的非正式社交。对比同伴互动和师生互动的研究结果，可以看出二者确实是社会交往的不同测量方法。例如，在社会科学和人文学领域，学生与同伴互动更积极，和师生互动形成了对比。在科学与数学领域，学生也有积极的同伴互动。在工程学和教育学领域，学生同伴互动水平较低，但他们的师生社会交往排名通常很靠前。

Linda Hite（1985）调查了男性和女性对同伴支持的看法，发现大体上没有性别差异。然而，我们的数据显示，除教育学领域外的所有领域，对同伴互动的看法存在性别差异，且各领域女性同伴互动均比男性多。社会科学领域以及紧随其后的科学与数学和工程学领域女性的同伴互动水平最高。科学与数学和工程学领域女性的同伴关系超过了她们的男性同伴，这表明从性别角度看少数种族-族裔身份不是同伴关系的障碍。

我们发现，在主要学科领域，少数种族学生与白人或彼此的社会交往普遍没有差异。种族-族裔群体的同伴互动存在显著差异的是工程学、科学与数学和社会科学领域，国际学生与各种族-族裔群体相比参与率较低。只有在社会科学领域，西班牙裔和国际学生社会交往没有明显差异。在国际学生人数较少的领域，如教育学和人文学领域，国际学生的同伴互动水平与同学接近，而在人数最多的三个领域，国际学生同伴互动水平较低。

（三）师生学术交往

我们确定师生学术交往的范围包括教师教育质量的所有方面：教师与学生的有效接触、学术咨询、教师对课题和学术进步的反馈、教师对学生研究和专业咨询质量的兴趣以及教师提供的就业安排。工程学与教育学领域博士生对与教师的学术互动评价较高，与他们积极地同教师社会互动一致。人文学领域的学生尽管与教师的学术交往相对较少，但也给予教师积极评价。与之相反，科学与数学以及社会科学领域的博士生对师生学术交往质量的评价较低。

有关博士生社会化的性别差异的文献最早出现在 20 世纪 80 年代早期。Hartnett（1981）注意到许多院系中女性数量极少的情况后得出结论，女性人数相对较多的院系中的女生，与女性人数相对较少的院系相比更倾向于报告良好的交往经历。但总体上他认为博士生经历的性别差异较小。我们证实了 Hartnett 的一般结论，但也发现了相反的证据。在人文学和科学与数学领域，女性与男性对与教师学术交往的看法通常没有差别。一方面，在工程学领域，我们的观察与预期一致，女性评价较低，与女性人数较少的情况相符。另一方面，在教育学领域——一个女性占大多数的领域，我们观察到了预想不到的性别差异，女性对与教师学术交往的评价比男性低。

回顾研究者的工作，向我们传递了一个有关师生学术交往的共同信息：与教师的学术互动是少数种族－族裔学生的主要问题。Beatriz Clewell 和 Myra Ficklen（1987），Walter Allen、Angela Haddad 和 Mary Kirkland（1984），以及 Christine Carrington 和 William Sedlacek（1976）发现，少数种族－族裔研究生感觉在学院中被疏远和孤立，往往认为自己处于院系学术主流之外。Allen、Haddad 和 Kirkland（1984）对 8 所白人占大多数的院校的黑人研究生调查发现，他们对非裔学生与教师的关系通常不满意，但认为自己与教师的关系高于整体水平。这些发现证实了 Carrington 和 Sedlacek（1976）的早期研究，马里兰大学黑人学生对整个黑人学生的社会生活和学院的种族－族裔氛围不满意。只有 Nettles（1990b）发现黑人和西班牙裔学生对师生交往的看法与白人学生无异。

我们的研究揭示了在工程学和科学与数学领域，学生对师生学术交往的评价存在一些种族－族裔差异。在工程学领域，非裔学生对师生学术交往的评价较低，与他们对师生社会交往的评价相似，而从统计数字看，与亚裔、白人和国际学生的评价不同。同样，在科学与数学领域，非裔学生对师生学术交往的评价低于国际学生，而后者对这一领域和工程学领域的师生学术交往评价是最高的。在这两个领域中，白人学生对师生学术交往的评价低于国际学生。与非裔学生相比，国际学生与教师积极的学术互动与他们博士入学成绩高，以及担任教学和研究助理的概率更高相呼应。这更加证明了当社会化适用于师生关系时，无论是在工程学领域还是在科学与数学领域，对非裔学生来说都是一个非同寻常的挑战。此外，这两个领域也是最迫切需要增加非裔学生人数的。

（四）与教师顾问的交往

表面上样本中每一个博士生都有一名教师顾问。通常教师顾问是在博士入学时被分配给学生的。在读博期间，学生或者院系可以选择更换导师，这是一个任何时候都可以满足期望的角色。由于这种学生－顾问关系的预设形式，研究者展开了它对博士生经历其他方面影响的考察。大量证据表明，教师顾问对学生有重要作用，他们关系的好坏会造成一定的后果。例如，在 Penelope Jacks 和同事（1983）的研究中，近一半未能完成博士项目的学生将与教师顾问关系不好列为离开的原因。大约 20 年之后，Lovitts（2001，207）对未完成学业的博士生的研究得出结论："学生与教师顾问的关系也许是决定谁去谁留的最关键因素。"

Jean Girves 和 Virginia Wemmerus（1988）发现教师顾问的水平与学生的满意程度有关。Pruitt 和 Isaac（1985）最早提出指导的重要性，特别是对于少数种族－族裔学生。他们发现教师与学生的"亲密关系"是已获得博士学位学生的研究生院经历的共同特征。这与代表学生对与教师顾问交往看法的因素完全相符，它包括四个方面：这种互动的可获得性、质量、教师对学生职业的关怀以及教师对学生个人幸福的兴趣。我们考察了所有领域、种族－族裔、性别，也考察了教师顾问是否与博士生同种族－族裔和同性别。

我们的调查区分了教师顾问与导师的关系。教师顾问是指"由院系指派履行某些行政职能的人，如讨论和核准学生课程或签署注册"，并且教师顾问不一定是导师。大约三分之二的学生（62%）认为他们的教师顾问也是自己的导师。一般来说，院系在招生过程中要进行搭配，因此看到大量双重角色的教师就不足为奇了。我们发现学生对与教师顾问交往的评价唯一有差异的是在工程学和教育学领域，男性比女性的评价更积极。这与我们关于师生社会交往的发现一致。另外，各领域、种族－族裔和性别的学生对与教师顾问互动的评价基本相同。

在与教师顾问的交往中令人感兴趣的是同性别和同种族－族裔的搭配。过去的研究没有确凿证据表明拥有同性别或同种族－族裔的教师顾问或导师的博士生有何优势。① 对于试图研究这一问题的人来说，面临的一个障碍是女性教师在

---

① 一些研究已调查了同性别顾问的影响。Helen Berg 和 Marianne Ferber（1983）发现学生在专业关系中与同性别教师相处更舒服。在一项探索性研究中，Elyse Goldstein（1979）报告拥有同性别顾问的研究生发表研究成果明显比有异性顾问的学生多。Lucia Gilbert、June Gallessich 和 Sherri Evans（1983）发现拥有同性别榜样的男性和女性更具有事业心和自信心，拥有女性榜样的女性比拥有男性榜样的女性或男性满意度更高。另一方面，Beril Ulku-Steiner、Beth Kurtz-Costes 和 Ryan Kinlaw（2000）认为，院系有女性教师且导师不是同性别影响学生的自信心和职业选择，包括停止博士学业。关于同种族－族裔的教师顾问的优势程度现在还没有定论。Amado Padilla（1994）认为想从事种族－族裔研究的学生，在实际没有足够的同种族－族裔导师的情况下，拥有一位承认种族－族裔研究价值的导师也许可以起到帮助作用。鉴于代表性人数不足的学生选择同种族－族裔或同性别顾问面临的不利情况，研究生机构在增加女性以及非裔和西班牙裔学生人数时可能承受更大的压力。

个别领域（例如，工程学领域）的人数少和比例低（8%），以及非裔和西班牙裔教师在所有领域的人数都少、比例都较低，因而被排除在大规模研究之外。例如，根据2001年教育统计摘要（NCES 2002），在工程学领域，美国学位授予机构约25 000名全职教职员工中，女性仅占10%，其中白人女性为7%。相比之下，在教育学领域，约40 000名全职教职员工中，女性占58%，其中白人女性为46%。同样在这两个领域，非裔占工程学领域教师的2%，占教育学领域教师的9%；西班牙裔占工程学领域教师的4%，占教育学领域教师的3%；亚裔占工程学领域教师的16%，占教育学领域教师的4%；美国印第安人/阿拉斯加土著在这两个领域教师总数中的占比不到1%。

在我们的研究中，科学与数学领域近70%的学生有同性别教师顾问，人文学和社会科学领域接近60%，教育学领域较低，约55%。在所有领域，我们发现男性比女性更有可能有同性别教师顾问。这一差异在工程学领域（男性93%，女性10%）和科学与数学领域（男性92%，女性14%）最为显著。从种族－族裔看，在工程学、科学与数学和社会科学领域，非裔学生有同性别教师顾问的比例与国际学生存在差异。在科学与数学领域，白人学生有同性别教师顾问的比例高于非裔学生（白人67%，非裔47%）。

81%的人文学博士生有同种族－族裔教师顾问，教育学和社会科学领域为67%，科学与数学领域为63%，工程学领域为54%。除社会科学领域外，男性与女性报告同种族－族裔教师顾问的比例接近。在所有领域，非裔和西班牙裔报告同种族－族裔教师顾问的比例低于他们的白人同伴。拥有同种族－族裔或同性别的教师顾问不一定会带来更高层次的社会交往，也不一定是最佳搭配。但很明显，白人和男性比其他群体有更多机会找到同种族－族裔或同性别的教师顾问。

（五）导师

导师是有关博士经历最常谈论的话题之一。人们常用这一术语，但意思不完全相同。与单纯的顾问关系比较，教师和学生间的导师关系往往是基于兴趣、个性及其他性格特征构建的最独特的关系。最基本的解释是，导师是与学生建立工作关系并引导其完成博士学业的教师。

我们还调查了学生对本院系中适合做导师的一些教师，以及导师是否还可以兼任顾问的看法。在我们的问卷中，导师被定义为："可向学生提供建议，评审论文，或者给予一般支持和鼓励的教师。"这个定义没有排除导师和教师顾问为同一个人，但给了我们一个了解导师制这一越来越被认为是博士成功的关键因素的机会。其中，Hartnett（1976）、Blackwell（1987）、Carlos Arce 和 W. H. Manning（1984）发现，研究生及学位获得者认为与教师和导师的关系是成功完成学位课程最重要的因素。Robert Bargar 和 Jane Mayo-Chamberlain（1983）发现学生个人和专业进步以及博士毕业后成功求职与他们和导师的关系有关。一个相反的观点是，Girves 和 Wemmerus（1988）认为，有导师并不能预测学位进展、研究生成绩、学生在本院系的参与程度以及学生的满意度或疏离感。

指导经历似乎对女性和不同种族–族裔群体有重要影响。Shirley Clark 和 Mary Corcoran（1986）采访了明尼苏达大学双城分校各学院 147 名教师，提出女性教师处于职业生涯的培训阶段时，对教师顾问和导师经历既有质疑，同时也认为其对激发她们的社会交往潜能起到了重要的作用。在研究生培训期间相信自己的能力被怀疑的女性教师的研究生产力比认为受到鼓励的女性教师低。"有导师"是另一个值得关注的领域。Charles Willie、Michael Grady 和 Richard Hope（1991）在一项对黑人大学基金资助教师攻读博士的研究中发现，60%没有导师的博士生报告希望有导师，但找不到。此外，Smith 和 Davidson（1992）评估学生导师的情况时发现，超过三分之一（36%）的学生有导师，而三分之一表示没有导师。这意味着在研究生院或专业学院时教师或行政人员曾给予他们帮助。为非裔学生提供帮助的教师有 44%的白人和 41%的非裔美国人。然而，Nettles（1990a）没有发现在传统白人学校白人和非裔美国人报告有关导师的差异。

在我们的研究中，所有领域、性别和种族–族裔群体中大多数学生（69%）似乎都找到了导师。范围从人文学领域的 75%到教育学领域的 64%，其他三个领域都为 71%（见图 7.1）。在人文学、科学与数学和社会科学领域，女性报告有导师的比例略高于男性：在人文学领域女性为 77%，男性为 72%；在科学与数学和社会科学领域，女性均为 74%，男性均为 69%。在教育学和工程学领域，男性和女性成功找到导师的比例相当。有导师的学生中，70%的人表示在第一年就找到了导师，并且他们中有一半在博士入学后的头几个月就找到了导师。这表明，大部分博士生入学后就开始寻找导师。他们似乎明白从开始就拥有导师的重要性。

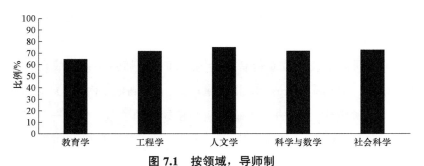

图 7.1　按领域，导师制
来源：博士生经济状况、经历和表现调查。

各种族-族裔在各领域，都有一半到四分之三的博士生报告有导师。在科学与数学领域，非裔和白人学生的比例有明显差异（非裔 57%，白人 76%）。在三个领域（工程学、科学与数学和社会科学），白人有导师的比例高于国际学生（白人分别为 76%、74% 和 74%，国际学生分别为 68%、68% 和 67%）。我们的研究中约 25% 的学生没有导师。从导师对博士教育的重要性来说，这令人吃惊。教授作为个人兼有导师和教师顾问角色的程度因领域、种族-族裔和性别而异。"导师不同于顾问，不能指派给特定的学生。顾问可能是导师，但很多教师顾问和学生的关系永远都不会演变成导师和门徒的关系。"（Willie、Grady 和 Hope 1991，72）各领域大部分学生都表示教师顾问和导师是同一人，76% 的工程学领域的学生报告是这样的。与之类似，科学与数学领域 66% 的学生、教育学领域 57% 的学生、社会科学领域 54% 的学生以及人文学领域 52% 的学生认为导师和教师顾问是同一人。在工程学领域，男性（78%）认为教师顾问也是导师的比例高于女性（66%）。其他领域，男性和女性认为导师就是教师顾问的比例几乎相同；人文学领域的博士生报告的比例（女性 53%，男性 51%）最低。种族-族裔不是决定教师顾问与导师是否为同一人的因素。

早些时候，我们考察了不同领域、种族-族裔和性别的博士生拥有同性教师顾问的倾向。样本中男性有同性教师顾问的情况比女性多。导师也存在同样的情况。而令人感兴趣的是，虽然性别情况相似，但程度不同。在各领域，女性有同性别导师的比例高于同性别教师顾问。换句话说，女性在选择时，她们更可能选择女性导师而不是指派的女性教师做顾问。例如，在工程学领域，女性拥有同性教师顾问的比例最低，为10%。12%的女性博士生选择女性导师。相比之下，7%的男性工程学博士生被指定了女性教师顾问。同性教师顾问和导师的差别同样存在于不同种族－族裔中。尽管不同的种族－族裔群体间有微小变化，但唯一值得关注的差异是，工程学领域的西班牙裔学生选择同性别导师的比例低于白人（59%：83%）。

同样，非裔学生倾向于选择同种族－族裔导师而不是指定的同种族－族裔的教师顾问。在五个领域中，工程学和社会科学两个领域西班牙裔学生的情况也是如此。但是，与白人相比，各领域非裔和西班牙裔报告同种族－族裔导师的实例很少。最大的障碍似乎是同种族－族裔教师太少。工程学是非裔教师最少的领域，只有18%的非裔学生被安排了同种族－族裔教师顾问，23%的人选择了同种族－族裔导师。教育学是非裔教师人数最多的领域，只有33%的学生选择了同种族－族裔导师，24%的人报告被安排了同种族－族裔教师顾问。

令人惊奇的是，大部分在人文学领域、少部分在其他领域的非裔学生，都既有同种族－族裔的教师顾问又有同种族－族裔的导师。这进一步证明非裔美国教师数量有限可能是非裔学生同种族－族裔导师比例低的原因。如果以人文学领域为例，在有机会时，大部分非裔博士生会选择非裔导师。这种恶性循环为高校寻求增加非裔学生数量带来了巨大的挑战。看起来似乎增加非裔博士生的关键是加强非裔师资力量；然而，没有前者又不可能有后者。

（六）职业规划

传统上，博士生被设定为为成为高校教师做准备。然而，在过去30年中，越来越多的博士生接受培训在私人企业或政府工作。我们要求学生预测完成博士学位后期望立即从事的职业类型，人文学（73%）、科学与数学（59%）和社会科学领域（55%）大部分学生期望成为高校教师，寻求博士后研究或学术任命（见图7.2）。相比之下，只有28%的工程学和38%的教育学领域的博士生期望成为高校教师或者博士后研究员。46%的工程学领域、17%的科学与数学领域、7%的社会科学领域、3%的教育学领域和0.8%的人文学领域的博士生期望成为私人部门的研究人员。五个领域中11%～13%的学生不确定完成博士学位后期望从事的职业类型。

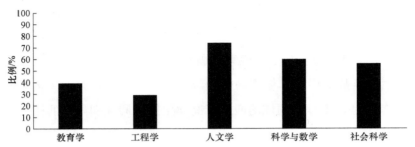

图7.2 按领域，完成博士学位后期待首选教师或博士后研究员工作情况
来源：博士生经济状况、经历和表现调查。

考虑到博士教育作为高等院校教授培养基地的悠久传统，调查这一传统在当代博士生期望中的反应有重要意义。科学与数学领域和较少的工程学领域博士学位获得者倾向于把博士后研究职位作为教师入职的台阶，从而将训练场延伸为试验场，因此我们认为职业规划既是高校的组合路径，又是个人路径。我们观察到获得博士学位后计划从事教师和博士后研究工作的唯一性别差异在社会科学领域，男性（60%）预期这一职业路径的比例高于女性（49%）。然而，当我们把博士后培养计划从追求教师职位规划中剥离时，发现社会科学领域的女性（15%）选择博士后路径作为入职点的比例高于男性（10%）。在工程学领域，女性（22%）期望成为高校教师的比例高于男性（16%），男性（48%）期望成为私人部门研究人员的比例高于女性（40%）。

不同种族－族裔群体的职业志向类似，但有两个例外。在教育学领域，非裔计划成为高校教师或博士后研究员的比例低于其他种族－族裔群体。在科学与数学领域，非裔追求博士后的比例低于其他种族－族裔群体，他们更希望直接成为教师。这并不意味非裔博士生社会交往水平的提高。看起来似乎只有通过增加大学非裔教师的数量，才能扭转科学与数学和工程学领域非裔学生社会交往质量较差的趋势。在科学与数学领域，这可能反映出对非裔教师的较高要求，他们要接受必要的培训获得教师岗位资格，然后才能成功晋升并获得终身职位。这提出了一个问题，博士后培养在没有教学要求的情况下是否为开展研究工作提供了更大的机遇及影响晋升和终身任职的可能性？

三、小结

除了与上课、发表文章、通过资格考试、履行助教职责、撰写博士论文有关的学术、认知和情感发展外，博士教育还包括课堂活动之外的非认知和情感发展。鉴于教育领域所有研究都认为社会化进程有助于职业的形成和调整，因此我们确定调查社会交往最重要的途径是学生与同伴的关系和学生与教师顾问及导师的关系。博士教育的本质是学生获得对于未来职业文化准则的理解。

学生体验博士教育社会化进程的方式，无论什么领域、种族－族裔和性别几乎都是相同的。但也有一些重要区别。大约四分之一的学生表示没有导师，也许这并不令人不安，但是它对博士生其他经历的潜在影响可能会成为博士教育改革的中心。工程学和社会科学领域非裔学生社会交往机会相对较少的情况尤其令人担忧。在这个阶段，很明显只有一个长期的解决方法——加强在这些领域的非裔师资力量。

第八章

研究生产力

"教师没有发表过论文，没有在全国学术会议上作报告就得到了工作。这些人凭借一本自己署名的书就获得了研究生院的任命。他们的学生没有学术报告就无法得到工作，或者没有著作就无法获得终身任职，没有出版两部著作也无法晋升。"与这位博士生观察的结果一样，进入学院和进步的代价不断增大。我们需要进一步考虑职业选择。博士生进入劳动力市场，有科研成果的博士简历更有可能在成堆的求职申请中脱颖而出。

在对人文学领域出版压力的强烈批评下，哈佛大学出版社执行编辑 Linday Waters（2001，2）写道："规则正在转变为为终身任职出版两本书……（这）导致部分研究生疯狂地为自己的（课程简历）增加出版物的数量。"人文学讨论的是著作和编辑，而社会和行为科学、生物和自然科学、教育学和工程学领域关注的重点是评审期刊论文。John Creswell（1985）指出，在知识高度集中、个人对重要问题和方法形成一致意见的领域（如物理学），教师更多的是在期刊上发表文章（学术交流的缩略形式）而不是出版著作（学术交流的扩展形式）。

自从 19 世纪末芝加哥大学校长 William Rainey Harper 宣布获得晋升更多地依靠研究生产力而非教学以来，教师需尽早并经常展示科研成果的压力与日俱增（引自 Berelson 1960）。因此，在学术领域因发表论文或著作带来的地位和压力不足为奇。令人惊奇的是对博士学位过程中不断增长的公开发表成果的期望。过去30 年，博士生经历的主要压力是完成博士学位和学位用时。对博士生学术工作和发表成果的期望是最近的情况，因此现有研究多数集中在完成学位之后的研究生产力上。

随着博士教育的扩展和多样化,博士培养的质量越来越成为博士生、教师和未来雇主关注的焦点。在完成学位前公开发表成果可能是博士生课程质量、表现以及学生和项目市场性的指标。出版压力尤其适用于追求从事学术和研究职业的博士生。与博士生表现和经历的其他重要方面一样,他们的个人背景和特征也影响他们的研究生产力预期。本科生准备、婚姻状况、种族－族裔和性别都可能有影响,然而不考虑个人背景和特征,证明研究生产力的预期对所有博士生来说都是一样的。

在博士教育研究历史上,研究者很少关注学生读博期间的研究生产力（Ethington 和 Pisani 1993；Feldman 1973；Smith 和 Davidson 1992）。虽然可以认为读博在入学时已经做好成为学者或研究者的准备,但博士生期间获得研究生产力的证据仍不充足,有关读博期间培训和研究生产力在不同领域、种族－族裔和性别上的差异的证据则更为稀少。学位论文——博士学位课程的最后经历——是唯一稳定、全面的科研文献成果,对论文作者和学位论文质量的分析是公开的研究中所缺少的。在博士教育近一个半世纪的时间里,或许是在学科或领域内出现了资格考试和预备考试的缘故,除学位论文外没有对研究生产力的预期标准。因此,研究生在学术院系的科研成果,看起来都是偶然的或者是通过非官方或非正式网络的方式产生的,而不是课程的正式要求或预先规定。无论学生的研究生产力来自非正式的网络还是其他地方,一个潜在的令人担忧的结果是研究生产力的种族－族裔和性别差异。

大量有关博士生研究生产力的研究集中于它对培养学生成为有创造性的教师的贡献上,而且常常在博士生成为教师后考察；甚至对研究生培训课程评价都是基于研究生担任教师后的研究生产力,而不是在他们还是博士生时（Baird 1986；McCormick 和 Bernick 1982；Morgan 和 Fitzgerald 1977；Person 1985；Robey 1979）。只有 Hartnett 和 Willingham 提出发表研究成果是博士教育学术发展进程必不可少的部分。Willingham（1974）在早期的研究中提出了博士教育三目标（从业者、教师、学者－科学家）培养模型,增加了发表成果这一中间标准以满足学者－科学家的课程目标。在后来的研究中,Hartnett 和 Willingham（1979）提出,发表成果可以作为评估专业发展和学术社会交往的有用工具。

相比之下，我们的兴趣是博士生攻读博士学位时的研究生产力。我们提供了学生当前科研活动水平和有研究者潜力的简况。考察教师的研究生产力时，研究者适当斟酌了感兴趣的领域最显著的指标。考虑到学生还处于学习阶段，因此我们在更大的范围内了解学生研究生产力的多种表现方式。除了传统考察公开发表的论文、著作章节以及专业会议论文展示外，我们把考察项目扩展到了二十二个类别，包括专利和版权申请、教科书出版、软件开发等内容。给学生提供可以参与每个类别中五个或更多活动的机会。他们的回答证明我们对这样的范围和频率期望过高了。我们了解到虽然学生正在获得研究生产力，但他们的活动范围和频率都低于我们的预期。

一、研究生产力的综合考察

我们的研究目的是考察研究生产力的主要形式——如会议报告、期刊论文、著作章节和专著——我们需要知道努力提升自我的博士生中的一些领域差异。Richard Wanner、Lionel Lewis 和 David Gregorio（1981，251）的警示是有帮助的："文章（甚至是书）构成和发表的难度因领域而发生变化。"此外，John Creswell 和 John Bean（1981，73）指出，Anthony Biglan（1973）的"硬科学"领域教师更多的是发表期刊论文而不是出版书籍，而"软科学"领域教师更多的是出版书籍而不是发表论文。[①]这一结果得到了美国教育委员会大范围研究的支持，涉及自然与生物学、社会科学和人文学领域 17 399 名教师的数据，以确认有助于出版活动的特征。其结论是，"单一的学术或科学生产力模型不适用于所有的学科领域"（Wanner、Lewis 和 Gregorio 1981，250），很大程度上是因为特定领域特征转化为学术生产力的差异。例如，科学领域多数论文的影响持续时间较短，可能是因为该领域能更有效地将资源转化为产品，而不在于教师的卓越表现。Wanner、Lewis 和 Gregorio（1981）发现科学领域产生的大量论文与获得大量资助有关，而在社会科学领域，这种关联则少得多。

我们的数据支持上述观点。超过一半（51%）的学生显示有某种类型的研究

---

① Biglan 的纯理论应用范例关注的是院系是强调纯粹的理论研究还是课题的实际应用。化学是纯理论领域（"硬科学"领域）的范例，而工程学是应用领域（"软科学"领域）的范例。

生产力（在全国会议上展示论文、发表期刊论文、出版著作章节或出版专著）。研究生产力最高的领域是工程学领域（66%），其次为人文学（57%）、科学与数学（52%）、社会科学（47%）和教育学（40%）领域。

除了领域差异，性别长期以来被认为是研究生研究生产力的重要影响因素。虽然许多研究者认为性别只是一个变量，只有少数学者单独研究它的影响。在博士学位获得者的调查中，William Hamovitch 和 Richard Morgenstern（1977），Stein 和 Weidman（1989a），以及 Herbert Wong 和 Jimy Sanders（1983）发现，女性的研究生产力低于男性。我们的研究同样显示女性在一些领域研究生产力低。在工程学领域，69%的男性和51%的女性显示出某种生产力，在科学与数学领域为54%的男性和48%的女性。在其他领域，女性和男性的总体研究生产力水平接近。

种族-族裔在博士生研究生产力研究中通常被忽视。Frank Clemente（1974）的一个罕见案例考察了黑人和非黑人在社会学领域的研究生产力。他对美国社会学协会1950—1966年获博士学位的2 467名成员的种族-族裔的比较研究表明，非黑人平均发表论文是黑人的2倍，出版专著是黑人的4倍。他发现，按照 Norval Glenn 和 Wayne Villemez（1970）统计的出版范围，非黑人在所有社会学及相关领域22个期刊上发表成果的数量均超过了黑人。但是，在提出限定性别、获得博士学位时间、培养博士的院系质量和获得博士学位的年龄等条件后，Clemente 发现种族-族裔的差异消失了。这使他得出结论，当其他所有准备因素同等时，非黑人发表成果与黑人比较不再有优势。Pearson（1985）对社会学家、物理学家和生物学家早期研究生产力的相关性研究也发现，白人在三个领域获得博士学位前发表论文的平均数量与黑人相比有微弱优势。在所有领域，读博前的出版成果与发表论文及出版书籍高度相关。

如前所述，超过一半的博士生有一定的研究生产力。在工程学、人文学和社会科学领域，总体生产力几乎没有种族-族裔差异。但是，令我们担忧的是，在教育学和科学与数学领域，非裔学生似乎获得研究生产力的比例相对较低。在教育学领域，非裔获得研究生产力的比例（31%）低于亚裔和白人（分别为46%和41%）。在科学与数学领域，这一差异更大：只有28%的非裔学生表明有研究生产力，而亚裔学生为59%、西班牙裔学生为52%、白人学生为56%、国际学生为

45%。

我们对研究生产力的调查展示了一幅学生参与的全景图。然而,更重要的或许是调查措施的各组成部分,它们在各主要学科和领域中的价值是不一样的。无论关注的是教师还是博士生的研究生产力,调查的要件都存在等级差别。在擅长的领域出版教材或专著是最重要的,但在职业生涯初期,其他形式的研究生产力也有不同的重要价值。例如,在教育学、社会科学和自然科学领域,与在专业会议上发表论文相比,发表期刊论文可以带来更高的学术地位,而相反的情况可能也存在。等级也可能包括不同的因素。例如,在某些学科领域,发表期刊论文是在学术会议上发表论文的先决条件。在任何情况下,每一领域都有啄食顺序,博士生有义务学习本领域的规则以获得认可和就业,在成功的阶梯上取得进步。

有些人对完成研究生产力任务有极大的恐慌心理,这只能在从事各种类型研究的过程中逐步克服。这也许意味着从最低级开始循序渐进。第一步可能包括发表会议论文,然后通过各阶段进步最终公开发表论文。在我们的样本中,60%发表过期刊论文的学生发表过会议论文,而49%的发表过会议论文的学生也发表了期刊论文。图8.1说明了构成我们总体研究生产力调查的四个组成部分中,学生获得研究生产力的频率。这个频率也许反映了学生攻读博士学位的发展阶段和面临的挑战。

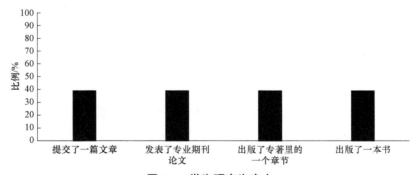

图8.1 学生研究生产力

来源:博士生经济状况、经历和表现调查。

二、在专业会议上发表学术论文

我们对研究生产力总体考察的一个入门活动是在专业会议上发表学术论文

(独立或者联合作者)。总的来说，37%的博士生表示在专业会议上发表过论文。而不同领域的比例变化较大，56%的工程学领域、51%的人文学领域、35%的社会科学领域、30%的教育学领域和28%的科学与数学领域的学生曾发表过会议论文。另一个入门水平研究活动是发表海报学术会议论文。在这个舞台上，科学与数学和工程学领域的学生是领先者，工程学领域超过一半学生发表过海报学术会议论文。

在会议论文发表上，没有明显的种族－族裔差异，而性别差异则仅在教育学领域没有。男性在科学与数学以及工程学领域有优势，女性则在人文学和社会科学领域领先。科学与数学领域 29%的男性和 25%的女性，以及工程学领域 58%的男性和 45%的女性都曾做过会议报告。人文学领域 54%的女性和 48%的男性，以及社会科学领域 37%的女性和 32%的男性曾做过会议报告。

三、发表期刊论文

在一项更为传统的研究生产力调查中——发表期刊论文——仅有30%的博士生发表了期刊论文，包括独立作者和与同事或教授合著的方式。在这些成功的作者中，有一半已发表了一篇文章，另一半已有两到三篇。工程学和科学与数学领域学生最多产。47%的工程学领域和44%的科学与数学领域的学生已发表期刊论文，与之相比，社会科学领域为 22%，人文学领域为 19%，教育学领域为 15%。教育学领域的学生与其他领域相比发表率最低。在教育学领域，发表期刊论文是相当重要的成就。

基于出版文献的研究，我们认为发表期刊论文存在较大种族－族裔和性别差异，女性落后于男性，非裔落后于其他种族－族裔群体。Hamovitch 和 Morgenstern（1977）、Stein 和 Weidman（1989a）、Wong 和 Sanders（1983）在各自的研究中都发现女性发表论文落后于男性。虽然我们发现发表期刊论文的性别差异较大，但这些差异来自一些主要学科领域。在教育学和社会科学领域，我们发现没有性别差异。另一方面，在工程学、人文学和科学与数学领域，男性发表论文的比例高于女性：工程学领域女性与男性的比例分别为 35%和 49%，人文学领域分别为 17%和 22%，科学与数学领域分别为 39%和 46%。

与性别一样,我们预期非裔学生与其他群体发表论文的比例的差异来自文献研究。Smith 和 Davidson(1992)调查了一所中西部公立大学 298 名非裔研究生和专业学生的专业进展,包括出席会议和提交期刊论文。他们发现虽然大多数非裔学生(80%)参加过会议,但只有 29%的学生提交了会议论文,提交期刊论文的比例更小(13%)。教师提供支持(例如,提供课程建议和学生参与教师研究,包括加入教师联络网)的是 44%的白人和 41%的非裔。教师支持始终与不同类型的专业发展有关,包括公开发表论文的机会。

在教育学、科学与数学和社会科学领域,非裔学术论文发表率低于他们的同伴(见图 8.2)。科学与数学领域是非裔与其同伴差异最大的领域:17%的非裔表示发表过学术论文,亚裔为 49%,西班牙裔为 42%,白人为 47%,国际学生为 40%。另外,我们的分析显示,各领域已发表一篇论文者的种族－族裔群体差异不大。

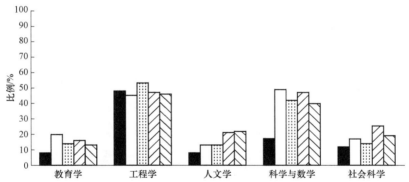

图 8.2　按种族－族裔和领域,学生发表期刊论文情况

实心柱体代表非裔,空心柱体代表亚裔,点状柱体代表西班牙裔,
上升斜剖线柱体代表白人,下降斜剖线柱体代表国际学生。
来源:博士生经济状况、经历和表现调查。

四、出版著作章节或专著

最后一个等级的研究生产力是出版著作章节或专著。很少有学生报告出版了某一著作章节。总体上,只有 9%的学生报告出版过著作章节,分布领域如下:13%的社会科学领域,12%的人文学领域,10%的教育学领域,7%的工程学领域以及 5%的科学与数学领域。教育学和人文学领域的学生最有可能在博士生阶段就出版专著。近 4%的教育学和 3%的人文学博士生已出版了一部专著,与之相比,社会科学领域比例为 1%,工程学和科学与数学领域不足 1%。

只有工程学领域在出版著作章节上存在性别差异,比例分别是女性 3%、男性 7%。出版整部著作在任何领域都没有性别差异。在所有领域,各种族－族裔群体博士生出版著作章节和专著的经验相似。

五、小结

研究生产力的早期显现很重要。Barbara Reskin(1979)对化学领域博士前活动的研究发现,博士前的出版成果预示了博士学位完成后 3~5 年内更大的研究生产力活动。Bean(1982)进一步主张,学生进入研究生院时发表科研成果已经开始形成创作型和非创作型教师的对立:"创作者很早甚至从研究生时就产生成果,并在整个职业生涯中保持高水平的生产力。非创作者仍然是没有生产力的——他们不会因为年龄增长而改善。"(Bean 1982,19)

其他支持来自 Wong 和 Sanders(1983)。他们关于两性教学培训和研究的文献综述认为,科研生产活动决定了获得博士学位后最初的实习工作和职业发展。与前面章节考察的经历一致,在教育学、科学与数学和社会科学领域,非裔学生的研究生产力特别是发表论文相对不足。这种情况在科学与数学领域表现得最为严重,该领域博士生入学时已发表期刊论文的学生比例最大。在所有博士生经历的调查中,与研究生产力关联的职业风险或许是最高的。

第九章

满意度、成绩与进程

我倾向于到今年 5 月份就放弃我的博士学位研修。因为：
（1）我找不到适合我的学科领域的课程。
（2）我无法在已有课程/院系中找到一个合适的位置。
（3）没有钱。
（4）不清楚它会不会带来明显改变。

这名博士生放弃读博的原因汇总，凸显了满意度和持续性之间的关系，以及做出休学或永久离开博士研究决定的多种相关因素。调查开始时，我们与大多数研究人员及研究生院教师的观点一致，认为受访者打算继续就读，以正常进度完成他们的学位。因此，我们没有询问他们是否把完成学位作为目标之一，是否打算休学中断博士研究，希望以什么样的进度完成学位课程，或需要什么水平的满意度来继续维持他们的目标和努力。毕竟博士教育是正规教育体系的最高阶段，虽然所有的中学后教育都是自愿而非强制的，但是，攻读博士学位就意味着选择一生的知识投入和追求。本科教育的对象主要由青春期结束或过渡到成年期的人组成，与之不同，博士教育意味着成年人致力于将他们的职业生涯设计成该学术领域内外的学者、研究者和引领者。

一、满意度

在美国博士教育的历史中，学生满意度并未作为一个突出的问题。然而，这种状态正在改变，部分原因是研究生导师联盟的出现。该联盟现在引起了大部分美国博士学位授予院校学术带头人的关注。虽然报酬和工作条件是学生满意度集体协商部分的主要特征,另一部分涉及条件、经历的质量和社会阅历与职业方向。本研究关注后者。我们的重点是博士生对学术发展、同伴关系、对大学的承诺、与教师的合作关系、在课程中的团队意识以及对攻读博士期间经历的整体评估等方面的满意度。

我们的调查包括几个项目以考察博士生的信心和满意度的水平。首先,询问他们决定攻读博士学位的信心;其次,请他们评价自己所选博士学位课程的自信水平;最后,对目前博士项目的总体满意度评分。每个问题都以李克特五级量表打分,最低1分,最高5分。

二、选择攻读博士学位的信心

关于学生在决定攻读博士学位时的信心问题,学生们"非常同意"他们过去做出了正确的决定(平均数 4.07,略高于"同意")。在各专业领域中,教育学领域的学生对他们攻读博士学位的选择最有信心(4.25),人文学领域的学生的信心水平最低(3.83)。教育学领域最有信心的原因有待考察。该领域博士生一般比其他领域的学生年龄大,而且多数已经参加工作,博士学位是他们实现向上流动的一种工具。人文学领域的博士生与其他领域相比,就业压力最大。

我们在教育学、工程学和科学与数学领域的学生在选择攻读博士学位的信心方面发现了性别差异。这几个领域女性的自信水平都较男性低。多数情况下,少数种族-族裔的学生对攻读博士学位的决定比较明确。我们只在以下四个方面发现了差异:在教育学领域,西班牙裔(4.48)比白人(4.21)和亚裔更有信心。在人文学领域,非裔(4.30)比白人更有信心(3.74)。国际学生对自己攻读博士学位的决定最有信心,他们在科学与数学领域比亚裔有更多的信心(4.13∶3.88),在工程学(4.22∶3.90)、人文学(4.28∶3.74)和科学与数学领域(4.13∶3.94)比白人学生更有信心。

三、选择博士项目的信心

虽然学生对攻读博士学位的信心可能反映了他们对专业和时间的满意程度,

但并不一定能反映出他们对所选的院系的满意度。因此，我们也询问了他们选择特定博士项目的信心。总体而言，学生高度评价他们的选择——在李克特五级量表中平均达到 3.89；换句话说，他们有信心。这似乎与 Chris Golde 和 Timothy Dore（2001）的发现相一致，只有 15% 的样本学生认为如果再有一次机会，会选择另外一所大学而不是现在的大学。这很微妙。鉴于他们是正在攻读博士学位的成年人，尽管对博士项目的选择表示了信心，与我们的预测一致，但他们的信心有很大差异。

教育学和工程学两个领域的学生信心最高，平均 3.98，而社会科学领域的学生信心最低，平均 3.74。这种差异仍存在细微差别。虽然教育学和工程学领域的学生报告的信心最高，但其中也有较大的性别差异，男性报告的信心更高。在教育学领域，女性信心平均为 3.92，男性为 4.12；在工程学领域，女性信心平均为 3.77，而男性达到 4.02。

在种族-族裔群体中，西班牙裔学生对他们的专业选择最有信心，平均 4.07，而非裔学生的信心最低，平均 3.85。即使有这样的差异，李克特五级量表测试结果均认为他们很有信心。在社会科学和人文学领域，学生表现出了同样高的信心，他们认为自己选择了正确的领域。尽管整体信心水平较高，但在科学与数学领域，非裔学生与所有其他种族-族裔群体相比，信心较低（3.43）。工程学领域的非裔学生对专业选择的信心比亚裔、白人和国际学生低。这是否表明在工程学、科学与数学领域的非裔学生的满意度较低？教育学领域的西班牙裔学生比亚裔学生报告的信心低。

知道自己身处正确的地方和对这个地方满意是有区别的。人们可能希望博士生像有信心决定攻读博士学位和选择课程一样，满意自己的博士项目。毕竟，后者比前者在时间上显得更遥远。然而事实并非如此，如图 9.1 所示。在我们的样本中，博士生对决定攻读博士学位（4.07）和课程选择（3.89）的信心都高于他们对目前博士项目的满意度。即便如此，他们的满意度仍然处于较积极的一面（3.73）。

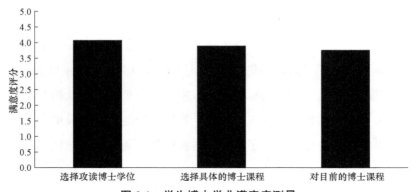

图 9.1　学生博士学业满意度测量
满意度按李克特五级量表评分。
来源：博士生经济状况、经历和表现调查。

四、对目前博士项目的满意度

在博士层面，学生满意度与其所处阶段相关。高年级的学生普遍报告更高的满意度（Baird 1992）。同样，学生对博士项目的满意度越高，完成学业的概率越高（Wilder 和 Baydar 1991），与同伴和教师的互动越积极（Madden 和 Carli 1981）。2000 年全国博士项目调查（针对研究生和专业学生的大规模的全国性研究）结论认为，大多数学生（81%）很满意自己的博士项目（NAGPS 调查组 2001）。这与我们的发现一致：样本中的学生普遍对博士项目感到满意。

正如前文所述，教育学领域的学生对自己攻读博士学位的决定最有信心，而工程学领域的学生对目前博士项目的满意度最高（3.80，与所有专业平均 3.73 相比）。社会科学领域的学生对目前博士项目的满意度最低（3.59）。性别差异在教育学和工程学领域最明显，女性比男性满意度低。在女性居多（69%）的教育学领域，女性满意度是 3.70，而男性为 3.90。在女性占少数（15%）的工程学领域，女性平均评分 3.56，而男性为 3.80。在科学与数学领域女性数量少于男性（32%∶68%）的比例小于工程学领域，但其项目满意度的性别差异并不明显。这就提出了一个疑问，考虑到工程学领域女性较少，女性是否应该与科学与数学领域有同样的满意度，或者像教育学领域的女性一样，满意度比男性低？

尽管所有种族－族裔群体的学生表示满意的占多数，但种族－族裔差异依然存在，就像性别差异一样。在以四所大学为样本的博士项目综合满意度调查中，本研究分析了两所大学的数据。Nettles（1989 年）的研究没有发现种族－族裔的显著差异。在总体水平上与我们的研究结果相一致。但是，我们发现了领域差异。工程学、科学与数学领域的国际学生和白人学生较非裔学生满意度更高。在李克特五级量表中，国际学生、亚裔学生和白人学生满意度都达到了 3.8 以上，而非裔学生只达到 3.3。科学与数学领域是否是对非裔学生满意度的另一个挑战？在我们的研究中，非裔学生的满意度（3.40）低于亚裔和白人（两者都是 3.80）。非裔学生在科学与数学和工程学领域的满意度相对较低，这就引出了下面的问题：这些专业对于非裔学生的欢迎程度如何？在我们的样本中，非裔学生在这两个专业仅各占 3%。

在赞叹博士生较高的满意度之前，我们必须指出，对博士生满意度的调查只是展示了学生的一般情况。如果我们能够将博士生经历整体解构为特定的因素并关注几个关键因素，我们极有可能更深入地了解到学生态度的差异。这些因素可能包括课题工作经验（Baird 1978；Stein 和 Weidman 1989a）或学术取向（Stein 和 Weidman，1989a）。Golde（1998）提出了可解释首年退学现象和影响学生态度和满意度的其他因素，包括选错院系、无相对较大的博士学位者市场需求以及错配导师。

五、平均学分绩点

成绩是影响学生满意度的因素之一（Howard 和 Maxwell 1980）。然而，在博士项目中，成绩通常被作为学生绩效的客观指标而未被重视，因为大多数博士生每门课程得分都是 A，从而很难区分高分组和平均分组（Girves 和 Wemmerus 1988；Willingham 1974）。因此，我们把成绩作为学生绩效测量指标之一，还添加了其他指标，如自评、研究生产力（第八章）、进度和学位完成（第十章）。然而，成绩对于博士生和其他层次的学生是同等重要的，学生们为获得 A 付出了巨大的努力。大多数学生在多门博士课程中都得到 A 的成绩并不一定是分数虚高的标志。另一种假设是，博士项目的构建就是要确保最有雄心和最优秀的学生群体表现出较高绩效。对学生而言，成绩可能是他们课程绩效的最好指标，而分数至少对他们的满意度有中度的影响。

样本报告的成绩与博士生课程成绩的总体预期一致。李克特五级量表中平均绩点（GPA）为 3.81，略高于 A-。虽然有专业间差异，但差异较小；最大的差异仅为 0.12。科学与数学领域学生报告的 GPA 最低（平均 3.75），而人文学领域的学生最高（平均 3.87）。只在社会科学和教育学领域观察到 GPA 的性别差异，这两个领域女性都占优势。正如专业领域的整体差异一样，这些差异微乎其微（教育学领域女性平均 3.86，男性平均 3.84；社会科学领域女性平均 3.82，男性平均 3.78）。

我们发现在成绩方面的确有点戏剧性。虽然每个种族-族裔群体的博士生报告的平均分都很高，但除人文学领域之外，各领域非裔学生报告的平均成绩比相应的其他种族-族裔群体都低。非裔学生报告的最低平均成绩是在科学与数学领域——3.53，而科学与数学领域的总体平均学分绩点为 3.75。同样，在工程学领域，非裔学生平均为 3.61，而该领域平均学分绩点为 3.82。这一发现与满意度调查结果类似，其中非裔学生表现出高满意度，却不及总体满意度高。

六、学生成绩自评

即使有较高的成绩，学生也往往是其相对成绩最好的判断者，因为他们在与同院系学生互动过程中更能意识到与同伴的差异。在博士项目中，具有较高自我意识的学生感受的压力较小（Ulku-Steiner、Kurtz-Costes 和 Kinlaw 2000）。所以我们要求学生反馈他们与同龄人对比之后的表现。根据学术表现分为四类供学生选择：前 10%、前 25%、中间（约 50%）、后 25%。我们观察到，他们表现出较强的自信心，并对同学的学习表现给予适中的尊重。大约有 45% 的博士生将自己归入前 10%，另外 34% 将自己归入前 25%。在所有专业中，教育学领域的学生自评分最高，超过一半（57%）把自己归入前 10%。约 46% 的工程学领域的学生、45% 的人文学领域的学生和 40% 的社会科学领域的学生将自己归入前 10%，而科学与数学领域的学生中将自己归入前 10% 的明显较少（35%）。这似乎反映出之前谈到的科学与数学领域的学生实际平均学分绩点较低的现状。因此，科学与数学领域的学生自测成绩在后 25% 的比例最大，占 2.7%，而在其他领域只有 0.6%~

1.8%。

总之，女性在样本领域中占多数时，她们的自评往往高于占少数的领域。这印证了 Beril Ulku-Steiner、Beth Kurtz-Costes 和 Ryan Kinlaw（2000）的研究结果。该研究认为，在教育学领域中评价自己在班级前 10% 的女性比例（59%）较男性（52%）高。①相比之下，在工程学领域，39% 的女性和 48% 的男性将自己归入前 10%。在科学与数学领域，32% 的女性和 36% 的男性将自己归入前 10%。其他三个领域女性和男性自我评价比例接近。在教育学、人文学、社会科学领域种族－族裔差异不显著。在工程学和科学与数学领域，自评为前 10% 的国际学生比美国学生多。

七、博士休学

从高中开始的教育各层面中，多种形式的学生流失是一个共同关注的问题。与其他级别的流失一样，博士教育的流失中包括学生完全放弃和暂时休学以后再继续研究两种。Hartnett 和 Willingham（1979，17）指出，"定义博士生的退学不是件容易的事情"。在许多情况下，辍学从学生角度来说可能不是一个正式的决定，而是长期犹豫不决的结果，这有时就造成了事实上退学的结果。在这种情况下，官方给出的原因可能不是退学的真正原因。

针对博士生完成学业前离开的情况的研究很有限（Benkin 1984；Berelson 1960；Bowen 和 Rudenstine 1992；Clewell 1987；Golde 1998；Lovitts 2001；National Research Council 1996；Nerad 和 Miller 1996），这导致了对博士项目中辍学情况的高估。只有 J. A. Creager（1971）发现，58% 的研究生入学后中断学业，原因通常是从事全职工作。

Bowen 和 Rudenstine（1992）感叹博士生自然减员数据的贫乏。他们引用 Berelson 1960 年的研究生院院长和研究生院教职工的估计，博士生辍学率在 40% 左右，他们自己估计不同专业可达 45%～50%（Bowen 和 Rudenstine 1992，124）。Berelson 指出，未能完成学位并不妨碍学生的学术或研究生涯。Maresi Nerad

---

① 我们并没有检验我们的数据是否支持 Sylvia Hurtado（1994）对于少数种族－族裔女性自我意识低于男性的发现。

和 Debra Sands Miller（1996）最近的研究估计坚持率在 80%，与 Berelson（1960）报告的教职工的估计类似。30 年后，流失情况变化不大。但是，现在未能完成博士学位有更严重的职业后果。Bowen 和 Rudenstine（1992）承认，相比较大专业 25%、较小专业 10%～15% 的新生早期退学率（未进入第二年的学习）来说，在学业后期，除博士论文外已完成所有博士工作的学生 27%～30% 的退学率更令他们感到痛心。"尽管已经完成除学位论文外所有项目，像已获得博士学位者一样有用于学位论文阶段的时间，但从未获得过博士学位的学生比例，在大小专业课程中都上升了。变化的方向是明确的，而绝对数量已经达到足以引起严重关切的程度。"（Bowen 和 Rudenstine 1992，253）

David Breneman（1977）在福特基金会研究生课程评估报告中轻描淡写地指出，博士生流失率达到或超过 50%，在很大程度上可以看作从专业院校中流失。然而，博士教育不同于专业教育，专业学院的学生入学后，遵循标准的课程设置，在 3 年或 4 年内完成课程，无须面对独立的原创研究期待。因此，评估和解释专业院校的流失率要比博士项目容易得多。学生在他们攻读博士学位过程中有时会中断学业，有些人辍学，有些人休学。

辍学是没有完成博士学位就永久离开学校；休学是暂时中断博士学业，但最终回到学校获得了学位。失学率的提高是因为明显的经济和人力成本所致，这已经成为博士院校校长们关注的问题。过去的研究认为博士生失学率与经济压力有关，但还有许多问题有待研究。例如，Lovitts（2001）探讨了学术不满对此过程的影响。我们的研究设计无法获得纵向数据，但可以探索休学者的相关模式，谁可能辍学。事实上，我们能够在研究时限内报告学生的完成率。

博二生可能会在不同时间出于各种原因暂停他们的学业。这些休学者中不包括那些正在准备初级考试或学位论文的学生，因为在这些时间范围内学生不以全日制学生注册。其次，很少有关于前人报告的流失情况与我们当前增加从学生自评报告获取的中断博士项目的比较研究。

我们没有与 Berelson（1960）、Bowen 和 Rudenstine（1992）、Breneman（1977）、Nerad 和 Miller（1996）的研究进行比较的数字，因为在样本中，我们没有询问研究生院有多少学生辍学。相反，我们对休学后又返回学校继续学业的人进行了调查。在样本中有12%的休学者（见图9.2），其中教育学领域21%、人文学领域14%、社会科学领域11%、工程学领域6%、科学与数学领域5%的学生曾经休学，后来又继续完成学业。

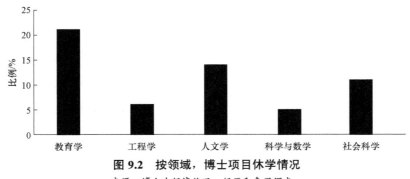

图9.2　按领域，博士项目休学情况

来源：博士生经济状况、经历和表现调查。

传统认为，女性比男性辍学率更高。①我们的研究结果支持早期研究结果（Nerad和Miller 1996；Berg和Ferber 1983），显示辍学率在某些领域存在性别差异。在工程学领域和人文学领域，存在显著的性别差异，但与预期的模式正相反。在工程学领域，女性休学人数（3%）较男性（7%）少。而在人文学领域，女性休学人数（17%）远高于男性（12%）。

非裔和西班牙裔获得博士学位的人数相对较少，这促使研究者将少数种族–族裔博士生流失率作为潜在影响因素进行了研究（Baker 1998；Clewell 1987；Thomas、Clewell和Pearson 1987）。在我们的样本中，非裔和西班牙裔的休学率与美国国内其他种族–族裔相似。而一些美国公民群体和国际学生之间也存在差异。在教育学、科学与数学和社会科学领域，国际学生较其他群体而言，很少报告休学。这很可能因为他们需要保持自己的学生签证身份，如果是非全日制身份会影响他们的签证。在教育学领域，国际学生（11%）休学的数量比非裔（24%）和白人（22%）的数量要少很多。在科学与数学领域，国际学生休学的数量（3%）同样比起亚裔（7%）少很多。在社会科学领域，国际学生休学的数量（8%）显

---

① 佐证性研究，见Berg和Ferber 1983；Girves、Wemmerus和Rice 1986；Naylor和Sanford 1982；Ott、Markewich和Ochsner 1984；Sanford和Naylor 1984；以及Solmon 1976的研究。20世纪90年代，在一项对能力和领域进行控制的研究中，女性的完成率较低（Baker 1998）。

著低于西班牙裔（18%）。

（一）休学时间

研究人员调查了学生休学时间（Benkin 1984；Bowen 和 Rudenstine 1992；Girves、Wemmerus 和 Rice 1986；Golde 1998；Lovitts 2001；Nerad 和 Cerny 1991；Nerad 和 Miller 1996）。Benkin（1984）、Nerad 和 Cerny（1991）以及 Nerad 和 Miller（1996）研究中的辍学者再未回到学校继续学业，本研究中绝大多数休学者像这些辍学者一样，在获得博士资格前就离开了（70%）。从总体上看，48%的学生在课程学习阶段离开，22%的学生在资格考试阶段离开。教育学领域的博士生比其他专业的学生休学率更高（56%）。在每一个专业中，不同性别、种族-族裔的学生报告做出离开决定的时间点相似。

（二）休学原因

各级教育面临的最难理解的问题之一就是为什么学生不能完成学业。这在博士教育阶段尤其令人费解，因为这是一个成年人在完成其他高等教育后选择的努力目标，而不会被视为专业工作的先决条件。为了解释辍学的原因，研究人员重点关注五大方面：智力[①]、金融经济[②]、个人情况[③]、社会心理障碍[④]、博士教育

[①] 研究发现，学生能力与学位完成无关或关系不大（baker 1998；Ehrenberg和Mavros 1993；Girves和Wemmerus 1988；Pyke和Sheriden 1993；Tucker、Gottlieb和Pease 1964；Wilson 1965；Zwick和Braun 1988）。只有三项研究认为学生高学术能力与学业持续或完成学位相关，被定义为平均成绩（Hagedorn 1999；Wilder和Baydar 1991）或GRE分数（Attyeh 1999；Wilder和Baydar 1991）。

[②] 一些研究已经考察了不同类型资助的效果，如学业奖学金、助研奖学金、助教奖学金等，以及一些情况下资助的数量对学生坚持博士学业的影响（Andrieu 和 St. John 1993；Bowen 和 Rudenstine 1992；Cook 和 Swanson 1978；Dolph 1983；Ehrenberg 和 Mavros 1995；Girves 和 Wemmerus 1988；Jacks et al. 1983；Pyke 和 Sheridan 1993；St. John 和 Andrieu 1995）。我们虽然没有对此进行说明，但是经济仍然呈现不同的影响：在经济衰退时期，就业机会稀缺会促使学生攻读博士学位并促使在校学生继续攻读学位。在经济繁荣时期，经济能够使人们离开学校。Baker（1998）认为，文学学士和博士学位获得者的薪金之间存在微弱差异，以及学生对获得教职工作、实现终身任职和获得科研补助金的困难的认识，可能会阻碍博士学位的完成。

[③] 个人情况也和坚持学业有关（Hagedom和Doyle 1993）。婚姻影响的研究结果分歧较大，Tucker、Gottlieb和Pease（1964）的研究认为有益，Hagedorn（1999）、Pyke和Sheridan（1993）的研究认为有阻碍，Wilder和Baydar（1991）认为没有任何影响。Wilder和Baydar（1991）的研究认为，有子女对博士生坚持学业有消极影响。Tucker、Gottlieb和Pease（1964）的研究认为无影响，Cook和Swanson（1978）、Wilder和Baydar（1991）认为孩子已长大从而无影响。全日制对学位完成有积极的影响（Dolph 1983）。

[④] 研究生院的人际关系与坚持学业有关（Sorenson和Kagan 1967）。同伴交往也与博士生坚持学业有关（Hagedorn 1999；Patterson-Stewart、Ritchie和Sanders 1997；Tucker、Gottlieb和Pease 1964；Williams、Gallas和Quiriconi 1984）。师生交往也在学生坚持博士学业中扮演着重要角色（Berg和Ferber 1983；Dolph 1983；Hagedorn 1999；Patterson-Stewart、Ritchie和Sanders 1997；Tucker、Gottlieb和Pease 1964；Valentine 1987）。与高等教育其他阶段的辍学情况一样，博士教育阶段的辍学与失望有关（Berelson 1960；Golde 1998；Gregg 1972；Hockey 1994；Lovitts 2001；Tucker、Gottlieb和Pease 1964；Wright 1964）。

经历①。

在 Berelson（1960）的研究中，研究生院院长、教职工和最近获得博士学位的人对未获得学位的学生列出了不同的原因。研究生院院长归因于经济支持有限（70%），教职工认为智力不足（52%），最近的学位获得者认为有智力（52%）、体力和持久力（49%）、动力（47%）不足三个原因。19 年以后，Hartnett 和 Willingham（1979）在与 10 所研究生院（其中 6 所为本研究样本）院长和教职工的谈话中了解到，他们认为学生辍学是个人而非学术原因。总之，这些研究生院院长认为博士生招生过分重视智力水平。

其他研究者的结论是，辍学或许非单一原因（Jacks et al. 1983；Rudd 1985）。如欧内斯特·拉德认为"这些因素（学生质量、与研究不相关的个人问题、研究中发现的问题、教学和管理之外的个人学术问题、教学和管理问题）有交叉倾向"。

我们在调查中囊括了这些内容，请学生从休学的 11 个原因中选择答案。尽管从受访者那里有所了解，但现阶段我们对于这些选项并没有整体把握。最常见的原因是工作（33%），其次是经济原因（28%）和家庭需要（24%）。这个一般模式在不同专业、种族－族裔和性别间的变化不大。如在教育学和社会科学领域，女性选择工作比男性多；在科学与数学领域，这种现象较少。低于 10%的学生选择不适应社会、学术困难或缺乏学术适应能力作为临时离开的原因。

八、小结

总体而言，在我们的样本中，博士生对追求学位保持高度热情。他们自信选择了正确的博士项目，对博士生的经历很满意，而且达到了博士学习的高级阶段。虽然有一小部分人休学，但他们诠释了学生如何安排离开并回到追求博士学位的成功轨道。其次，如果我们只是专注于寻找最低和最高满意度以及学生绩效的不

---

① 一旦学生开始积极投入博士项目，完成学位的其他障碍就可能突显，如现实的博士教育经历与他们的期望不匹配（Baord 1978；Bodian 1987）、顾问和委员会的问题（Jacks et al. 1983）、论文相关问题（Hartnett和Willingham 1979；Jacks et al. 1983；Nerad和Cerny 1991）和院系层面特点（Baird 1997）。

同影响因素,就会忽视值得关注的在教育学和工程学领域的种族－族裔和性别差异。他们在高级水平上的差异表明,如果要在博士项目满意度和学术成就方面实现种族－族裔和性别的平等,还有很多领域需要被涉及。在对休学者的调查中,我们发现离开的原因主要在于工作、要获取更多经济支持和满足家庭需要。正如本章开头所提到的那样,虽然博士生是由那些致力于达成自身教育目标的成年人组成,但是他们也有非学术的压力。这些压力只能通过休学才能解决。对于那些研究辍学的调查者和管理者来说,首先应该去明确学生在哪个阶段辍学,然后再去辨别,甚至去把辍学者转变为休学者。现在仍然有许多问题尚待解决。是否有学生没有道别就默默离开?

第十章

进度、完成率与学位用时

事实上，我在1年前为了帮助父母治疗父亲日益加重的帕金森氏症，就已经开始了一个"非正式"的休学。我设法完成开题报告并通过导师批准开题，并用心将手稿打印成册，但这是我在过去1年中所做的全部专业工作。除了对父亲健康的担忧之外，儿子自闭症的诊断令我下定决心申请正式休学。

可以说，在这种情况下申请休学是毋庸置疑的。然而，从资金角度考虑，这个决定是需要三思的。我的研究生课程要求博士生在攻读博士学位时保持连续注册。任何学业的休学，包括家庭原因离开，将最终导致论文完成时对于"学位完成费"的评估——12学分（四个学期）的学费约3 300美元。我的学位即将完成——论文结尾部分的整个前半部分已经写好，数据已收集、输入和整理——这让我非常希望完成数据的分析工作，也许在凌晨孩子睡觉的时候。儿子昂贵的治疗费（这笔钱能否报销还取决于保险公司），再加上这3 300美元的"学位完成费"让我无法确定是否值得付出代价倾尽全力去完成学业。5月份的时候，我放弃了"倾尽全力"，选择为家庭和事业奋斗。这是一个愚蠢的想法，把"真实生活"与专业目标放在一起考虑完全不切实际。我所在的院系有太多的人为了研究和专业发展已经放弃了"现实生活"；我不想随大流，并且因为儿子的治疗费用，我也无法这样做。

博士项目进度和完成学位的时效性已经成为目前频繁研究和争论的焦点（Hartnett和Willingham 1979；Spurr 1970；Wright 1957）。作为最缺少惯例的高等教育学位，博士学位对培养学者、研究员和高校教师有独特的作用，在攻读博士学位之初的几年，学生从学士学位到博士学位所需的时间并没有硬性的规定。

过去 30 年中，对学位完成时效性的重视程度逐年增加。毕竟这是一个公众问责的时代。在一个似乎一切都是以效率作为衡量标准的社会中，为什么博士学位的效率性不能提及呢？但到目前为止，尽管有持续不断的审查（Bowen 和 Rudenstine 1992；Nerad and Miller 1996），博士学位完成的时效性仍然语焉不详，还处在自我决定效率的阶段。

攻读博士学位，既是学习与创新的艺术，又是完成不同阶段的科学。读博期间评估学习与创新相关的工具，并不是目前研究生教师、学者或决策者关注的焦点。评估的主要内容包括：教师对学生学分和论文的评估，专业会议报告的同行评审，或编辑委员会对出版专业期刊论文的审查。尽管如此，博士教育过程仍然是以其成本和效率来衡量的，这与其他层次高等教育的衡量方式如出一辙。这就解释了为什么研究人员和决策者要把注意力集中在学生攻读博士学位所花的时间上。时间已经成为衡量学生成功与否和学院效率高低的标准。Moody Prior（1962）注意到希望对学生完成博士学位的预期时间做出规定与努力保持高质量学生工作之间的矛盾："博士学位是一个开放的学位。它的最终要求是可以进行独立的研究工作，并以一种可接受的形式呈现其研究结果。因此，对于攻读博士学位所需的时间这种实际考虑应该也必须作为一个审核的方式，但它不能是一个确定的时间限制。"（Prior 1962，284）

在研究之初，我们不能确定是否最终会得到学生的完整数据（以及相应的结业时间的数据），于是另外找了一种测量学生发展和进步的替代措施。这里展示的学业完成数据必然是从一个动图中截取的静止的照片。可以想象，在一个较长的时期内，整个被试样本可能全部会完成博士学位，而我们这里可以记录的是以 6 年为基准的总数。

一、进度

如前所述，对于学生完成博士学位时间的研究主要集中在完成学位需要的时间及诸多影响因素上（Bowen 和 Rudenstine 1992；Ehrenberg 和 Mavros 1995；Gillingham、Seneca 和 Taussig 1991；Tuckman、Coyle 和 Bae 1989，1990；Wilson 1965）。当我们期待至少获得部分样本的完整数据时，我们想出了一个替代措施来研究学生博士学位的进展情况。这涉及考察攻读学位各重要阶段和过程所经历的时间。除非把博士学位获得的过程分为几个步骤或重要阶段，否则研究人员无法确定那些构成阻碍完成学位课程的阶段。

利用 Tinto（1975）的本科生流失的理论模式，Girves 和 Wemmerus（1988）开始研究开发一个概念模型，以显示不同种类的资金支持对研究生学位进程的作用。他们发现博士学位进展可分为三步：完成硕士学位以外的课程，完成博士生综合能力考试并获得博士生资格以及获得博士学位。

作为测量学位进程的替代方法，Nerad 和 Cerny（1991）描述了博士生教育过程的五个阶段：上课，准备和参加资格考试，确定博士论文题目和导师，写开题报告、论文研究和写作（包括有足够的资金以进行研究工作和维持生活），申请专业职位。

从某种程度上讲，我们的进度衡量更精细。它包括更多的重要阶段。我们对进度的估计更复杂，使领域划分为一个突出的维度。我们构建了以下进度衡量措施。首先，根据个人的学科领域进行分组，然后报告进展阶段。我们制定了以下八个进展阶段。

——完成不到一半的博士学位所需的课程；
——完成了一半以上，但不是全部博士学位所需的课程；
——完成博士学位所需的所有课程；
——完成了初试或一般能力考试，但尚未确定博士生资格；
——确定博士生资格但尚未完成博士论文；
——完成博士论文；
——完成博士学位要求的所有工作，但还没有被授予学位；
——已被授予博士学位。

在五个领域（教育学、工程学、人文学、科学与数学、社会科学）和八个可能的阶段中，有四十对可能的"领域阶段"。首先，我们计算了这四十对中每一对的时间中位数。接下来，我们根据样本中学生所在的领域和阶段计算每个人的时间。衡量进度的建构，是通过调查时每个人报告的博士进程中的用时来划分这个领域和阶段的中位数。具体而言，进度衡量采用的是相对进度：

$$\text{Relative Progress} = (\text{Median Years}_{fs} / \text{Years}_{ifs})$$

相对进展=（领域进展阶段时间中位数/个人领域进展阶段）

其中 i 为个人，f 为领域，s 为进展阶段。在这里，显著大于 1 的值表示较同一阶段中位数学生较快的进度，显著小于 1 的值表示较慢的进度，等于 1 的值表明学生已经花费了相等于中位数的时间来达到他（她）的领域阶段的进度。

这一进度衡量方法或许可以提供衡量每个学生进度与各自领域中位数相比时的主要优势。确切地说，它衡量一个人相对于其具体领域阶段的时间中位数的进度。这使我们能够在分析这项措施（例如条件方法、回归）时将处于不同阶段的个人进行分组。与我们的替代措施相比（领域进展阶段时间中位数/个人领域进展阶段），我们选择的比率避免了年代差异，即进度中各个阶段间的差异。例如，在早期阶段低于中位数的一年（例如，当课程已经完成时）可能与博士论文阶段低于中位数的一年是不同的。我们的比率更准确地表示了这个概念上的差异。最后，由于它依赖阶段中位数和具体领域中位数以及个人对于完成目前阶段所花费年数的衡量，从而避免了任意赋值。这种测量方法对于所有分析都使用 z-值。

在我们的样本中，工程学领域的学生完成博士学位的进度最快，其次是科学与数学、教育学、人文学、社会科学领域的学生。工程和科学与数学领域是博士教育中最接近专业院校的专业，这两个专业有明确的课程和预期毕业年限。让我们惊讶的是，虽然教育学领域的学生年龄较大，并经常在学校兼职，但他们还是比人文学和社会科学领域的学生进展速度更快。社会科学领域的博士生进展速度比其他领域学生更慢。

30 年前，Solmon（1976）使用多个国家数据库检验女性完成博士学位用时较男性多的传统观点。他发现在同一学院同一专业中，女性和男性的进展速度基本一致。在 Abedi 和 Benkin（1987）的样本中，最快完成博士进程的是男性。然而，我们发现性别间有很大的专业差异。在工程学领域，女性比男性进展速度更快，在社会科学领域中，男性比女性进展速度快。

在检测学生博士学位进展中，很少从学生的种族－族裔背景和他们的学科领域向耦合的角度进行研究。Peter Sheridan 和 Sandra Pyke（1994）在对完成博士学位所花时间的分析中，将人口因素包括在内，确定美国公民身份是毕业时间缩短的一个因素。然而，Abedi 和 Benkin（1987）在研究毕业时间时，发现美国公民身份与研究专业之间关系甚微。我们的数据显示，在进展速度中，美国四个种族－族裔群体间存在一定的差距，而在公民与非公民之间差距不大。在教育学和社会科学领域，我们样本中的国际学生比美籍少数民族的学生进展速度快。他们在科学与数学领域比亚裔学生的进度更快，在工程学和人文学领域比西班牙裔和白人要快。无论是 F-1 还是 J-1 签证，对国际学生都有时间的限制，而这对于美国公民是不存在的，这有可能激励国际学生更快地取得进展。

二、完成率

我们的研究虽然主要是横向研究，但也具有纵向分量。一方面，我们的调查针对的是 1996 秋季入学已经完成了至少一年学业的博士生。另一方面，我们通过追踪个体样本的学位完成情况，寻求博士成就的结果测量。为实现这一目标，我们依据博士论文摘要、高校入学记录，以及从"博士学位人口普查"（NSF）[①]中获得的博士学位完成信息的数据。这个过程使我们能够编制完成率。转学并在其他高校完成博士学位的学生不包括在我们的学位完成者群组中。我们收集了三类学位完成信息：学生是否完成学位、获得博士学位类型、学位授予的年份[②]。

研究人员估计，只有一半的博士生坚持完成学业（Baird 1993b；Bowen 和 Rudenstine 1992；Tinto 1993）。总体而言，1997—2001 年（即有完成度数据的最近的 1 年），近 62% 的样本在 4 年的调查中完成了博士学位。余下的 38% 不知是否完成他们的博士学位；能够确定他们的完成率的唯一方法就是使用同样的三个数据来源，用几年的时间继续研究。

1997 年，当我们开始调查时，44% 的学生报告已经完成了初步考试，并进入

[①] 包含超过 160 万条条目的论文文摘数据库是硕士和博士学位论文信息的唯一权威性资源。该数据库代表了来自 1 000 多所研究生院和高校作者的工作。

[②] 近 87% 的样本学生获得了博士学位。还有 12% 获得了 Ed.d（教育学博士）、DPE（体育博士）、DR 或 Drec（文娱博士）、DHS（希伯来学博士）、DME（音乐教育博士）或 DRE（宗教教育博士），主要来自哈佛教育研究生院（22%）、哥伦比亚大学师范学院（64%）。其余 1% 无须论文就可获得博士学位或应用研究博士学位（Baird 1993b；Bowen 和 Rudenstine 1992；Tinto 1993）。

博士论文写作阶段。当时进入学位论文写作阶段的学生中有80%在4年后，即2001年前获得了博士学位。剩余的学生1997年时还处在博士项目的各个阶段（从完成不到一半的学位课程到获得资格但尚未开始博士论文写作），有44%的学生到2001年也获得了博士学位。

与之前进度讨论中所期待的一样，我们的样本中完成率最高的是工程学和科学与数学领域，分别为75%和72%（见图10.1）。男性和女性完成率唯一存在差异的是教育学领域，女性为54%，男性为49%。在种族-族裔群体中，最主要的差异表现在工程学、科学与数学和社会科学领域，非裔与白人和国际学生相比完成率较低（见图10.2）。西班牙裔和白人之间唯一存在差异的是工程学领域，西班牙裔为56%，而白人为79%。

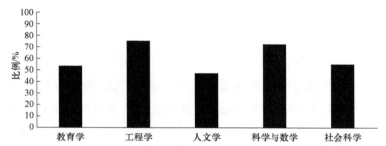

图10.1　按领域，截至2001年博士学位完成一学年以上用时情况
来源：博士生经济状况、经历和表现调查。

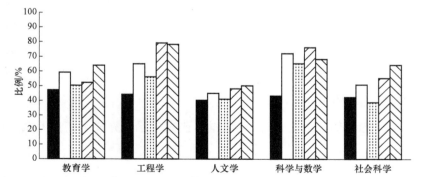

图10.2　按种族-族裔和领域，截至2001年博士学位完成一学年以上用时情况
实心柱体，非裔；空心柱体，亚裔；点状柱体，西班牙裔；
上升斜剖线柱体，白人；下降斜剖线柱体，国际学生。
来源：博士生经济状况、经历和表现调查。

三、完成学位用时

博士生进度通常用三种方式来测量：完成学位的总用时，即从完成学士学位的时间开始到最终完成博士学位；完成学位用时，即从进入博士学位课程开始到完成；注册后学位用时，即博士项目从注册开始到结束的时间。Bowen 和 Rudenstine（1992）依据前两种方法计算完成学位的时间：从学士到博士和从博士入学到获得学位的总时间。他们认为，不同领域的学生学位用时差距的变化，取决于所使用的测量方法。例如，教育学领域的学生就比工程学领域的学生花费的时间长。在学位总用时上，Bowen 和 Rudenstine 发现教育学领域的博士生平均用时为 12.4 年，而人文学领域为 9.2 年，社会科学领域为 8.13 年，工程学领域为 6.9 年，物理科学领域为 6.1 年。获得学位所需时间，教育学领域的学生为 10.3 年，人文学领域为 8.6 年，社会科学领域为 7.4 年，工程学领域为 6.2 年，物理科学领域为 5.9 年。

Baird（1990b）对国家研究委员会的数据分析表明，获取学位最快的是化学（5.9 年）、化工（5.9 年）和生化领域（6 年）的学生。获取学位最慢的是音乐（10 年）、艺术史（9.3 年）、法语（5.5 年）和历史（5.5 年）领域的学生。Baird 发现用时最少的是生物、物理和数学领域。他指出相对用时较多的是在人文学和社会科学领域，最快和最慢的学科差距为 4 年。他将这些差距归结为"学科的中心范式的清晰度和认同这些范式的程度"（Baird 1990b，380）。生物和物理科学有相对清晰和一致的知识架构与进程，而人文学和社会科学则对定义、内容和解释有不同的观点[①]。

在第五章曾提到，我们的研究结果基本支持 Bowen 和 Rudenstine（1992）的观察。正如其他研究人员已经发现学位用时因学科领域而广泛变化（Baird，1990b；Ehrenberg 和 Mavros 1995；Tuckman、Coyle 和 Bae 1989；Wilson 1965），我们发现时间中位数的变化实质上主要来自专业领域。在 2 年多的时间里，科学与数学

---

① Baird（1990a，383）根据其对于学位所用时间的研究和评论，抛开专业、种族–族裔和性别的差异，给学生们提出如下建议："在研究生院的时间尽可能缩短，不要全职工作；大学毕业后立即去研究生院；全日制学习；进入和本科专业一样的学科；进入所读本科大学的研究生院；如果得不到学业奖学金，尽量找一个研究助理的工作；尽快完成所需的课程和资格考试；找一个尽职的指导者；如果你一定要结婚，一定不能有孩子。"

领域的博士生从获得本科学位到开始博士学位项目所花费的时间最少。平均而言，教育学领域的学生是目前为止用时最长的，花费近 12 年时间。其余三个领域的学生（工程学、人文学和社会科学领域）平均用时为 3.5～4.5 年。我们研究样本的平均数接近 6 年，这在很大程度上是因为包括了教育学领域的学生。

我们的目标是创建一个测量获取学位所需时间的方法。问卷的参与模式部分调查学生开始博士项目的时间（按学期和年）。为计算个人获取学位所用的时间，我们用他（她）获得学位的年份和学期减去开始博士项目学习的年份。我们得到了 2001 年前的学位完成数据。我们假设所有的学生都在春季获得博士学位，那么就用获得学位的年份加上半年。例如，一个学生在 1994 年的秋季学期（1994.75）开始博士学位课程，并在 1999 年初夏（1999.50）获得了博士学位，他或她所用的时间就是 4.75 年。工程学领域的学生是最快的，耗时 4.75 年，其次是教育学、科学与数学、社会科学领域的学生，各 5.75 年；人文学领域的学生耗时最长，时间中位数为 6.75 年（见图 10.3）。

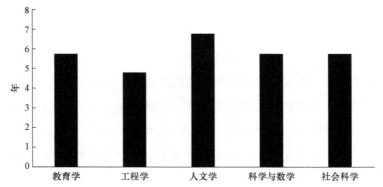

图 10.3　按领域，截至 2001 年完成博士学位用时中位数
来源：博士生经济状况、经历和表现调查。

除了获得学位用时的中位数，我们还得到了学位耗时的平均数（5.97 年），并继续我们的分析，以识别专业、种族－族裔和性别差距。总的来说，在我们的测试框架中，工程学领域的学生完成博士学位的时间最短，平均 5.23 年。这比科学与数学（5.71 年）、教育学（6.28 年）、社会科学（6.35 年）、人文学（7.41 年）的平均速度要快。虽然教育学领域的学生比其他两个专业的学生所用时间要长，但他们表现出最大的标准差（超过 3 个单位），说明学生完成时间的差距最大。

在样本中，一般来说，在调查期间完成博士学位的女性所用的时间（6.25 年）比她们的男性同学要多近半年的时间（5.77 年）。这种模式与 Robert Ibarra（1996）对西班牙裔的调查相似。西班牙裔女性需要有更长的时间。他认为这归因于她们的兼职工作。在我们的研究中，社会科学领域男性平均耗时 6.11 年，而女性平均为 6.59 年。除此之外，所有的领域都非常相似。

Pearson（1985）的研究综述及他自己的研究表明，虽然黑人花了更长的时间来完成学位（从学士学位到博士学位），但他们在研究生院注册的实际时间和白人类似（Blackwell 1981；全国研究生院委员会 1976）。Smith 和 Tang（1994），与 Pearson 的观点一致，他们分析了 1990 年已获博士学位者的调查数据，认为非裔在博士生群体中耗时最长（从学士学位到博士学位）。

与预期一致，鉴于国际学生进展速度更快，他们获得博士学位所耗时间明显领先于所有其他组别，平均为 5.32 年。相比之下，亚裔 5.99 年，白人 6.21 年，非裔 6.26 年，西班牙裔 6.34 年。比较这些领域间的差异，我们发现，教育学领域的国际学生以平均 5.17 年领先于白人平均 6.50 年和非裔平均 6.27 年。在工程学领域，国际学生以平均 4.89 年领先于白人平均 5.50 年和西班牙裔平均 6 年。在科学与数学领域，国际学生平均为 5.47 年，而白人平均 5.76 年、亚裔平均 6.02 年。在社会科学领域，国际学生平均 5.81 年完成，而白人平均 6.46 年、亚裔平均 7.21 年、西班牙裔平均 7.49 年。

一些研究者对学位时间延长的原因进行了思考。延长博士学位研修的原因与没有完成学位的原因类似，这并不奇怪。经济支持的类型可以加速或延长学位所用时间（Abedi 和 Benkin 1987；Bowen 和 Rudenstine 1992；Ehrenberg 和 Mavros 1995；Gillingham、Seneca 和 Taussig 1991；Hauptman 1986；国家研究委员会 1996；Nerad 和 Cerny 1991；Wilson 1965）。学位论文写作阶段也可以影响完成学位的时间（研究生院委员会 1990；Isaac et al. 1989；Nerad 和 Cerny 1991；Rudd 1986）。

四、小结

博士教育中效率和责任的压力不容忽视。获取学位的时间、进度和完成率将成为与本科阶段一样常见的问题，并且与出版率、资助金和学生资格等问题相关，成为研究生院关注的问题。我们已经引入了一种新的效率衡量标准，称之为进展率。这是一个合理的获取学位用时标准，可让教师和学生双方用于评估学生的成就和进步。研究生院可能最终希望给学生设定预期的进度和完成学位用时。届时，我们期望不同学科的进度差异会消除，或者至少在不同的学科和领域中以需求差异来解释。

第十一章

经历和表现预测

我们已经注意到不同领域、种族－族裔和性别的博士生在博士学习经历及其行为表现方面的异同。现在我们将关注影响学生学习经历和成果的因素。人们可能会把我们的分析看成是对博士生教育中最有价值的特征的鉴别，而我们的目标是通过统计解构的过程达到呈现博士学习经历的特点。一方面，我们将探究本书前面几章提到的对领域、种族－族裔和性别差异的解释。另一方面，我们将探索当这些群体中学生的性格、背景和其他经历保持不变时，这些差异是否依然存在。

从某种意义上说，这些相关分析使我们能够识别除通常不可变的特征，如领域、种族－族裔和性别等以外，还有哪些动态和静态的因素。这个过程对现在和将来的博士生、从事博士教学的教师以及学校管理者都是有益的。同时，也会对那些想了解不同类型的学生怎样完成博士学习的研究生院有益。

我们可以利用逻辑学和线性回归统计工具来确定我们主要学科领域里的重大预测因素：资金支持、社会化、研究成果、满意度、休学、进度、学位完成率和完成学位用时[1]。我们检测了十一个在博士生经历中既可以作为预测因素又可以作为结果的项目：

——曾获得学业奖学金；
——曾获得助教奖学金；

---

[1] 逻辑回归被用来预测一件事情发生的可能性，比如获得学业奖学金的可能性。逻辑回归的结果作为事情发生的可能性的概率出现。概率大于 1 意味着一件事情将要发生的可能性会增大，概率小于 1 意味着一件事情将要发生的可能性会减小，概率等于 1 时，一件事发生的可能性不会发生变化（Menard 1995）。逆优势比是表示标准低于 1，而且表明较低的概率。线性回归用来预测一个连续的结果。以学位用时为例，正相关系数表明，研究变量和较长毕业用时相关，而负相关系数表示毕业用时较短。

——曾获得助研奖学金；

——读博期间的教育借贷；

——同伴交往；

——有导师；

——师生社会交往；

——师生学术交往；

——与教师顾问的交往；

——有一些研究生产力；

——对博士项目的总体满意度。

概念模型显示，我们预期以上每个要素都是博士教育的主要特征和博士研究生产力的预测因素。我们首先识别每个要素的重要程度，随后要解决一个关键问题，那就是如何鉴别最具积极影响的要素。这些要素对一个学生的成功影响有多大？哪些学生最易或最难获得这些要素？例如，如果我们发现拥有学业奖学金这一要素有助于学生完成博士学位，那么，学生的什么属性能提高获得学业奖学金的机会？

我们在初步分析中发现，专业方向是区分学生特质、经历和成果的主要特征。因此，本研究没有对所有领域进行总体分析，而是对五个领域分别进行了回归分析。我们的探索性因素分析也涉及根据因变量之间的共线性关系调查每一个回归分析应该包括哪些变量，或是根据其对博士生教育经历和结果无解释力而淘汰哪些变量。附录 F 展示了每个回归表格（F1～F20）和一个总结表格（F21），阐明了被包括在最后模型中的变量，还有那些我们曾经考虑但没有选择的变量[①]。本

---

① 在附录 F 中，逻辑回归表的底部包含两组统计信息：一种检验统计量，是完整模型与零模型的似然比检验统计量，另一种是常用的逻辑回归分析 R^2 统计量。统计用的是 McFadden（1973）伪 R^2，它对应于 Henry Theil（1970）不确定性系数。伪 R^2 是误差减少比例的测量，可能的值位于 0 和 1 之间，较大的值对应于更精确的预测。通常，伪 R^2 测量因变量预测的提高，是使用的因变量的线性逻辑模型的结果，在此模型中使用了以上列出的预测变量（Haberman 1982）。对数补偿函数测量预测准确性，如果逻辑模型正确，那么伪 R^2 将比较因变量的商与给定的预测变量。Haberman 1982 的研究中描述了伪 R^2 的采样性质。与回归分析中的 R^2 统计量相类似，伪 R^2 测量的是关联性而不是适合度，因为逻辑模型可能完全适合但伪 R^2 很小，逻辑模型可能不适合但伪 R^2 却很大。Zvi Gilula 和 Shelby Haberman（2001）的研究中阐述了这个问题。在检查伪 R^2 的统计中，应该注意所引用的参考文件提供了一些社会科学的例子，这些引用的伪 R^2 的统计量一般小于 0.2。

章的回归表格展示了 20 种博士学习经历中有显著统计学意义的预测因素，（＋）表示有助于学生经历的积极因素，（－）表示不利于学生经历的消极因素。本研究关注种族－族裔、公民身份和性别差异（在前面的章节讨论过），所以在所有的相关研究中都包括了这些变量。

我们把讨论限定在一些显著性的变量上。基于一个变量对测量的既定行为或结果的解释力的不同，任何一个既定变量可能会出现在一个部分而不出现在另一个部分中。对每一领域的分析中也包括任何一个有显著性的单变量。因此，有一些在单一领域有显著性的变量也被列出。尽管在每个部分结尾有一些关系可能对大多数博士生的经历产生微不足道的影响，但是其中一些小的关系在博士生的人生中产生了深远的影响，并且对细微差别的理解可能对阐明博士教育经历有帮助。

本章展示了对各关键部分不同关系的发现，在第十二章和十三章中我们解释了这些发现，探索博士教育过程中学生经历的意义。如此设计使读者可以直接选择自己感兴趣的话题从而了解我们发现的重要关联，或通读每一重要内容达到总体的理解。在任何情况下，应该记住我们调查的所有类型——资金支持、社会化、研究生产力、满意度、休学、学位完成度和学位完成用时——的结论都是由不同的社会、学校、教师和学生的条件及因素所决定的，其中任何一个都无法独立存在。例如，经济发展形势和状况、社会机构捐赠、劳动力市场和学生总体竞争力都是确定学生获得帮助类型和数量的重要因素。Ronald Lindahl、Martin Rosenzweig 和 Warren Willingham（1974）指出，很多模式都没有抓住学生动机以及学生对博士教育要求、个人问题和就业市场变化的反应。我们关注学生多方面的特征和可被政策影响的经历。我们的首要兴趣在于确定那些可被博士生和博士教育机构利用，通过政策和实践来加强博士教育经历和成果的客观因素。

一、资金支持

学生如何资助博士项目，是学生和机构从最初申请阶段到最后学位授予阶段持续关注的问题。学生使用多种策略资助自己的博士教育，包括学业奖学金、担任助教或助研。下面的分析显示了从入学后的整个博士项目期间每一类型的资金支持的预测因素。我们同时还调查了学生在博士教育期间的负债情况。

（一）入学学业奖学金的授予

无论持续 1 年还是多年的入学学业奖学金，似乎是一个研究生院用来争取有才华的、来自弱势种族-族裔群体或全日制学生的一种工具。我们询问了样本学生是否在博士教育前 5 年中的任意一年曾被授予学业奖学金。他们的回答各不相同。尽管一些要素会在入学的时候影响学业奖学金的获得，但其中三种因素最具代表性——具有相当高的 GRE 语言成绩、弱势种族-族裔群体的一员和全日制注册，都可增加学生入学时获得学业奖学金的概率（见表 11.1）[①]。

表 11.1　按领域，博士生入学学业奖学金（1 年或多年）的预测因素

自变量[a]	教育学	工程学	人文学	科学与数学	社会科学
GRE 语言（数百分）	+	+	+	+	+
GRE 数学（数百分）			+	+	
GRE 分析性写作（数百分）					
男性					−
非裔[b]	+	+	+	+	+
西班牙裔	+		+	+	+
亚裔	+		+		+
国际学生		−	+	−	
博士入学年龄（以 1 岁为单位）			−		−
入学时已获得硕士学位		−	−		
选择性本科院校	+				
私立研究生院	+		+		+
首次注册时为全日制学生	+	+	+		+
自然数集合（未加权）	1 504	797	1 171	1 635	2 187

来源：博士生经济状况、经历和表现调查。
[a] 父母的社会经济地位在任何领域都不是重要的预测因素，从模型中剔除。
[b] 所有种族-族裔群体和国际学生都与白人做比较。

GRE 考试的三个部分中，只有语言部分的成绩是各领域入学时能否获得学业奖学金的重要预测指标[②]。学生 GRE 语言部分成绩每增加 100 分，获得学业奖学

[①] 关于 GRE 分数在回归分析中使用的讨论，参见附录 G。
[②] 我们用 GRE 一般能力考试的所有三个部分的回归预测学业奖学金、助教奖学金和助研奖学金的授予，因为不管各部分成绩的显著性如何，GRE 一般能力考试都是招生过程中的一个关键部分。

金的可能性也会相应增加。在人文学和社会科学领域会增加近 1.6 倍，在工程学领域会增加近 1.2 倍，在科学与数学以及教育学领域会增加近 1.3 倍。相比之下，GRE 数学成绩仅在人文学和科学与数学领域是学生能否获得学业奖学金的预测指标。其中，GRE 数学成绩较高的学生，获得学业奖学金的可能性分别增加了 1.3 倍和 1.2 倍。分析性写作成绩在各领域中都未发现有预测效应。

在学院提供入学学业奖学金时，市场力量的加强为其多样性带来了很大的压力。每个领域的非裔和西班牙裔博士生都很少。在教育学、人文学和社会科学领域，亚裔很少。学业奖学金可能是研究生院来解决这个问题的一个工具。在每一个领域，非裔比白人更有可能获得学业奖学金。在教育学、人文学、科学与数学和社会科学领域，西班牙裔有一个类似的模式。除了工程学和科学与数学领域外，各领域的亚裔比白人获得入学学业奖学金的概率都更高。对于国际学生来说，只在人文学领域有明显差异，国际学生比白人更有可能获得学业奖学金，但在工程学和社会科学领域，国际学生获得学业奖学金的概率比白人更低。

全日制注册和学业奖学金之间是一种相互影响的关系。我们无法确定是因为学生申请全日制而获得的学业奖学金，还是因为有学业奖学金才申请了全日制。在教育学（8 倍）、人文学（7 倍）、社会科学（5 倍）和工程学（3.5 倍）领域，我们发现首次注册为全日制的学生获得学业奖学金的概率更高。这或许是因为学业奖学金通常使全日制注册成为可能，甚至要求全日制注册。

以 GRE 考试成绩、种族－族裔和全日制身份为主的背景因素决定了博士生入学时获得学业奖学金的概率。在工程学、科学与数学和社会科学领域，年轻的学生似乎比年长的学生更有优势。例如，在工程学领域 25 岁的博士生比 35 岁的博士生更容易获得学业奖学金。这一发现在科学与数学和社会科学领域也很显著：25 岁的学生被授予学业奖学金的可能性分别是 35 岁学生的 1.6 倍和 1.9 倍。年龄跨度在 20 岁（25～45 岁）时，获得学业奖学金可能性的差异进一步扩大。在工程学、科学与数学程序和社会科学领域，25 岁的博士生入学时获得学业奖学金的概率比 45 岁的博士生分别高 4.3、2.4 和 3.5 个百分点。教育学和人文学领域在年龄上无统计学差异。

性别对学业奖学金的获得影响甚微，只有科学与数学领域的女性比男性稍微受益。该现象受供求市场力量和国家政策的影响。在科学与数学领域，女性数量相对不足。国家科学基金会和学术研究的其他政府资助者一直支持这些领域增加女性数量的政策。由此，我们也期待在女性更少的工程学领域看到类似现象。然而，性别并非工程学领域学业奖学金获得的预测因素。这种科学与数学领域和工程学领域之间的差异，可能是在科学与数学领域更容易得到学业奖学金的一个功能。

几个招生的属性和标准可预测学业奖学金的获得。在教育学领域，选择性本科院校毕业生有 1.5 倍的概率在课程之初获得学业奖学金。在工程学、人文学和社会科学领域已获硕士学位与学业奖学金获得呈负相关。在人文学、社会科学和教育学领域，私立研究生院的学生较公立院校的学生更可能获得学业奖学金（人文学领域为 3.2 倍，社会科学领域为 1.8 倍，教育学领域为 1.7 倍）。

（二）入学初助教奖学金的授予

在助教奖学金的授予中，全日制身份和年龄是两个基本的影响因素（见表 11.2）。与非全日制注册的同伴相比，那些一开始就全日制注册的学生更有可

表 11.2 按领域，博士生入学时获得助教奖学金（1 年或多年）的预测因素

自变量[a]	教育学	工程学	人文学	科学与数学	社会科学
GRE 语言（数百分）			+		+
GRE 数学（数百分）				+	
GRE 分析性写作（数百分）					
男性			−	+	
非裔[b]		−	+	−	
西班牙裔		−	+		
亚裔					
国际学生		−	−		
博士入学年龄（以 1 岁为单位）	−	−	−	−	−
私立研究生院					
首次注册时为全日制学生	+	+	+	+	+
自然数集合（未加权）	1 550	815	1 199	1 693	2 241

来源：博士生经济状况、经历和表现调查。

[a] 父母的社会经济地位、选择性本科院校和入学时已获得硕士学位，在所有领域中不是重要的预测因素，从模型中剔除。

[b] 所有种族–族裔群体和国际学生都与白人做比较。

能获得助教奖学金。其中，在社会科学领域是 6.2 倍，教育学领域是 5.0 倍。在工程学、人文学、科学与数学领域，这种影响稍弱。工程学领域是 2.7 倍，人文学领域是 3.3 倍，而科学与数学领域仅 2.5 倍。这可能是两方面的反映——强大的资金支持作为全日制注册的回报，或是因为有资金支持而增加了全日制注册的可能性。

在各领域年长的同学获得助教奖学金的可能性都很小。在教育学、工程学、人文学、科学与数学和社会科学领域，年龄每大 1 岁获得助教奖学金的概率就降低 52%。当我们将年龄差距增加到 10~20 岁时，这种差异就更加明显。例如教育学领域 35 岁的博士生比 25 岁的博士生获得助教奖学金的概率低 57%。在工程学、人文学、科学与数学和社会科学四个领域也有类似的差异——25 岁的博士生较 35 岁的博士生获得助教奖学金的可能性分别增加了 1.7、1.4、1.5 和 1.9 倍。年龄差距越大这种差异就越明显。在教育学、工程学、人文学、科学与数学和社会科学领域，25 岁的博士生较 45 岁的博士生获得助教奖学金的概率分别高 1.8、2.8、2.0、3.0 和 3.6 倍。

公立院校中助教奖学金的提供似乎更加普遍。在工程学和社会科学领域，私立院校的学生入学时获得助教奖学金的概率较低。而在教育学、人文学、科学与数学领域，公立和私立院校之间入学时获得助教奖学金的概率无差别。也许这种资助模式反映了私立院校注册人数和班级规模较小以及对准博士生进入学习进程的信任度较低两方面的因素。我们的样本还包括一些大型公立大学，其中教师因引入助教对本科教学提供支持而受益。

学生背景特征在确定谁在博士入学时能获得助教奖学金方面发挥的作用不稳定。性别只在人文学和科学与数学领域中有影响。男性在人文学领域获得助教奖学金的概率较低（60%），而在科学与数学领域中能够获得助教奖学金的概率要高于女性（1.4 倍）。在科学与数学领域，学业奖学金的获得可观察到性别效应，女性获得学业奖学金的概率稍高（见表 11.1）。

我们还发现了种族-族裔差异。在科学与数学和工程学领域，非裔获得助教奖学金的可能性低于白人。相反，在人文学领域，非裔获得助教奖学金的可能性高于白人。在工程学领域，西班牙裔在入学时获得资助的可能性小于白人，而在人文学领域的可能性更大。在教育学和工程学领域，国际学生在入学时获得助教奖学金的可能性比白人小。

与学业奖学金相比，入学时助教奖学金的获得与 GRE 成绩关联很小。只有在人文学和社会科学领域，GRE 语言成绩越高，获得助教奖学金的可能性越大（大约是 1.3 倍）。

（三）入学初助研奖学金的授予

在博士生入学之初，年龄和注册身份对获得学业奖学金的影响模式也适用于助研奖学金的获得（见表 11.3）。除人文学领域外，年龄越小，获得助研奖学金的概率越高。年龄每增加 1 岁获得助研奖学金的概率相应降低，教育学领域降低 51%，工程学领域降低 52%，科学与数学领域降低 52%，社会科学领域降低 51%。此外，年龄每增加 10 岁获得助研奖学金的概率相应降低的幅度更大，教育学领域降低 60%，工程学领域降低 70%，科学与数学领域降低 68%，社会科学领域降低 63%。当年龄差距加大到 20 岁时差异更大。全日制注册提高了教育学、工程学、科学与数学和社会科学领域的学生获得助研奖学金的概率。

表 11.3　按领域，博士生入学时获得助研奖学金（1 年或多年）的预测因素

自变量[a]	教育学	工程学	人文学[b]	科学与数学	社会科学
GRE 语言（数百分）			+		
GRE 数学（数百分）			+	−	+
GRE 分析性写作（数百分）			−		
男性					
非裔[c]		−		−	
西班牙裔					
亚裔					
国际学生	−	−			−
博士入学年龄（以 1 岁为单位）	−	−		−	−
选择性本科院校			−		
首次注册时为全日制学生	+	+		+	+
自然数集合（未加权）	1 513	797	1 177	1 641	2 197

来源：博士生经济状况、经历和表现调查。

[a] 父母的社会经济地位、私立研究生院和入学时已获得硕士学位在所有领域中不是重要的预测因素，从模型中剔除。

[b] 该模型不同于空模型没有统计学意义，这表明预测因素和获得助研奖学金之间没有关系。

[c] 所有种族–族裔和国际学生都与白人做比较。

GRE 考试的三个部分中，数学部分似乎会影响工程学、科学与数学和社会科学领域入学之初助研奖学金的授予。在工程学和社会科学领域，GRE 每增加 100 分都会增加获得助研奖学金的可能性（每百分增加 1.3 倍）。而在科学与数学领域 GRE 高分会降低入学之初助研奖学金获得的可能性（57%），这是在科学与数学领域观察到的相反效果。在这一领域，相对较高的 GRE 分数有助于获得学业奖学金。这两组关系可能是相关的：竞争可能迫使科学与数学领域的研究生院为具有较高 GRE 成绩的学生提供学业奖学金，而为具有相对较低 GRE 成绩的学生提供助研奖学金。只有在工程学领域，学生在 GRE 语言及分析性写作部分的成绩影响助研奖学金的获得。工程学领域语言部分高分使学生获得助研奖学金的概率增加 1.2 倍，而分析性写作部分的高分使这一概率降低 55%。我们同时发现，对于工程学领域的学生，私立本科院校毕业的学生入学时获得助研奖学金的概率降低 58%。

我们观察到入学时助研奖学金的授予无性别差异，但是存在种族–族裔群体差异。在种族–族裔群体中，工程学领域的白人获得助研奖学金的概率是非裔的 2.7 倍，而在科学与数学领域是 4 倍。鉴于非裔获得学业奖学金占优势，可以理解在工程学和科学与数学领域与白人相比他们获得助研奖学金并不占优势。不过，让人惊讶的是，这并不适用于西班牙裔。教育学、工程学和社会科学领域的国际学生获得助研奖学金的概率也较低。

（四）读博期间学业奖学金的授予

样本中三分之二的学生在博士入学时获得了资金支持，但读博期间需要不断申请资金支持。通过对样本调查，我们探讨了博士生在攻读博士学位期间是否曾经获得学业奖学金（见表 11.4）。学生的种族–族裔是获得奖学金的最大的预测因素，影响到入学时学业奖学金的获得。GRE 成绩也是有持续性影响的重要预测因素。尽管年龄对于入学时学业奖学金获得的影响有限，但是对于入学后学业奖学金的获得影响很大。一些博士教育经历，如做助研、在校的时长以及对毕业后的职业期望，都对读博期间学业奖学金的获得有预测作用。

表 11.4 按领域，博士学习过程中获得学业奖学金的预测因素

自变量[a]	教育学	工程学	人文学	科学与数学	社会科学
男性		−		−	
非裔[b]	＋	＋	＋	＋	＋
西班牙裔	＋	＋	＋	＋	＋
亚裔	＋				
国际学生		−		−	＋
父母的社会经济地位[c]				＋	
家庭收入（以1 000美元为单位）	−				
博士入学年龄（以1岁为单位）	−		−	−	
GRE 语言（数百分）	＋			＋	＋
GRE 数学（数百分）					
GRE 分析性写作（数百分）					＋
入学时已获得硕士学位		−	−		−
选择性本科院校	＋	＋			
私立研究生院	＋		＋		＋
长期为全日制博士生	＋			＋	
曾担任教学助理	＋			−	
曾担任研究助理	＋		＋		
读博时间（以年为单位）		＋	＋	＋	＋
期望第一份工作为教师或博士后	−	＋		＋	＋
自然数集合（未加权）	1 435	774	1 113	1 590	2 071

来源：博士生经济状况、经历和表现调查。
[a] 已婚或有伴侣、18岁以下的子女在所有领域中不是重要的预测因素，从模型中剔除。
[b] 所有种族–族裔和国际学生都与白人做比较。
[c] 父母的社会经济地位由教育成就和职业声望组成。

在各领域，我们发现非裔和西班牙裔学生在读博期间获得学业奖学金的概率要高于白人。与其他领域不同，教育学领域的亚裔学生获得学业奖学金的概率高于白人。在工程学和科学与数学领域国际学生获得学业奖学金的概率低于白人，而在社会科学领域国际学生更容易获得学业奖学金。

GRE 一般能力考试在预测读博期间获得学业奖学金方面与预测入学时获

得学业奖学金相比作用有限。较高的 GRE 语言成绩对博士生学业奖学金的获得有显著的积极影响，但仅限于教育学、科学与数学和社会科学领域。与之相反，在人文学和科学与数学领域，招生时 GRE 数学成绩对学业奖学金的获得有显著预测作用，但并不能预测读博期间的学业奖学金获得情况。此外，与入学时的学业奖学金获得情况不同，入学时 GRE 分析性写作成绩在任何领域都无显著性作用。在社会科学领域博士学位研修过程中，GRE 分析性写作成绩越高，获得学业奖学金的可能性就越大。

在四个领域，其他特征，如入学年龄、完成学业后在大学任教或从事博士后研究的职业期望、博士项目的持续时间和担任研究助理，都是获得学业奖学金的预测因素。在除人文学以外的其他学科中，学业奖学金授予年轻学生的概率高于年长的学生。博士入学时年龄越大，获得学业奖学金的概率越低。学生职业期望也是读博期间获得学业奖学金的预测因素之一，而教育学领域则与其他学科又有不同。在工程学、科学与数学和社会科学领域，预期在学位完成后从事教学或进入博士后研究的学生更有可能获得学业奖学金；教育学领域持有同样预期的学生获得学业奖学金的可能性较小；而人文学领域中从事教育的职业理想对学业奖学金的获得没有影响。在工程学、人文学、科学与数学和社会科学领域，从事博士学位研修时间较长对于获得学业奖学金的概率有轻微的影响。

第七章显示，博士生在读博期间通常依赖多种类型的资助。接受某一种类型的资助对于接受其他类型资助的助力程度还未知。我们的回归分析表明，学生们在攻读博士学位的不同时段似乎同时获得了不同来源的资金支持，不同来源相互支持的程度在不同领域各不相同。这说明一个奖项的获得者可能也是其他多种资助类型的候选人。在工程学和科学与数学领域，获得助研奖学金的学生获得学业奖学金的可能性比同龄人低 67%。而在教育学和人文学领域中，获得助研奖学金的学生有超过 2 倍的机会被授予学业奖学金。在人文学领域中，助研奖学金的可用性更是有限的，学生需要更多地依靠学业奖学金。与观察到的助研奖学金模式类似，在教育学领域，与那些没有助教奖学金的学生相比，获得助教奖学金的学生几乎有 2 倍的机会同时获得学业奖学金。而在科学与数学领域，助教奖学金获得者无法获得学业奖学金的可能性是同龄人的 1.5 倍。这种情况也可能与教育学领域助教奖学金的稀缺有关，这使学业奖学金成为支撑学生生活的一个更为重要的组成部分。

录取标准同样影响到谁将在读博期间获得学业奖学金。在工程学、人文学和社会科学领域，已有硕士学位的博士生获得学业奖学金的可能性要小一些。毕业于美国选择性本科院校的教育学和工程学领域的学生在学业奖学金的获得中占有优势（分别是1.6倍和1.4倍）。在私立院校的大笔捐赠和更高学费两个因素的可能影响下，就读于教育学、人文学和社会科学领域的私立研究生院的学生获得学业奖学金的机会是公立院校的学生的2倍多。在教育学和科学与数学领域，在读博期间始终保持全日制注册身份对学业奖学金的获得有积极的影响。

一些学生的人口学特征与学生在攻读博士学位期间获得的学业奖学金有相关性。工程学领域和科学与数学领域的男性比女性获得学业奖学金的可能性小。这反映了在科学与数学领域中录取阶段授予学业奖学金的过程中所见到的模式。但是，在工程学领域我们没有看到女性在课程之初被授予学业奖学金的优势。在科学与数学领域，父母的社会经济地位（即教育成就和职业声望）对学生学业奖学金的获得有一点有利的影响。在教育学和社会科学领域，低收入家庭的学生更有可能获得学业奖学金。在这些领域，家庭年收入在20 000美元的学生获得学业奖学金的概率比家庭年收入在40 000美元和60 000美元的学生分别高10~20个百分点。

（五）读博期间的助教奖学金

与就读公立院校的工程学和社会科学领域的学生更容易在录取时获得助教奖学金一样，被公立研究生院录取是这两个领域的学生在读博期间获得助教奖学金的一个预测因素（见表11.5）。事实上，只有在教育学领域就读于公立院校这一因素对学生在读博期间获得助教奖学金没有显著作用。就读于私立研究生院使工程学、科学与数学和社会科学领域的学生成为助教的概率低57%，使人文学领域的学生成为助教的概率低将近71%。至少这一发现增加了博士生参与大学本科教学的可能性。公立院校较私立院校更容易从政治和经济角度让博士生参与大学本科教学。

表 11.5 按领域，博士学习过程中担任助教的预测因素

自变量[a]	教育学	工程学	人文学	科学与数学	社会科学
男性		−			
非裔		−			
西班牙裔	−				
亚裔[b]	−				
国际学生		−		−	+
已婚或有伴侣	+				
家庭收入（以 1 000 美元为单位）	−	−		−	
博士入学年龄（以 1 岁为单位）					
长期全日制博士生	+		+		+
GRE 语言（数百分）	+	+	+		+
GRE 数学（数百分）				+	
GRE 分析性写作（数百分）					+
入学时已获得硕士学位					−
私立研究生院		−	−		
曾获得学业奖学金	+			−	
曾担任研究助理	+		+	+	+
读博时间（以年为单位）	+	+	+		
期望第一份工作为教师或博士后	+	+			+
自然数集合（未加权）	1 509	806	1 167	1 673	2 193

来源：博士生经济状况、经历和表现调查。

[a] 父母的社会经济地位、18 岁以下的子女、选择性本科院校在所有领域中不是重要的预测因素，从模型中剔除。

[b] 所有种族−族裔和国际学生都与白人做比较。

在人文学和社会科学两个领域中，GRE 语言成绩可预测课程之初助教奖学金的获得。而从长远看，语言成绩的影响更为普遍。在四个领域中 GRE 语言成绩可预测谁将在读博期间获得助教奖学金。GRE 语言成绩每增加 100 分，在教育学、工程学和社会科学领域获得助教奖学金的概率增加 1.2 倍，在人文学领域获得助教奖学金的概率增加 1.4 倍。较高的 GRE 数学成绩只有在科学与数学领域有同样的效果（1.3 倍），较高的 GRE 分析性写作成绩只在社会科学领域对助教奖学金的获得有预测作用（1.2 倍）。

由于非裔和西班牙裔学生在获得学业奖学金上的相对优势，他们获得助教奖学金的劣势非常有限。样本中非裔只在工程学领域，西班牙裔只在工程学和教育学领域中存在这种不利因素。与获得助教奖学金的白人相比，在工程学领域的非裔获得助教奖学金的概率低 80%，西班牙裔获得助教奖学金的概率低 75%，亚裔获得助教奖学金的概率低 67%。在教育学领域，西班牙裔获得助教奖学金的概率与获得助教奖学金的白人相比低 63%。与白人学生相比，国际学生获得助教奖学金概率的高低取决于领域。国际学生在社会科学领域获得助教奖学金的概率是白人的 1.7 倍，但在教育学领域的概率低 69%，在工程学领域的概率低 67%，在科学与数学领域的概率低 60%。

在博士入学之初，学生的年龄、性别、婚姻状况和家庭收入都是获得助教奖学金的预测因素①。各领域年轻的学生都比年长的学生获得助教奖学金的概率高。性别只有在工程学领域，才被证明是一个重要的预测因素。女性比男性更受青睐，是男性的 1.5 倍。在教育学领域，已婚或有伴侣的学生在获得助教奖学金方面有优势（1.7 倍）。

在教育学、工程学、社会科学领域，家庭收入较低的学生做助教的可能性更大。教育学和工程学领域的学生，在读博期间，家庭年收入为 20 000 美元的学生做助教的机会是家庭年收入为 40 000 美元的学生的 1.2 倍。做助教的机会随家庭收入差距的增大而增加。在教育学和工程学领域，相应地，家庭年收入为 20 000 美元的学生做助教的机会分别是家庭年收入为 60 000 美元的学生的 1.5 倍和 1.4 倍。社会科学领域学生做助教的可能性受其家庭收入的影响较小。家庭年收入在 20 000 美元的学生做助教的机会比家庭年收入为 40 000 和 60 000 美元的学生分别高 13% 和 27%。

除了 GRE 成绩、种族－族裔、公立和私立学位机构的地位之外，许多其他因素也在各个领域博士项目期间的助教奖学金获得方面起到了作用。在社会科学领域，博士入学时有硕士学位的学生获得助教奖学金的可能性比其他人小。在教育学、人文学、社会科学等领域，始终注册为全日制的学生有更多机会获得助教

---

① 已婚者包括有同居伴侣关系的学生。

奖学金，教育学和人文学领域的可能性是 2.1 倍，社会科学领域的可能性是 1.7 倍。同样，教育学、工程学、人文学和社会科学领域的学生在他们的课程上也花了很长时间，所以他们才更有可能最终获得助教奖学金。

在教育学领域，已获得学业奖学金的学生获得助教奖学金的可能性是其他学生的 1.7 倍。在科学与数学领域，这种影响却相反，学业奖学金获得者极少有可能再获得助教奖学金。除工程学领域外，助研奖学金获得者很可能在读博期间获得助教奖学金（教育学和社会科学领域达到 2 倍的概率）。由于助教岗位提供教师角色的关键因素的培训机会，在教育学和社会科学领域，在博士学位获得后准备选择教师或博士后研究作为自己首份工作的学生获得助教奖学金的概率是其他同学的 2 倍。工程学领域效果相似，但相对较弱（1.4 倍）。

（六）读博期间的助研奖学金

助研奖学金的获得与助教奖学金的获得有相似之处（见表 11.6）。与助教资格获得方面的作用一样，尽管作用较小，学校类型（公立或私立）仍在助研资格获得方面起作用。虽然助教对公立院校更为重要，但研究助理对于公立和私立院校的博士教育都至关重要。唯一例外的是在社会科学领域。与助教的情况一样，就读公立院校的社会科学博士研究生比在私立院校更容易得到助研的位置。社会科学领域在博士生课程阶段有 64% 的学生被聘为助教，并有 49% 的学生被聘为研究助理（见第七章），选择公立还是私立院校的博士项目可能是社会科学博士生的一个重要的考虑因素。在教育学领域，就读公立院校似乎增加了学生读博期间成为研究助理的机会，而对于助教奖学金来说，机构院系是无关紧要的。

表 11.6 按领域，博士学习过程中担任研究助理的预测因素

自变量[a]	教育学	工程学	人文学	科学与数学	社会科学
男性					−
非裔[b]		−	−	−	
西班牙裔	−				
亚裔					
国际学生	−		−		−

续表

自变量 [a]	教育学	工程学	人文学	科学与数学	社会科学
已婚或有伴侣		+			
家庭收入（以 1 000 美元为单位）		−		−	
18 岁以下的子女		−			
博士入学年龄（以 1 岁为单位）	−			−	−
长期全日制博士生	+			+	
GRE 数学（数百分）					+
入学时已获得硕士学位			−		
私立研究生院	−				
曾获得学业奖学金	+	−	+		
曾担任教学助理	+		+	+	+
读博时间（以年为单位）	+	+		+	+
期望第一份工作为教师或博士后					+
自然数集合（未加权的）	1 509	783	1 121	1 640	2 148

来源：博士生经济状况、经历和表现调查。

[a] 父母的社会经济地位、GRE 语言、GRE 分析性写作、选择性本科院校，在所有领域是不重要的预测因素，从模型中剔除。

[b] 所有的种族－族裔和国际学生都与白人做比较。

在博士入学之初，教育学和社会科学领域的国际学生、工程学领域的非裔学生和国际学生，以及科学与数学领域的非裔学生与白人学生相比，在助研奖学金的获取上处于劣势。非裔和国际学生在入学后的劣势比入学时更为严重。在工程学领域，非裔获得助研奖学金的概率比白人低 82%，在科学与数学领域低 77%，在教育学领域低 69%。同样，教育学和工程学领域的国际学生在读博期间获得助研奖学金的概率比白人低 67%，而在社会科学领域差距较小（低 58%）。此外，西班牙裔学生在入学时似乎没有处于不利地位，但在长期的教学领域中似乎处于不利地位。

在第六章，我们提出是否非裔和西班牙裔学生获得学业奖学金的较高比率可能会降低他们获得助研奖学金概率的问题。我们的分析表明，接受学业奖学金降低了工程学和科学与数学领域的学生成为研究助理的概率，但在教育学和人文学领域提高了这一概率。因此，非裔和西班牙裔获得学业奖学金的高概率使他们在获取助研奖学金时处于劣势，在工程学和科学与数学领域有这种情况，而在教育学和人文学领域没有出现。非裔在工程学、科学与数学领域，以及非裔和西班牙裔两个群体在教育学领域中获得助研奖学金的机会较少似乎是受种族-族裔的影响。在教育学、工程学和社会科学领域，国际学生面临类似的挑战。

在读博期间，所有领域的博士生都依赖多种资金来源，但工程学、科学与数学领域的学生较其他领域学生的来源少。在教育学和人文学领域，获得学业奖学金的学生同时获得助研奖学金的概率是其他没有获得学业奖学金的学生的 2 倍。然而，在工程学和科学与数学领域，结果正好相反，学业奖学金获得者比没有获得学业奖学金的学生获得助研奖学金的概率要低 67%。在教育学、社会科学、人文学和科学与数学领域，助教比较容易获得助研奖学金。而在工程学领域中，助教奖学金获得者在申请助研奖学金时并没有明显的优势。

其他特性似乎决定了谁在读博期间获得助研奖学金，但它们没有种族-族裔、研究生院的公立或私立地位和资金类型影响大。社会科学领域的男性在获得助研奖学金方面略处劣势（低 57%）。除人文学领域外，年轻学生在所有领域都比年长的学生有优势。在工程学领域，已婚和有伴侣的学生获得助研奖学金的概率是未婚学生的近 2 倍。工程学领域没有 18 岁以下子女的学生似乎更有可能得到这样的支持。在工程学、科学与数学领域，家庭年收入为 20 000 美元的学生比家庭年收入 40 000 美元的学生有更多的机会（在工程学领域高 30%，在科学与数学领域高 20%）。这些机会随着收入差距的增加而增加：在工程学和科学与数学领域，家庭年收入为 20 000 美元和 60 000 美元的学生获得助研奖学金的概率比家庭年收入高于 60 000 美元的学生分别高 69%和 44%。

保持全日制学生身份是获得助研奖学金强有力的预测因素，在教育学领域高 2.6 倍，在科学与数学领域高 2 倍。与在博士入学后获得助研奖学金类似，GRE 数学成绩对于读博期间获得助研奖学金的影响较小。在社会科学领域，GRE 数学成绩增加 100 分与博士生入学时（1.3 倍）和读博期间（1.2 倍）助研奖学金的获取率高相关。在工程学领域，拥有硕士学位的学生获得助教奖学金的概率低 67%。除人文学领域之外的所有领域，博士项目用时较长的学生更有可能获得助研奖学金。在社会科学领域，希望在毕业后获得教师或者博士后研究职位的学生更有可能获得助研奖学金，而科学与数学领域的学生可能性较小。

（七）读博期间的教育债务

我们调查了学生教育不同阶段累积的教育债务，包括大学本科阶段累积的债务、博士入学时的债务总额和读博期间累积的债务总额。我们重点关注博士阶段的经历，其中最重要的一点是他们是否在博士学习阶段背负了债务。在第六章曾报告，大约三成学生在博士学习阶段负债。这一比例与博士学习阶段开始时负债的学生比例相近。我们的目的是归纳博士阶段负债和未负债的学生的特点及负债的原因。

在所有项目中，应注意博士学习阶段几个会导致负债的预测因素（见表11.7）。由于签证要求国际学生证明有充足的资金来帮助他们完成学业，所以通常在所有领域的博士学习阶段，这些学生比同样条件的白人学生更少地累积教育债务。在美国不同的种族-族裔群体中，非裔美国学生背负教育债务的可能性是白人学生的近2倍。相反，亚裔学生相比白人学生负债的可能性低64%。尤其是在科学与数学领域，亚裔学生背负债务的可能性比白人低75%。

表11.7 按领域，博士学习过程中背负教育债务的预测因素

自变量[a]	教育学	工程学	人文学	科学与数学	社会科学
男性					
非裔[b]	+				
西班牙裔					
亚裔	−			−	
国际学生	−	−	−	−	−
父母的社会经济地位[c]					
家庭收入（以1 000美元为单位）	−	−		−	
博士入学年龄（以1岁为单位）					
已婚或有伴侣		+		+	
18岁以下的子女		+			
GRE 数学（数百分）	−		−		
GRE 分析性写作（数百分）		+			
选择性本科院校				−	−
私立研究生院	+		−	−	+

续表

自变量[a]	教育学	工程学	人文学	科学与数学	社会科学
曾获得学业奖学金	+	−	−		
曾担任研究助理		+			
曾担任教学助理	+	+		+	
读博时间（以年为单位）			+		+
自然数集合（未加权）	1 213	673	979	1 450	1 875

来源：博士生经济状况、经历和表现调查。

[a] 入学时已获得硕士学位、GRE 语言和长期全日制博士生在所有领域不是重要的预测因素，从模型中剔除。
[b] 所有的种族–族裔群体和国际学生都与白人做比较。
[c] 父母的社会经济地位由教育成就和职业声望组成。

到目前为止，我们发现社会经济地位对博士生所获得的资助类型的影响有限。目前唯一的例子就是科学与数学领域的博士生在课程中获得学业奖学金的可能性与父母的社会经济地位之间的单一关系。这只是表明，与本科教育不同的是，博士级别的资助主要是基于价值而不是需要。而在除教育学之外的所有领域，父母的社会经济地位是影响博士阶段背负债务的一个重要因素。在其他领域，较低社会经济地位背景的学生更有可能负债。此外，在所有领域，家庭收入较低的博士生更有可能负债。即使博士项目不根据需求提供资金支持，但显然有 30% 的博士生表现出了资金支持的需求。他们的援助来源似乎是贷款。

好消息是，学业奖学金的获取以及两种类型的助理奖学金似乎对低社会经济地位背景的学生没有歧视。另一方面，低社会经济地位背景的学生累积了债务，而高社会经济地位背景的学生没有债务负担。考虑到教育学领域的学生博士入学的年龄比其他领域的学生平均大 12 岁，而且早已远离了父母社会经济地位的影响，他们似乎不受父母社会经济地位对债务关系的影响是可以理解的。教育学博士生的累积债务似乎只受到自身家庭收入的影响，而且家庭收入越高对债务的依赖就越少的定律对其他领域的学生也适用。

其他学生的人口统计学数据也与教育债务及各方面有关。教育学领域年龄较大的学生较少背负教育债务。在工程学领域，已婚和有伴侣的学生负债的可能性是未婚和无伴侣的同龄人的近3倍。在数学与科学领域，已婚和有伴侣的学生负债的可能性几乎是同龄人的2倍。在工程学领域，抚养18岁以下子女的学生背负教育债务的可能性是其他人的2倍多。

除人文学领域外的所有领域，GRE成绩都与教育债务有关。在教育学（1.3倍）、工程学（2.1倍）、科学与数学（1.3倍）、社会科学领域（1.4倍），较高的GRE数学成绩与较低的债务负担的可能性相关。对于工程学领域的学生而言，有债务的概率很可能与每100分的GRE分析性写作成绩呈正相关。教育学领域在私立院校上学的学生有2倍的可能性有教育负债，而社会科学领域的学生有1.3倍的可能性。相反，科学与数学和人文学领域在私立院校就读的学生较少背负债务（分别低64%和60%）。

在教育学领域，获得学业奖学金的学生有教育债务的可能性是1.4倍，但在工程学和人文学领域，学业奖学金获得者负债的可能性要低67%。在工程学领域，担任研究助理的学生背负债务的可能性是4.4倍。在工程学和科学与数学领域，助教背负教育债务的可能性是2倍多，而在教育学领域的助教负债的可能性是1.4倍。在人文学、科学与数学和社会科学领域，那些花更多时间在课程中的学生更有可能负有教育债务。

二、社会交往

每天，博士生都会与大学不同部门的许多人交往。这些人包括博士生、教师、院系员工、学术管理人员和机构的服务人员。我们选择关注学者们认为对学生经历影响最大的两个群体：同伴和教师。我们发现，不同学生的特点和经验对与同伴和教师的相互作用有预测作用，并且得到同伴交往及师生交往是博士生社会化的不同维度的结论，所以对二者分别进行检验。

（一）同伴交往

同伴交往指的是学生与同伴的非正式交往。在人文学、科学与数学和社会科学领域，女性与同龄男性相比社会交往更多（见表11.8）。男性的得分比工程学领域的女性低0.09个标准差，比人文学领域的女性低0.24个标准差，比科学与数学领域的女性低 0.13 个标准差，比社会科学领域的女性低 0.13 个标准差[①]。相反，在教育学领域，男性与同龄人有更积极的社会交往（0.12 个标准差）。在工程学领域，二者没有差异。在人文学领域，西班牙裔与同龄人相比有更积极的社会交往。而国际学生在工程学、科学与数学领域与白人学生相比，与同伴交往是呈负相关的。

表 11.8 按领域，同伴交往的预测因素

自变量[a]	教育学	工程学	人文学	科学与数学	社会科学
男性	+		−	−	−
非裔[b]					
西班牙裔			+		
亚裔					
国际学生		−		−	
父母的社会经济地位[c]		+			
家庭收入（以 1 000 美元为单位）				−	
已婚或有伴侣					−
博士入学年龄（以 1 岁为单位）		−			
18 岁以下的子女	−				
GRE 语言（数百分）					+
GRE 数学（数百分）		−			
GRE 分析性写作（数百分）					+
入学时已获得硕士学位			−		
私立研究生院	+			+	+
长期全日制博士生		+			+
期望第一份工作为教师或博士后	−		+		
曾获得学业奖学金	+	+		+	+
曾担任研究助理			+	+	
曾担任教学助理	+		+	+	+
读博时间（以年为单位）					−
自然数集合（未加权）	2 504	883	1 323	1 850	2 461

来源：博士生经济状况、经历和表现调查。

[a]选择性本科院校在所有领域不是重要的预测因素，从模型中剔除。
[b]所有的种族－族裔和国际学生都与白人做比较。
[c]父母的社会经济地位由教育成就和职业声望组成。

---

① 分数的讨论见附录 D。

博士阶段资助的经历对同伴交往有积极影响应该是不足为奇的。除工程学外的所有领域中，做助教能够推动学生的社会参与。与之类似，在工程学、科学与数学领域，做研究助理也能够推动学生的社会参与。一个共同的观念是，学生参与教学或研究助理工作产生的副产品能够与院系增加更多的联系，因为在院系办公室内，学生可能会通过使用办公空间和分配助教奖学金的工作而产生联系。相比之下，学业奖学金通常被视为一种资金来源。因为学生可能没有得到办公室的空间，也没有被要求在院系办公室工作，因此这些学生可能与院系的社会互动有限。我们发现，除人文学领域之外的各领域，学业奖学金对促进学生与同伴的社会交往做出了积极贡献。可能是与研究助理和教学助理相关的奖学金获得者的工作量减少，使他们与同伴建立联系，甚至产生对他们的学术项目巨大的归属感。

学生背景对同伴关系发展的影响并没有固定的模式。在工程学领域，父母社会经济地位较高的学生表现出较强的同伴交往能力。在科学与数学领域，低收入家庭的学生与同龄人的社会关系较弱。报告显示，社会科学领域已婚或有伴侣的学生和教育学领域有 18 岁以下子女的学生与同伴的社会关系较弱。在工程学、科学和数学、社会科学领域，年龄较大的学生与年轻学生相比对与同伴的关系表现得没有那么积极。

类似零星影响的模式被认为是招生特征。在社会科学领域，GRE 语言和分析性写作成绩与积极的同伴交往联系在一起。在教育学、科学与数学和社会科学领域，较高的 GRE 数学成绩似乎与学生较少的同伴社会交往联系在一起。在工程学领域，已拥有硕士学位的博士生与同龄人不太可能取得积极的社会互动。在教育学、科学与数学和社会科学领域，私立研究生院与良好的同伴关系呈正相关。在教育学和社会科学领域，保持全日制注册身份是同伴关系强有力的预测因素。

期望大学教师或博士后生涯对人文学领域的学生的社会参与有积极的影响，但对教育学领域的学生有负面影响。在社会科学领域，博士项目用时较多的学生认为他们与同伴的社会关系更加消极。

（二）有导师

每个领域的大多数学生都有导师——或许向博士生们证明了确保有导师指

导度过学生阶段并进入所选职业的重要性。50%的学生在博士入学后几个月内找到了导师（见第七章）。由于学生确定导师的相对速度，我们关注学生的人口学特征和入学属性。以下分析有助于预测学生是否能成功找到导师的属性。

在所有领域都没有突出的预测因素可以区分找到和未找到导师的学生（见表11.9）。结合之前关于资金和社会化以及本章后面的分析结论，我们观察到指导关系可能提供研究博士生经历的视角。例如，父母有较高社会经济地位的学生，在工程学、科学与数学以及社会科学领域似乎更有可能拥有导师。鉴于导师的重要性，在这三个领域出现社会阶层障碍可能是一个重要的问题。

表11.9 按领域，有导师的预测因素

自变量 [a]	教育学	工程学	人文学 [b]	科学与数学	社会科学
男性					
非裔美 [c]				−	
西班牙裔					
亚裔		−			
国际学生		−	−		
父母的社会经济地位 [d]		+		+	+
GRE 语言（数百分）		−			
GRE 数学（数百分）				−	
私立研究生院	−			−	
自然数集合（未加权）	1 617	815	1 190	1 676	2 204

来源：博士生经济状况、经历和表现调查。

[a] 博士入学年龄、选择性本科院校、GRE 分析性写作、入学时已获得硕士学位、博士项目为首选或唯一选择，在所有领域不是重要的预测因素，从模型中剔除。

[b] 该模型不同于空模型没有统计学意义，这表明预测因素和有导师之间没有关系。

[c] 所有的种族–族裔和国际学生都与白人做比较。

[d] 父母的社会经济地位由教育成就和职业声望组成。

到目前为止，讨论博士生经历时很少提到亚裔学生。有证据表明亚裔倾向于与白人融合，很少表现出显著差异。有导师是亚裔学生与白人存在显著不同的一个领域。在我们的样本中，工程学领域的亚裔学生有导师的可能性比白人低 67%。同样，工程学领域的国际学生有导师的可能性比白人低 62%，教育学领域的国际学生有导师的可能性比白人低 60%。在科学与数学领域，非裔美国人有导师的可能性比白人低 72%。这是另一层证据，表明这个群体的博士学位特别有挑战性。

各领域有无导师指导并没有性别差异。GRE 成绩对预测博士生入学后的经历影响有限的另一个例证就是导师。GRE 的三个部分中，没有一个与导师有很强的关系。只有一个与预期相反的关系存在：在工程学领域较低的 GRE 语言成绩和在科学与数学领域较低的 GRE 数学成绩都会增加导师指导的概率。这是另一个迹象：尽管 GRE 成绩较低的学生在获得学业奖学金支持方面似乎处于劣势，但他们在博士教育社会化过程中似乎并没有处于不利地位。最后一点是，私立研究生院的教育学和科学与数学领域的学生找到导师的机会要少 55%。

（三）师生社会交往

师生社会交往是学生和教师在课堂之外关系发展情况的一种衡量尺度。构成这种尺度的四个项目反映了学生对师生之间社会关系的质量和舒适程度的看法。很多特质和经历与积极的师生社会交往有关，最突出的就是有导师进行指导、被博士学位的第一或者唯一志愿录取，以及用相对较少的时间来取得他们的博士学位（见表 11.10）。

表 11.10　按领域，师生社会交往的预测因素

自变量[a]	教育学	工程学	人文学	科学与数学	社会科学
男性	+	+			+
非裔[b]				−	
西班牙裔					
亚裔					
国际学生		+			
已婚或有伴侣					−
博士入学年龄（以 1 岁为单位）					
家庭收入（以 1 000 美元为单位）		+		+	
GRE 语言（数百分）	−	−		−	
GRE 数学（数百分）		+			

续表

自变量[a]	教育学	工程学	人文学	科学与数学	社会科学
GRE 分析性写作（数百分）					
私立研究生院			−	−	−
长期全日制博士生	−	+			
读博时间（以年为单位）		−	−	−	−
博士项目为首选或唯一选择	+	+	+		+
曾获得学业奖学金				+	
曾担任教学助理			−	−	
有导师	+	+	+	+	+
期望第一份工作为教师或博士后	+		+	+	
自然数集合（未加权）	2 469	884	1 317	1 834	2 444

来源：博士生经济状况、经历和表现调查。

[a] 父母的社会经济地位、18 岁以下的子女、选择性本科院校、入学时已获得硕士学位和曾担任研究助理，在所有领域不是重要的预测因素，从模型中剔除。

[b] 所有的种族–族裔群体和国际学生都与白人做比较。

在各领域，有导师指导的学生有较强的师生社会交往能力。事实上，有导师可能会对师生社会交往起到关键性的积极作用。由于有导师而增加的师生交往的规模比我们所研究的任何其他特性都大。与没有导师的学生相比，拥有导师的学生报告增加的师生社会交往范围，从科学与数学领域的 0.44 个标准差到教育学领域的 0.66 个标准差。

除科学与数学之外的所有领域，进入首选或唯一选择的博士项目有助于学生与教师的社会交往。这种差异在教育学领域为 0.30，在工程学领域为 0.20，在人文学领域为 0.16，在社会科学领域为 0.31。在教育学、人文学、科学与数学领域，期望成为大学教师和从事博士后研究的学生比有其他职业计划的学生对师生社会交往抱有更为积极的看法。

除教育学领域外，随着在校时间的延续，学生们对于师生社会交往的负面认知越来越强烈。学生在博士项目中的时间每多 1 年，他们的师生社会交往分就多下降一些，从 0.04 个标准差（工程学和人文学领域）到 0.06 个标准差（科学与数学和社会科学领域）。或许教育学领域的博士生已经达到某种成熟度，使他们不受年龄或课程时间长度的影响，与其他领域的博士生相比，他们即使在入学很长一段时间之后，对与教师的社会交往仍有更高的接受度。

一个普遍的看法是，做助教和助研使得学生有机会发展他们与教师的社会交往。但令人惊讶的是，学业奖学金和助教奖学金与博士生同导师的社会交往基本没有关系。在人文学领域，学业奖学金对师生社会交往有积极的影响。而在人文学和科学与数学领域，担任助教对师生社会交往却有一些负面影响。助研奖学金对学生评价师生社会交往没有预测价值。

GRE 语言成绩与师生社会交往呈负相关。也许人们认为 GRE 成绩相对较高，与较多的师生社会交往有关，但在我们的样本中情况并非如此。与 GRE 语言成绩较低的学生相比，GRE 语言成绩较高的学生实际上与教师的社会交往较少。我们发现，在教育学、工程学、科学与数学领域，GRE 语言成绩每增加 100 分，则师生社会交往呈下降趋势。在教育学领域，这种负相关表现得最为强烈。GRE 语言成绩每增加 100 分，师生社会交往就降低 11 个标准差。相反，在工程学领域，GRE 数学成绩与师生社会交往有着积极的关系。在科学与数学领域，GRE 分析性写作成绩对师生社会交往同样有积极的影响。

博士生的人口学特征对师生社会交往质量的影响有限。在科学与数学领域，非裔对师生社会交往的评分比白人低。而在工程学领域，国际学生对师生社会交往的评分则较高。这是科学与数学领域非裔博士生所面临的严峻挑战以及工程学领域国际学生似乎拥有积极经历的另一个迹象。在科学与数学领域，非裔博士生的师生社会交往较少的原因可能与本研究中未检测的因素有关。与工程学领域不同的是，这似乎与 GRE 成绩较低、有导师或进入首选或唯一选择的博士项目无关。因为回归分析包含许多可能是学生与教师交往的合理预测因素的可观测变量，可能在科学与数学领域对非裔的种族偏见比其他领域更为普遍。

在教育学、工程学和社会科学领域，男性比女性对师生社会交往有更高的评价。正如科学与数学领域的非裔一样，在教育学和工程学领域对女性的偏见似乎也说得过去。然而在这两个领域，博士生的性别构成却截然相反。在教育学领域样本中，女性占大多数（69%），而工程学领域女性占少数（15%）。

在科学与数学领域，年龄较大的学生博士入学后，对师生社会交往有更加积极的看法。在教育学和人文学领域，家庭收入较高的学生的师生社会交往较多，而在社会科学领域，已婚学生的师生社会交往较少。

在教育学领域，全日制学生会导致师生社会交往活动减少。而在工程学领域，却有相反的影响。在人文学、科学与数学和社会科学领域，公立研究生院的学生比私立研究生院的学生更热衷于师生间的社会交往。

（四）师生学术交往

前两项测量侧重考察博士生的社会关系。我们先测量博士生的学术关系，即师生的学术交往，考察学生对教师教学、研究、建议的总体质量和能力以及教师的可接受程度的看法。虽然这项测量与师生间的学术关系有关，但最重要的关联似乎与师生间的社会交往关系相同。与社会交往一样，积极的学术交往与有导师指导、进入首选或唯一选择的博士项目、期望在完成学位后获得教师或博士后研究职位以及完成学位用时更少有关（见表11.11）。师生社会交往与学术交往关系的相似性使我们认为师生交往具有光环效应。无论我们多么努力想设计一种独特的测量方法来考察师生关系，都无法厘清师生之间清晰而独特的关系。或许它们并不存在，结果师生间的社会关系延伸到了学术关系，反之亦然。

表 11.11 按领域，师生学术交往的预测因素

自变量[a]	教育学	工程学	人文学	科学与数学	社会科学
男性	+	+			
非裔[b]					
西班牙裔					
亚裔	−	+			
国际学生				+	
父母的社会经济地位[c]		+			
家庭收入（以1 000美元为单位）	+		+		
已婚或有伴侣		+			−
GRE 语言（数百分）	−			−	
GRE 数学（数百分）		+			
GRE 分析性写作（数百分）				+	
选择性本科院校	−	−			

续表

自变量[a]	教育学	工程学	人文学	科学与数学	社会科学
私立研究生院		+			−
长期全日制博士生		+			
博士项目为首选或唯一选择	+	+	+	+	+
有导师	+	+	+	+	+
曾担任研究助理					+
曾获得学业奖学金		+		+	
曾担任教学助理		−			
读博时间（以年为单位）		−	−	−	−
期望第一份工作为教师或博士后	+	+	+	+	+
自然数集合（未加权）	2 415	875	1 296	1 814	2 393

来源：博士生经济状况、经历和表现调查。

[a] 18 岁以下的子女和博士入学年龄在所有领域不是重要的预测因素，从模型中剔除。
[b] 所有的种族－族裔和国际学生都与白人做比较。
[c] 父母的社会经济地位由教育成就和职业声望组成。

有导师指导似乎是学生对师生学术交往感受的关键预测因素。在所有五个领域，有导师使师生的学术交往指标增加了 0.45～0.73 个标准差。同样，在所有领域，进入首选或唯一选择的博士项目的学生对师生学术交往有更高的评价（标准差大约增加了 2.0）。有志于从事大学教师职业或做博士后也与对师生学术交往的评价呈正相关。与学生对师生学术交往评价的积极预测相反，在除教育学以外的所有领域，博士项目用时较长与学生对师生学术交往的评价呈负相关。

与师生社会交往一样，在教育学、工程学、科学与数学领域，较高的 GRE 语言成绩与学生对师生学术交往的低评价相关。只有在工程学领域，较高的 GRE 数学成绩与学生对师生学术交往的高评价相关。工程学领域对定量的能力要求较高，这似乎是合理的。在科学与数学领域，较高的 GRE 分析性写作成绩与学生对师生学术交往的较高评价相关。

如上所述，一般常识是研究助理和教学助理工作将博士生与教师联系起来，使他们对师生社会交往有更加积极的评价。我们的数据不支持这样的观点。一般来说，研究助理和教学助理并没有使他们对师生间的学术交往有更乐观的看法。

只有在社会科学领域，做研究助理工作似乎增强了学生对师生学术交往的积极看法。在工程学领域，做教学助理的学生对师生学术交往持有负面意见，而获得学业奖学金的学生对师生学术交往感到相对愉悦。在科学与数学领域，学业奖学金获得者对师生学术交往抱有积极的看法。

对工程学和教育学领域女性面临挑战的研究表明，男性对师生学术交往的评价比女性高。在教育学领域，亚裔女性倾向于负面评价，而工程学领域倾向于正面评价。科学与数学领域的国际学生对师生学术交往倾向于正面评价。

（五）与教师顾问的交往

与教师顾问的交往可以考察学生对教师在学生福利、成长和职业生涯的建议中表现出的亲和力、关心以及兴趣的看法。除教育学领域外，当学生的教师顾问同时又是其导师时，他们对自己的博士经历感到更快乐（见表11.12）。在其他四个领域，学生对与教师顾问交往的指标评分在0.65~0.90个标准差。同样，在所有五个领域，期望毕业后做教师或博士后的学生，通常认为他们与教师顾问的交往更积极。

表 11.12 按领域，学生与教师顾问交往的预测因素

自变量[a]	教育学	工程学	人文学	科学与数学	社会科学
男性					
非裔[b]					
西班牙裔					
亚裔					
国际学生					
父母的社会经济地位[c]		＋		＋	
家庭收入（以1 000美元为单位）		＋			
GRE语言（数百分）	－		－	－	
私立研究生院	－				
博士项目为首选或唯一选择	＋				＋
读博时间（以年为单位）				－	
长期全日制博士生		＋			
曾获得学业奖学金	＋			＋	
曾担任研究助理					＋

续表

自变量[a]	教育学	工程学	人文学	科学与数学	社会科学
期望第一份工作为教师或博士后	+	+	+	+	+
教师顾问与导师为同一人		+	+	+	−
自然数集合（未加权）	2 370	844	1 136	1 645	2 168

来源：博士生经济状况、经历和表现调查

[a] 已婚或有伴侣、18 岁以下的子女、博士入学年龄、GRE 数学、GRE 分析性写作、选择性本科院校，以及曾担任教学助理，在所有领域不是重要的预测因素，从模型中剔除。

[b] 所有种族－族裔和国际学生都与白人做比较。

[c] 父母的社会经济地位由教育成就和职业声望组成。

除工程学和人文学领域，学生的受资助经历也使他们对与教师顾问交往有积极的看法。在社会科学领域，担任研究助理比同龄人对教师顾问有更积极的评价。在教育学和科学与数学领域，学业奖学金的获得者也对与教师顾问交往有着更高的评价。

好消息是，性别、种族－族裔和国籍不是学生与教师顾问交往的预测因素。此外，在工程学和科学与数学领域家长的社会经济地位以及在工程学领域学生的家庭收入对学生与教师顾问交往的影响有限。

在教育学和社会科学领域，进入首选或唯一选择的课程的学生对与教师顾问的交往评价较高。我们在师生社会交往和学术交往中看到的两种模式仍在继续：在科学与数学和社会科学领域的学生，入学时间越长评价越消极；在教育学、人文学和科学与数学领域的学生，GRE 语言成绩越高评价越低。

三、研究生产力

考虑到博士生成绩和课程时间的限制，衡量博士生表现最好的指标可能是研究生产力。被录取的博士生很少有人得到 A 或 B 以下的分数，并且大多数学生最难以估计需要多长时间去完成他们的学位。无论哪个学科领域，学生的学术和研究都是博士期间的宝贵成果。由于样本中半数的博士生有一定的研究生产力（见第八章），研究生产力似乎是博士生表现和经历的一个最显著的指标。

我们调查研究生产力的二十二个测试题目包括在全国会议上发表研究论文、

发表期刊论文以及出版书的章节或专著。因为很少有学生出版书的章节或专著，我们的分析只考虑了三个方面的预测因素：学生是否有整体研究生产力（一个代表着研究生产力的上述形式的组合的变量），学生是否在期刊上发表了一篇论文和是否在全国会议上提交了一篇论文。

博士项目的三要素普遍与学生的整体研究能力有关。有研究生产力的学生可能花费更多时间专注于他们的学业，更可能有导师，更可能获得助教或助研奖学金。除人文学领域更青睐教学助理以外，在其他领域研究助理更受青睐（见表 11.13）。

表 11.13 按领域，学生整体研究生产力的预测因素

自变量 [a]	教育学	工程学	人文学	科学与数学	社会科学
男性		+		+	
非裔 [b]				−	−
西班牙裔					
亚裔					
国际学生					
18 岁以下的子女			−		
入学时已获得硕士学位			+		
GRE 数学（数百分）					−
选择性本科院校			−		
私立研究生院		+			
曾获得学业奖学金	+			+	+
曾担任研究助理	+	+		+	+
曾担任教学助理			+	−	
有导师	+		+	+	+
读博时间（以年为单位）	+	+	+	+	+
期望第一份工作为教师或博士后	+				+
自然数集合（未加权）	1 502	774	1 118	1 591	2 131

来源：博士生经济状况、经历和表现调查。

[a] 父母的社会经济地位、已婚或有伴侣、博士入学年龄、家庭收入、GRE 语言、GRE 分析性写作，在所有领域里不是重要的预测因素，从模型中剔除。

[b] 所有种族–族裔群体和国际学生都与白人做比较。

学生期望在博士期间学习科研技巧，这并不令人惊讶，在所有领域中，学生

的博士学习时间越长,就越可能产生各种研究生产力。因为所有的博士项目最初的重点都是学术论文,至于独立研究,一般是在博士学习的后半段才有希望和可能,这是合理的——希望研究生产力成为一种长期的功能,就好像是技术的积累一样。因此,我们关于研究生产力的衡量标准,代表了学生成绩的默认基准,并且可能是所有博士项目的共同目标,就如同成绩和完成学位一样重要。

从某种程度上讲,研究生产力在博士项目中非常重要。我们的样本中 30% 没有导师的博士生可能处于不利地位。导师对所有五个领域的研究生产力都做出了明显积极的贡献:在科学与数学和教育学领域,研究生产力提高了 1.4 倍,在工程学领域提高了 1.7 倍,在人文学领域提高了 2.1 倍,在社会科学领域提高了 2.2 倍。

资助类型也对研究生产力有影响。除人文学领域外,所有领域的助研奖学金以及人文学领域的助教奖学金,对整体研究生产力有积极影响。助研奖学金至少和有导师指导一样,对整体研究生产力有积极影响:在教育学领域研究生产力提高了 2 倍,在工程学领域提高了 1.8 倍,在科学与数学领域提高了 2.7 倍,在社会科学领域提高了 1.8 倍。人文学领域助教奖学金获得者的研究生产力是非助教的 2 倍,而在科学与数学领域则降低了 60%。学业奖学金有助于提高教育学、科学与数学和社会科学领域的研究生产力。学业奖学金获得者的研究生产力可能是其他学生的 1.5 倍。

虽然学生的个人背景和特征在全部调查中扮演了一个不起眼的角色,但却在很重要的地方展现出来。在研究生产力方面,工程学领域的男性是女性的 2.3 倍,科学与数学领域的男性约为女性的 1.3 倍。在科学与数学领域,非裔学生的研究生产力比白人低近 71%。在社会科学领域,非裔学生的研究生产力比白人低近 63%。在种族-族裔群体中没有其他一般性的影响。

学生博士入学时表现出的不足,如较低的 GRE 成绩和本科院校类型都可以通过毅力、导师指导和助理奖学金弥补,这也许是令人鼓舞的。尽管 GRE 数学分数较高对社会科学领域学生的研究生产力有负面影响,但只要学生经历的其他因素都正常,GRE 成绩的影响总体上并不显著。

入学时的个人特质在预测哪个学生能够有更多的研究生产力方面表现不稳定。只有在工程学领域选择性本科院校毕业生的研究生产力较差。在人文学领域,已经取得硕士学位的博士生的研究生产力为 1.6 倍。职业期望对研究生产力有一定作用。在教育学和社会科学领域，预期完成学位后从事教师职业或博士后研究的学生的研究生产力分别是 1.6 倍和 1.9 倍。

学校类型对区分博士生有无研究生产力作用不明显。这证明博士教育阶段科研的普遍性。就读私立院校与工程学领域学生的研究生产力呈正相关。

认识到综合测量法能捕捉到整体研究生产力，我们是否可以通过考察每个部分来更好地了解每个领域的研究生产力的发展情况？Peter Syverson，美国研究生院委员会副总裁，通过询问如何开始研究，对我们的综合测量提出了疑问。我们没有提供每项测量的细节，但表 11.14 和表 11.15 说明了发表论文（独立或合著）和出版研究文章（独立或合著）两个组成部分的预测因素。整体研究生产力是以测量项目为依据的：在样本中，学位用时和助理奖学金是较高研究生产力的关键。性别和种族–族裔也与研究生产力有关。在工程学领域和科学与数学领域，男性在全国会议上发表论文和出版研究文章都有优势。非裔与白人在全国会议上发表学术论文方面情况是一样的，尽管在教育学、科学与数学和社会科学领域，与白人学生相比，他们在出版研究文章的机会上存在差异。在数学与科学领域，西班牙裔学生出席全国会议的机会较白人少 74%。在社会科学领域，西班牙裔学生出版文章的机会较白人少 68%。在人文学领域，国际学生发表论文的机会较白人少 71%。

表 11.14　按领域，在全国会议上发表论文（独著或合著）的预测因素

自变量 [a]	教育学	工程学	人文学	科学与数学	社会科学
男性		+		+	
非裔 [b]					
西班牙裔				−	
亚裔					
国际学生			−		
已婚或有伴侣				+	
18 岁以下的子女			−		
GRE 语言（数百分）	+			−	
GRE 数学（数百分）					−
GRE 分析性写作（数百分）		+			
选择性本科院校			−		
私立研究生院	−	+		−	−

续表

自变量[a]	教育学	工程学	人文学	科学与数学	社会科学
曾获得学业奖学金	+			+	
曾担任研究助理	+	+		+	+
曾担任教学助理			+	−	
有导师	+	+	+		+
长期全日制博士生		−			
读博时间（以年为单位）	+	+	+	+	+
期望第一份工作为教师或博士后	+	+			+
自然数集合（未加权）	1 451	769	1 110	1 585	2 119

来源：博士生经济状况、经历和表现调查。

[a] 父母的社会经济地位、家庭收入、博士入学年龄，以及入学时已获得硕士学位，在所有领域不是重要的预测因素，从模型中剔除。

[b] 所有种族-族裔群体和国际学生都同白人进行对比。

表11.15 按领域，出版一篇研究文章（独著或合著）的预测因素

自变量[a]	教育学	工程学	人文学	科学与数学	社会科学
男性		+		+	
非裔[b]	−			−	−
西班牙裔					−
亚裔					
国际学生					
博士入学年龄（以1岁为单位）		−			
选择性本科院校		−			
私立研究生院	−			+	
曾获得学业奖学金				+	
曾担任研究助理	+	+		+	+
曾担任教学助理	+		+	−	
有导师	+	+		+	+
读博时间（以年为单位）	+	+	+	+	+
期望第一份工作为教师或博士后	+				+
自然数集合（未加权）	2 303	844	1 260	1 733	2 330

来源：博士生经济状况、经历和表现调查。

[a] 父母的社会经济地位、已婚或有伴侣、18岁以下的子女、家庭收入、GRE语言、GRE分析性写作、GRE数学、入学时已获得硕士学位，以及长期全日制博士生，在所有领域不是重要的预测因素，从模型中剔除。

[b] 所有种族-族裔群体和国际学生都与白人做比较。

四、博士项目满意度

对于学生资金、社会化和研究生产力有了更好的理解,我们下一个目标是学生对博士项目的满意度。人际关系对于学生的满意度有着最大的影响。一般来说,在所有五个领域,师生学术交往较多的学生对博士项目更满意。另一个总体满意度的重要预测指标是师生社会交往。学生对师生社会交往认识的增加与各领域高满意度相关。教师顾问的影响对科学与数学、工程学和社会科学领域的学生很重要。对于同伴交往认识的提高同样与学生对博士项目满意度呈正相关。

需要牢记的是,如第九章所述,尽管从总体以及不同的群体而言,博士生似乎对他们的博士项目感到满意,但我们仍然观察到一些性别和种族-族裔差异。分析表明,除了两个领域外,人口学特征在博士生满意度方面起的作用并不重要(见表11.16),即使是在控制了师生交往的质量之后。工程学领域女性的满意度持续处于较低水平(见第九章)。而当我们控制了博士生经历和其他背景特征之后,教育学领域的女性和工程学领域、科学与数学领域非裔学生的较低满意度消失了。在科学与数学领域,观察到唯一的其他人口学特征就是亚裔和国际学生的满意度比白人低。

表 11.16 按领域,博士项目总体满意度的预测因素

自变量 [a]	教育学	工程学	人文学	科学与数学	社会科学
男性		+			
非裔 [b]					
西班牙裔					
亚裔				−	
国际学生				−	
已婚或有伴侣		+		+	
GRE 语言(数百分)				−	
私立研究生院		−			
长期全日制博士生				+	
读博时间(以年为单位)	−			−	
博士项目为首选或唯一选择	+			+	+

续表

自变量[a]	教育学	工程学	人文学	科学与数学	社会科学
期望第一份工作为教师或博士后		+	+	+	+
曾担任教学助理					−
读博期间的教育借贷				−	
同伴交往	+	+	+	+	+
师生社会交往	+	+	+	+	+
与教师顾问的交往		+		+	+
师生学术交往	+	+	+	+	
自然数集合（未加权）	2 501	886	1 323	1 850	2 161

来源：博士生经济状况、经历和表现调查。

[a] 父母的社会经济地位、博士入学年龄、18 岁以下的子女、家庭收入、选择性本科院校、GRE 数学、GRE 分析性写作、入学时已获得硕士学位、曾获得学业奖学金、曾担任研究助理以及有导师，在所有领域不是重要的预测因素，从模型中剔除。

[b] 所有种族－族裔群体和国际学生都与白人做对比。

除社会科学领域外，读博期间贷款或做助教所得的资金对学生满意度的影响较小，但效果显著。与那些在科学与数学领域负债的学生一样，社会科学领域的助教对课程经历也不那么乐观，而在工程学、人文学、科学与数学和社会科学领域，期望毕业后担任教师或做博士后研究的学生对其学业有更高的满意度。

在教育学、科学与数学和社会科学领域，进入首选或唯一选择的博士项目会产生更高的满意度，而入学时间较长对教育学、工程学和社会科学领域的学生的满意度有负面影响。在科学与数学领域，保持全日制注册身份增加了对课程的满意度。仅在工程学领域，就读私立研究生院可预测较低的博士项目满意度。在科学与数学领域，GRE 语言成绩越高，满意度越低。

五、博士项目中断

有时出于各种原因，学生暂时停止攻读博士学位。这些休学者不包括正处于先期测试或博士论文写作阶段的学生，或者非全日制学生。在我们的研究中，大约 12%的受调查者曾休学，范围从教育学领域的 20%到科学与数学领域的 5%。休学的学生人数无论总体还是各学科领域都较少，因此我们没有进行单独领域的分析，而是将学科领域作为休学的预测因素进行了回归分析（见表 11.17），学科领域对哪些学生决定休学起到了一定的作用。与教育学领域的学生相比，科学与数学领域的学生休学的可能性低 68%，社会科学领域的学生的可能性低 58%，工程学领域的学生的可能性低 72%。

表 11.17　中断博士项目的预测因素

自变量 [a]	领域组合
科学与数学 [b]	−
社会科学	−
人文学	
工程学	−
父母的社会经济地位 [c]	−
家庭收入（以 1 000 美元为单位）	+
已婚或有伴侣	−
18 岁以下的子女	+
博士项目为首选或唯一选择	+
曾担任研究助理	−
同伴交往	−
对博士项目的总体满意度	−
自然数集合（未加权）	8 235

来源：博士生经济状况、经历和表现调查。

[a] 性别、种族-族裔、博士入学年龄、入学时已获得硕士学位、GRE 数学、GRE 语言、GRE 分析性写作、选择性本科院校、私立研究生院、曾担任教学助理、曾获得学业奖学金、师生社会交往、师生学术交往、与教师顾问的交往、有导师、读博期间的教育借贷，以及期望第一份工为教师或博士后等，在所有领域不是重要的预测因素，从模型中剔除。

[b] 所有领域同教育学领域进行比较。

[c] 父母的社会经济地位由教育成就和职业声望组成。

　　家庭收入是学生休学的原因之一。家庭收入较高与休学相关。可能更高的家庭收入是休学的结果，而不是原因。父母的社会经济地位较高的学生可能很少会在博士项目中休学。

　　在博士入学时，人口学特征、性别、种族-族裔和年龄并不能预测谁会中途退出博士项目。婚姻状况（包括同居）和有 18 岁以下子女，与中途退出有相反的关联。已婚与坚持学业相关，而有 18 岁以下的子女与中途退出相关：单身学生比已婚或有伴侣的同龄人休学的概率低 60%；有 18 岁以下的子女的学生休学的概率高 1.6 倍。

社会化似乎也影响休学的行为。与对课程有较高水平满意度的学生一样，高频率同伴互动的学生更可能坚持学业。进入首选或唯一选择的博士项目有助于学业的坚持。做研究助理的学生坚持学业的概率更高。

有些不是博士项目休学预测因素的测量也值得关注。我们没有发现休学与 GRE 成绩（包括三个部分）或在读博期间发生的金融债务之间的显著联系。除了我们测量的以外，还有很多学生经历也与休学有关，例如在婚姻以外个人生活的变化、有孩子以及其他学术或个人事件。

六、进度

进度是学生通过博士项目八个阶段的时间中位数。这种方法使我们能够持续关注五个学科领域学生的重要影响因素。对样本中各领域所有学生持续进展的最大预测因素是持续的全日制注册（见表 11.18），这不足为奇。对于教育学、工程学和人文学领域的学生来说，有导师指导在加快进度方面有很积极的作用。年长的学生在教育学、工程学、人文学、科学与数学领域比年轻学生进度更快。在人文学和社会科学领域，国际学生会比白人同龄人进度更快。在工程学领域，男性的进度慢于女性。在社会科学和科学与数学领域，有 18 岁以下子女的学生进度较慢。对教育学和社会科学领域的学生来说，父母更高的社会经济地位与更快的进度有关。工程学和科学与数学领域低收入家庭的学生似乎进度较慢。

表 11.18 按领域，博士项目进度的预测因素

自变量 [a]	教育学	工程学	人文学	科学与数学	社会科学
男性		−			
非裔 [b]					
西班牙裔					
亚裔					
国际学生			+		+
父母的社会经济地位 [c]	+				+

续表

自变量[a]	教育学	工程学	人文学	科学与数学	社会科学
家庭收入（以 1 000 美元为单位）			−	−	
18 岁以下的子女		−	−	−	−
博士入学年龄（以 1 岁为单位）	+	+	+	+	
GRE 语言（数百分）	−	−	−	−	−
GRE 分析性写作（数百分）	+			+	+
入学时已获得硕士学位					+
私立研究生院	+			+	+
长期全日制博士生	+	+	+	+	+
曾获得学业奖学金		−		+	
曾担任教学助理	−				
有一些研究生产力				−	
读博期间的教育借贷					−
有导师	+	+	+		
自然数集合（未加权）	2 419	861	1 309	1 806	2 426

来源：关于博士生经济状况、经历和表现调查。

备注：加号代表相对较快的进度，而减号代表相对较慢的进度。

[a] 已婚或有伴侣、选择性本科院校、GRE 数学、曾担任研究助理，以及师生学术交往，在所有领域不是重要的预测因素，从模型中剔除。

[b] 所有种族–族裔群体和国际学生都与白人做比较。

[c] 父母的社会经济地位由教育成就和职业声望组成。

与人们的预期相反，有更高 GRE 语言成绩的学生在教育学、工程学、科学与数学和社会科学领域进度缓慢。GRE 分析性写作成绩较高的学生在教育学、科学与数学和社会科学领域进度较快。在社会科学领域，已获得硕士学位的学生进度较快。私立院校的教育学和科学与数学领域的学生同样进度较快。与没有学业奖学金的学生相比，工程学领域的学业奖学金获得者进度较慢，而科学与数学领域的学生相对进度较快。教育学领域获得助教奖学金的学生和科学与数学领域有研究生产力的学生一样，进度较慢。学生的债务负担只对社会科学领域的学生有影响。

七、学位完成率

在我们博士学位完成率的分析中，只有那些在 2001 年前取得学位的学生（近 62%的样本）被归类为学位完成者。可以想象，随着越来越多的学生完成他们的学位，其中一些变量可能会变得更重要，而另一些的重要性则会减少。但目前对现状的了解比以往任何研究都更为广泛。通过分析完成学业学生的数据，我们至少能够对他们成功的因素提供一个新的视野。

研究生产力是所有五个领域博士学位完成情况的重要预测因素（见表11.19）。科学与数学领域有研究生产力的学生完成博士学位的可能性比没有研究生产力的学生高3.9倍。在其他四个领域，这个影响是相似的，尽管没有那么大：人文学领域为3倍，工程学领域为2.7倍，教育学领域为1.8倍，最低的社会科学领域为1.6倍。除工程学领域以外，另一个重要的预测因素是保持全日制注册。在科学与数学领域，全日制学生完成学业的人数是非全日制学生的4倍。在人文学领域，前者是后者的2.8倍。社会科学领域为1.9倍。教育学领域为1.6倍。除教育学领域外，各领域在学业上花费更多时间的学生更有可能取得学位。到目前为止，教育学领域完成学位需要花费的时间最多。

表 11.19 按领域，截至 2001 年一年级以上博士生完成学位情况的预测因素

自变量[a]	教育学	工程学	人文学	科学与数学	社会科学
男性					
非裔[b]		−			
西班牙裔		−			−
亚裔		−		−	
国际学生					+
博士入学年龄（以1岁为单位）		−			
已婚或有伴侣	+	+		+	
18岁以下的子女	−				
GRE 语言（数百分）		−	−		
GRE 分析性写作（数百分）					+
入学时已获得硕士学位	+				
私立研究生院				+	
选择性本科院校				+	
博士项目为首选或唯一选择		+		+	
长期全日制博士生	+		+	+	+
读博时间（以年为单位）	+	+	+	+	+
曾获得学业奖学金	+				
曾担任研究助理				+	

续表

自变量 [a]	教育学	工程学	人文学	科学与数学	社会科学
曾担任教学助理	+		+		
有导师	+	+			+
期望第一份工作为教师或博士后	+			+	+
有一些研究生产力	+	+	+	+	+
自然数集合（未加权）	1 436	769	1 107	1 581	2 105

来源：博士生经济状况、经历和表现调查。

[a] 父母的社会经济地位、家庭收入、GRE 数学以及读博期间的教育借贷，在所有领域不是重要的预测因素，从模型中剔除。

[b] 所有种族-族裔群体和国际学生都与白人做比较。

有导师对于学位完成贡献较小，但效果非常显著，如在工程学领域高 1.7 倍、社会科学领域高 1.5 倍、教育学领域高 1.4 倍。在教育学、科学与数学和社会科学领域，希望将大学教师或博士后研究作为博士毕业后第一份工作的学生比有其他职业意向的同伴更容易完成学业。

不同的资金支持对预测学位完成所起的作用有限。做助教有助于教育学和人文学领域的学生完成学位。担任研究助理在科学与数学领域有一点贡献。学业奖学金只在教育学领域效果显著。

录取标准在预测学位完成中扮演了怎样一个角色？进入首选或唯一选择的博士项目对工程学和科学与数学领域的学生完成学位有较小而显著的作用。在教育学、工程学和社会科学领域，GRE 语言成绩较高与较低的学生相比完成学位的可能性更低。社会科学领域 GRE 分析性写作成绩较高的学生完成学位的可能性也很低。

种族-族裔并不影响任何领域的学生完成学位。在工程学领域，与白人相比，非裔的学位完成率低 87%，西班牙裔低 71%，而亚裔则低 64%。和白人同龄人相比，西班牙裔在社会科学领域，亚裔在科学与数学领域获得学位的概率都较低。在工程学领域，年龄大的学生比年轻的学生完成学位的概率低。与在教育学和科学与数学领域已婚学生一样，在工程学领域已婚或有伴侣的学生有 2 倍的概率获得博士学位，尽管效果稍逊。有 18 岁以下的子女这一因素似乎只是教育学领域的学生完成学位的障碍。

八、学位用时

样本中62%的学生花费了超过4年的学习时间完成学位。我们现在已经能够通过匹配每个人开始学习计划的日期来计算出他们完成学位所需要的时间。与我们预期的一样,所有五个领域除保持全日制注册是对学位用时有显著性预测的因素外,其他重要的预测因素因领域不同而有差异(见表11.20)。

表11.20 按领域,截至2001年完成博士学位用时的预测因素

自变量[a]	教育学	工程学	人文学	科学与数学	社会科学
男性					
非裔[b]					
西班牙裔		+			
亚裔				+	+
国际学生					
父母的社会经济地位[c]		−			−
家庭收入(以1 000美元为单位)		+		+	
已婚或有伴侣		−	−	−	
18岁以下的子女		+	+		+
博士入学年龄(以1岁为单位)	−				
GRE语言(数百分)	+	+		+	
GRE分析性写作(数百分)		−			
选择性本科院校		+			
私立研究生院		+		−	+
入学时已获得硕士学位		−			
长期全日制博士生					
有导师				−	
读博期间的教育借贷					−
自然数集合(未加权)	1 304	650	610	1 299	1 281

来源:博士生经济状况、经历和表现调查。
备注:减号代表用相对较短的时间完成学业。
[a] GRE数学、曾担任研究助理、曾获得学业奖学金、曾担任教学助理、有一些研究生产力,在所有领域不是重要的预测因素,从模型中剔除。
[b] 所有种族-族裔群体和国际学生都与白人做比较。
[c] 父母的社会经济地位由教育成就和职业声望组成。

与学位用时有关的人口学特征是一些种族-族裔群体和社会经济状况的影响。与白人相比,工程学领域的西班牙裔学生要多花费9个月时间,科学与数学

领域的亚裔学生要多花费近4个月时间，而在社会科学领域他们要多花费近1年的时间。在工程学和社会科学领域，学生父母的社会经济地位越高，完成学位用时越少。与科学与数学领域的学生一样，工程学领域有相对较高家庭收入的学生完成学位用时更多。

在人文学和社会科学领域，有导师指导与学位用时较短相关。这是导师指导对学生经历有积极影响的另一个例子，但有趣的是并不是每一个领域都是如此，正如导师指导对研究生产力的影响一样。提供资金支持对学位用时的作用有限。学生资金支持的三种形式——学业奖学金、助教奖学金和助研奖学金——都无法预测学位用时。只有在社会科学领域，博士期间的债务才作为学生延长学位完成时间的因素。

在教育学、工程学、科学与数学和社会科学领域，GRE 语言成绩高的学生学位用时显著增加。相反，在教育学、科学与数学和社会科学领域，GRE 分析性写作成绩高可预测较短的学位用时。在工程学领域，毕业于选择性本科院校可预测学生较长的学位用时，工程学和社会科学领域上私立研究生院的学生与之相同。而在科学与数学领域，上私立研究生院与较短的学位用时相关。在攻读博士之前获得硕士学位，可缩短教育学和工程学领域的博士生学位用时。而有配偶和伴侣可预测工程学、人文学和科学与数学领域较短的学位用时，有 18 岁以下的子女是工程学、人文学和社会科学领域学位用时延长的显著预测因素。年龄仅仅对教育学领域的学生有预测作用。

九、小结

总结回归分析结论时要牢记以下三点：

第一，虽然我们通常见到各领域每个测量结果的共性，但也看到对于每个独立测量，没有哪两个领域有完全相同的贡献因子。这是对博士生做研究时应该单独检测每个领域的依据。从表 11.21~表 11.25 总结了各领域的回归结果。

第二，即使调整博士生经历的其他方面，我们仍然注意到，对于一些结果，女性和特定种族-族裔的学生有不同的经历。我们认为，虽然种族-族裔和性别歧视不是影响博士教育经历的主要因素，但它无处不在，应当引起博士学位授予机构的高度重视。

第三，入学标准在预测学生博士教育经历时影响有限。本研究支持现有的与早期经历有关的入学标准的理论，如学生获得的资金支持类型。但相对于长期的经历、绩效和成果的影响较少涉及。

第四，有导师指导和作为研究助理是多项博士学位成果的最主要的预测因素。对研究生产力的研究揭示了博士生拥有导师的重要性。

最后，我们不能忘记的是关于博士生经历的一些重要方面是这些分析没有涉及的，包括预测谁被录取、一年级博士生的早期经历、重要教学技能的获得、通过资格考试、博士论文质量好坏和从博士生向教授过渡的预测因素。

表 11.21 教育学回归模型的重要预测因素

预测变量	(1)	(2)	(3)	(4)	(5)	(6)	(7)	(8)	(9)	(10)	(11)	(12)	(13)	(14)	(15)	(16)	(17)[a]	(18)	(19)	(20)
男性						+		+	+											
非裔[b]		+			+	−	+									−				
西班牙裔		+			+	−														
亚裔		+			+			−			−									
国际学生		−	−					−												
父母的社会经济地位[c]																+				
博士入学年龄（以1岁为单位）		−	−		−		−											+		−
已婚或有伴侣					+													+		
18岁以下的子女									−										−	
家庭收入（以1000美元为单位）			−	−	−			+	+											
GRE语言（数百分）	+			+	+						−		+			−				+
GRE数学（数百分）						+														
GRE分析性写作（数百分）																+				−
选择性本科院校	+			+				−												
入学时已获得硕士学位																+		−		

续表

预测变量	(1)	(2)	(3)	(4)	(5)	(6)	(7)	(8)	(9)	(10)	(11)	(12)	(13)	(14)	(15)	(16)	(17)ᵃ	(18)	(19)	(20)
博士项目为首选或唯一选择									+	+	+				+					
首次注册时为全日制学生	+	+	+																	
私立研究生院	+			+		−	+	+		−			−	−			+			
曾获得学业奖学金					+	+	+	+				+	+					+		
曾担任教学助理				+		+	+	+						+			−	+		
曾担任研究助理				+	+							+	+							
读博期间的教育借贷																				
长期全日制博士生				+	+	+				−						+	+			−
读博时间（以年为单位）					+							+				−		+		
同伴交往															+					
有导师									+	+		+	+			+	+			
师生社会交往															+					
教师顾问与导师为同一人																				
师生学术交往															+					
与教师顾问的交往																				
有一些研究生产力																				
对博士课程的总体满意度																				
期望第一份工作为教师或博士后			−	+						+	+	+	+		+					

来源：博士生经济状况、经历与表现调查。

备注：加号（+）代表学生经历显著的正预测，减号（−）代表学生经历显著的负影响。柱头如下：① 入学时的学业奖学金；② 入学时的助教奖学金；③ 入学时的助研奖学金；④ 曾获得学业奖学金；⑤ 曾获得助教奖学金；⑥ 曾获得助研奖学金；⑦ 读博期间的教育借贷；⑧ 同伴交往；⑨ 有导师；⑩ 师生社会交往；⑪ 师生学术交往；⑫ 与教师顾问的交往；⑬ 有一些研究生产力；⑭ 在全国会议上发表论文；⑮ 出版研究文章；⑯ 对博士项目的满意度；⑰ 中断博士项目；⑱ 进度；⑲ 完成博士学位；⑳ 学位用时。

ᵃ 对中断博士项目的情况没有进行单独的分专业回归分析。

ᵇ 所有种族−族裔群体和国际学生都与白人做比较。

表 11.22　工程学回归模型的重要预测因素

预测变量	(1)	(2)	(3)	(4)	(5)	(6)	(7)	(8)	(9)	(10)	(11)	(12)	(13)	(14)	(15)	(16)	(17)[a]	(18)	(19)	(20)
男性				−	−					+	+		+	+	+	+		−		
非裔[b]	+	−	−	+		−													−	
西班牙裔			−	+	−														−	+
亚裔					−				−		+									
国际学生	−	−					+													
父母的社会经济地位[c]						−	+	+		+	+								−	
博士入学年龄（以1岁为单位）																+	−			
已婚或有伴侣					+	+				+					+			+		
18岁以下的子女						−	+				−	−						−		+
家庭收入（以1000美元为单位）					−	−					+							−		+
GRE语言（数百分）	+		+	+				−	−									−		+
GRE数学（数百分）			+			−			+	+										
GRE分析性写作（数百分）			−			+								+						
选择性本科院校			−	+				−			−	−								+
入学时已获得硕士学位		−																		
博士项目为首选或唯一选择							+	+								+				
首次注册时为全日制学生	+	+	+																	
私立研究生院			−						+	+	+									+
曾获得学业奖学金					−		+		+							−				

续表

预测变量	(1)	(2)	(3)	(4)	(5)	(6)	(7)	(8)	(9)	(10)	(11)	(12)	(13)	(14)	(15)	(16)	(17)[a]	(18)	(19)	(20)
曾担任教学助理						+				-										
曾担任研究助理			-			+	+				+	+	+							
读博期间的教育借贷																				
长期全日制博士生									+	+			-					+		-
读博时间（以年为单位）			+	+	+				-	-	+	+	+	-				+		
同伴交往																+				
有导师									+	+		+	+	+				+	+	
师生社会交往																+				
教师顾问与导师为同一人												+								
师生学术交往																+				
与教师顾问的交往																+				
有一些研究生产力																		+		
对博士项目的总体满意度																				
期望第一份工作为教师或博士后				+	+					+	+		+							

来源：博士生经济状况、经历和表现调查。

备注：加号（+）代表学生经历显著的正预测，减号（-）代表学生经历显著的负影响。柱头如下：① 入学时的学业奖学金；② 入学时的助教奖学金；③ 入学时的助研奖学金；④ 曾获得学业奖学金；⑤ 曾获得助教奖学金；⑥ 曾获得助研奖学金；⑦ 读博期间的教育借贷；⑧ 同伴交往；⑨ 有导师；⑩ 师生社会交往；⑪ 师生学术交往；⑫ 与教师顾问的交往；⑬ 有一些研究生产力；⑭ 在全国会议上发表论文；⑮ 出版研究文章；⑯ 对博士项目的满意度；⑰ 中断博士项目；⑱ 进度；⑲ 完成博士学位；⑳ 学位用时。

[a] 对中断博士项目的情况没有进行单独的专业回归分析。

[b] 所有种族-族裔群体和国际学生都与白人做比较。

表 11.23　人文学回归模型的重要预测因素

预测变量	(1)	(2)	(3)[a]	(4)	(5)	(6)	(7)	(8)	(9)[b]	(10)	(11)	(12)	(13)	(14)	(15)	(16)	(17)[c]	(18)	(19)	(20)
男性		−						−												
非裔[d]	+	+		+																
西班牙裔	+	+		+				+												
亚裔	+																			
国际学生	+							−							−			+		
父母的社会经济地位									−											
博士入学年龄（以 1 岁为年龄增长单位）		−		−													+			
已婚或有伴侣																				−
18 岁以下的子女																		+		
家庭收入（以 1 000 美元为单位）							−			+	+									
GRE 语言（数百分）	+	+		+									−							
GRE 数学（数百分）	+																			
GRE 分析性写作（数百分）																				
选择性本科院校																				
入学时已获得硕士学位	−			−								+								
博士项目为首选或唯一选择										+	+									
首次注册时为全日制学生	+	+																		
私立研究生院	+			+	−		−													

续表

预测变量	(1)	(2)	(3)ᵃ	(4)	(5)	(6)	(7)	(8)	(9)ᵇ	(10)	(11)	(12)	(13)	(14)	(15)	(16)	(17)ᶜ	(18)	(19)	(20)
曾获得学业奖学金						+	-													
曾担任教学助理					+		+	-			+	+	+					+		
曾担任研究助理				+	+															
读博期间的教育借贷																				
长期全日制博士生					+												+	+	-	
读博时间（以年为单位）				+	+	+			-	-		+	+	+				+		
同伴交往													+							
有导师								+	+		+	+	+					+		-
师生社会交往													+							
教师顾问与导师为同一人										+										
师生学术交往													+							
与教师顾问的交往																				
有一些研究生产力																				
对博士项目的总体满意度																				
期望第一份工作为教师或博士后						+		+	+				+							

来源：博士生经济状况、经历和表现调查。

备注：加号（+）代表学生经历显著的正预测，减号（-）代表学生经历显著的负影响。柱头如下：① 入学时的学业奖学金；② 入学时的助教奖学金；③ 入学时的助研奖学金；④ 曾获得学业奖学金；⑤ 曾获得助教奖学金；⑥ 曾获得助研奖学金；⑦ 读博期间的教育借贷；⑧ 同伴交往；⑨ 有导师；⑩ 师生社会交往；⑪ 师生学术交往；⑫ 与教师顾问的交往；⑬ 有一些研究生产力；⑭ 在全国会议上发表论文；⑮ 出版研究文章；⑯ 对博士项目的满意度；⑰ 中断博士项目；⑱ 进度；⑲ 完成博士学位；⑳ 学位用时。

ᵃ 该模型在统计上与零模型并无显著差异，这表明预测指标和接受研究帮助之间没有关系。

ᵇ 该模型在统计上与零模型并无显著差异，这表明预测指标和有导师之间没有关系。

ᶜ 对于中断博士项目的情况没有进行单独的分专业回归分析。

ᵈ 所有种族－族裔群体和国际学生都与白人做比较。

表 11.24　科学与数学回归模型的重要预测因素

预测变量	(1)	(2)	(3)	(4)	(5)	(6)	(7)	(8)	(9)	(10)	(11)	(12)	(13)	(14)	(15)	(16)	(17)ᵃ	(18)	(19)	(20)
男性	−	+		−				−					+	+	+					
非裔ᵇ	+	−	−	+		−		+	−						−					
西班牙裔	+			+											−					
亚裔							−											−		+
国际学生	−			−	−	−					+				−					
父母的社会经济地位				+		−			+			+								
博士入学年龄（以1岁为单位）	−		−	−	−					+				+						
已婚或有伴侣						+							+		+			+		−
18岁以下的子女																				
家庭收入（以1 000美元为单位）					−										−				+	
GRE 语言（数百分）	+			+					−	−	−	−							+	
GRE 数学（数百分）	+	−		+																
GRE 分析性写作（数百分）							−		+	+					+					−
选择性本科院校							−									+				
入学时已获得硕士学位																				
博士项目为首选或唯一选择										+				+		+				
首次注册时为全日制学生		+	+																	
私立研究生院				−		−	+	−	−				−	+		+	+			−

续表

预测变量	(1)	(2)	(3)	(4)	(5)	(6)	(7)	(8)	(9)	(10)	(11)	(12)	(13)	(14)	(15)	(16)	(17)[a]	(18)	(19)	(20)
曾获得学业奖学金				−	−			+		+	+	+	+	+		+				
曾担任教学助理				−		+	+	+			−		−	−	−					
曾担任研究助理				−	+			+				+	+				+			
读博期间的教育借贷																−				
长期全日制博士生				+		+									+	+		+	−	
读博时间（以年为单位）				+		+				−		−	−		+	+				
同伴交往																+				
有导师										+	+		+							
师生社会交往																+				
教师顾问与导师为同一人												+								
师生学术交往																+				
与教师顾问的交往																+				
有一些研究生产力																−	+			
对博士项目的总体满意度																				
期望第一份工作为教师或博士后				+	−					+	+				+		+			

来源：博士生经济状况、经历和表现调查。

备注：加号（+）代表学生经历显著的正预测，减号（−）代表学生经历显著的负影响。柱头如下：① 入学时的学业奖学金；② 入学时的助教奖学金；③ 入学时的助研奖学金；④ 曾获得学业奖学金；⑤ 曾获得助教奖学金；⑥ 曾获得助研奖学金；⑦ 读博期间的教育借贷；⑧ 同伴交往；⑨ 有导师；⑩ 师生社会交往；⑪ 师生学术交往；⑫ 与教师顾问的交往；⑬ 有一些研究生产力；⑭ 在全国会议上发表论文；⑮ 出版研究文章；⑯ 对博士项目的满意度；⑰ 中断博士项目；⑱ 进度；⑲ 完成博士学位；⑳ 学位用时。

[a] 对中断博士项目的情况没有进行单独的分专业回归分析。

[b] 所有种族−族裔群体和国际学生都与白人做比较。

表 11.25 社会科学回归模型的重要预测因素

预测变量	(1)	(2)	(3)	(4)	(5)	(6)	(7)	(8)	(9)	(10)	(11)	(12)	(13)	(14)	(15)	(16)	(17)[a]	(18)	(19)	(20)
男性						−	−		+											
非裔[b]	−			+										−	−					
西班牙裔	+			+										−					−	
亚裔	+																		+	
国际学生			−	+	+											+	+			
父母的社会经济地位								−	+							+				
博士入学年龄（以1岁为单位）		−	−		−															
已婚或有伴侣									−		−									
18岁以下的子女																		−	+	
家庭收入（以1 000美元为单位）				−																
GRE 语言（数百分）	+	+		+	+		+									−		−		+
GRE 数学（数百分）		+	+		+		−	−				−	−							
GRE 分析性写作（数百分）				+	+		+									+	+			−
选择性本科院校						−														
入学时已获得硕士学位	−		−	−												+				
博士项目为首选或唯一选择										+	+	+				+				
首次注册时为全日制学生	+	+	+																	
私立研究生院	+	−		+	+		+						−			+				+

续表

预测变量	(1)	(2)	(3)	(4)	(5)	(6)	(7)	(8)	(9)	(10)	(11)	(12)	(13)	(14)	(15)	(16)	(17)[a]	(18)	(19)	(20)
曾获得学业奖学金						+						+								
曾担任教学助理					+	+										−				
曾担任研究助理				+						+	+	+	+							
读博期间的教育借贷																−			−	
长期全日制博士生				+		+										+		+		
读博时间(以年为单位)			+	+	+	+			−		−		+	+				+		
同伴交往															+					
有导师								+	+		+	+	+					+		−
师生社会交往															+					
教师顾问与导师为同一人										+										
师生学术交往															+					
与教师顾问的交往															+					
有一些研究生产力																+				
对博士项目的总体满意度																				
期望第一份工作为教师或博士后			+	+	+					+	+	+	+				+			

来源：博士生经济状况、经历和表现调查。

备注：加号（+）代表学生经历显著的正预测，减号（−）代表学生经历显著的负影响。柱头如下：① 入学时的学业奖学金；② 入学时的助教奖学金；③ 入学时的助研奖学金；④ 曾获得学业奖学金；⑤ 曾获得助教奖学金；⑥ 曾获得助研奖学金；⑦ 读博期间的教育借贷；⑧ 同伴交往；⑨ 有导师；⑩ 师生社会交往；⑪ 师生学术交往；⑫ 与教师顾问的交往；⑬ 有一些研究生产力；⑭ 在全国会议上发表论文；⑮ 出版研究文章；⑯ 对博士项目的满意度；⑰ 中断博士项目；⑱ 进度；⑲ 完成博士学位；⑳ 学位用时。

[a] 对中断博士项目的情况没有进行单独的分专业回归分析。

[b] 所有种族−族裔群体和国际学生都与白人做比较。

第十二章

学科领域差异解读

在21世纪边缘徘徊之际，我们庆幸能有如此难得的机会开始这项研究，探索日益多样化的博士生群体如何体验他们的博士项目。我们认为，美国博士教育前所未有的多样性和种族-族裔、性别间的差异，是理解博士生经历多样化的关键。我们期待从博士层面观察到通常在早期教育和学士后专业学校中出现的学生经历和表现的人口统计学差异。

我们的描述性回归分析确认了另一个多样性的领域，即学科领域。基本概念是通过探索最终发现学生经历和表现在人口统计学与领域上的异同，并找到造成差异的原因。在探索研究的过程中，我们坚持真理，驳斥谬论，创新了学生准备博士项目的思路，对博士生经历和表现的质量进行了评估，分析了不同领域遇到的各种挑战。

博士学位的标签至今仍在使用，但随着学术范围的不断扩大，它对于不同院校、学科和人来说已经是一个不同的概念。我们的研究选择了博士生的八项特征分析他们在不同学科领域的差异：研究生入学考试成绩（GRE）、资金支持、导师指导、师生交往、研究生产力、进度、完成学位及用时、专业期望。涉及的变量包括追求和获得学位的一些标准、学生的学习条件以及适应不同的文化习惯等。Lovitts（2001）指出，学科差异主要存在于文化、社会化进程、学术严谨性、学位论文要求等方面。学生对调查的回应体现了这些差异。回溯历史，博士学位已经从最初有闲阶级的精英学习发展到学术文凭及后来出现的最前沿的工商业认证。它的易变性使其得以延续，但随着五个领域间的差异逐渐渗透到学生的生活领域，残留的共性似乎也在消失。当我们试图解释调查结果形成结论时，需要澄清的是，博士学位虽然是重要和理想的包装，但其内容可能是千差万别的。

博士学位授予机构和院系在接下来的讨论中可能会认识到实践促进学生的成功，因而可能重新审视学生实践不足的领域。我们关注的是平衡。对我们中的一些人来说，博士学位甚至在他们获得之前就已经是神话了。实际上，他们成功获得学位的过程是热衷于冒险的结果，甚至回首这个过程都可能让他们产生敬畏。但是，由于没有更清晰广泛的统一结构与标准，"神话"可能给人更负面的暗示，特别是对于前景广阔的学位候选人而言。抛开个人利益暂且不说，美国需要这个学位，但是学位无论从总体还是各领域角度都需要更加明晰，我们选择的八个主题对领域多样性的把握，有助于我们发现主要领域间的奥秘。

一、GRE 成绩

从申请到入学，标志着博士教育经历的开始。在这个阶段，学生已经积累了各种资产以各种方式开始这一过程。在我们的模型中，这些属性是由学生本科院校的选择性、入学考试成绩、博士项目录取、研究生学位、参加私立或公立院校和全日制或非全日制入学来衡量的。这些因素都对结果的各个方面产生影响，但最有趣的是入学考试，主要是因为它在我们研究的主题中显示的人口学和领域的多样性差异最大。

GRE 一般能力考试作为招生工具连同其他信息（推荐信、大学成绩单、个人陈述、研究生申请表和某些领域的 GRE 科目）用于筛选潜在的博士生已经 60 年了。虽然考试成绩和出生证明一样是永久性的记录，但当学生过了第一学年后，这些成绩就不重要了。这提出了 GRE 一般能力考试作为工具和适用相关研究生院的招生政策等问题，是否 GRE 一般能力考试可以改造为增值工具帮助研究生机构验证学生的能力，如建立指导关系、获得研究生产力、合理的发展进度和完成学位。有些人可能会认为这对一个单一的招生工具来说是一个比较大的负担，而根据我们的研究结果，特别是对少数种族-族裔的学生而言，要充分预测博士项目的成功，选择判断必须超越目前 GRE 一般能力考试的框架。至于附加信息，博士招生委员会依赖推荐信、申请人的个人陈述和之前的学术成绩单。然而，所有信息来源都不能代替 GRE 的客观性和准确性。为提高招生委员会和未来学生预测一学年以上经历和成功的水平，可能需要使用更精准的附加信息流。

从即时回报的角度，GRE 一般能力考试是当前博士生教育环境中一个有价值的策略。总的来说，GRE 一般能力考试成绩为研究生机构和院系以资金支持形式向学生分配价值提供了一个便捷的方法。GRE 每个部分都有独特的优势。任何想拿到学业奖学金的学生都要注意 GRE 的语言部分。在各领域，语言分数高的学生更容易获得学业奖学金。GRE 一般能力考试成绩对入学时获得助教奖学金和助研奖学金也很重要。

我们的研究结果提出了 GRE 一般能力考试的效力以及研究生课程审查可能需要规范的其他招生信息来源（如推荐信、个人陈述及申请表）等问题。虽然考试的各部分都是学生入学和课程期间资金支持的合理预测手段，但进一步的使用价值有限。我们对 GRE 一般能力考试与成果间松散关系的研究结论，与过去的研究关于 GRE 分数与研究生平均学分绩点（Morrison 和 Morrison 1995；Sternberg 和 William 1997）和学位完成（研究生入学考试委员会 1972；国家研究委员会 1995）的关系的结果一致。在工程学领域，GRE 数学分数较高的学生显示与教师在学术问题上互动更积极。在教育学领域，GRE 语言成绩较高的学生意味着更可能在学术会议上发表论文。

然而多数情况下，GRE 高分预测价值有限，甚至出现相反的情况。最好的例子来自完成博士学业分析。只有一个例外，通过分析已证明显著的三组分数中任何一个都显示，GRE 分数较高的学生比分数较低的学生完成学位的可能性更小。这证实了 Bowen 和 Rudenstine（1992，182n.10）的发现（虽然没有统计学意义），GRE 语言分数较低的学生完成学位的比例略高于分数较高的学生。此外，我们还发现一些 GRE 分数甚至预测更长的完成学位用时。当然，GRE 一般能力考试的目的并非预测博士项目的外围，而是推进招生筛选决策。因此，当学生的知识重心变得更窄时，之前一般能力考试中的表现和其他履历特征变得无足轻重就不足为奇了。这些结果表明，除了标准化程度更高的附加信息，如成绩单、推荐信和申请书，包括个人陈述，或许未来博士教育的领域差异研究应当是探索 GRE 科目的预测价值，例如对学位完成及用时等结果的预测。

GRE 一般能力考试似乎对协助教师做录取决定有很大的价值，但在某种程度上缺少预测长期成功的稳定价值。GRE 一般能力考试分数似乎与进度、师生社会交往与学术交往、研究生产力和学位完成等重要结果没有系统关联，所以寻找其他可能对博士生经历有更多预测价值的信息和标准是适宜的，无论是否作为 GRE 一般能力考试的一个部分。很简单，教师和高分学生自己对 GRE 一般能力考试高分价值的期望可能是不切实际的。高分学生可能被期望获得更高的研究生产力、更快的进度、更宽松的师生互动时间和更高的完成率。我们的数据显示了相反的结果。这些结果可能部分受低分学生对成功的努力、渴望和决心的影响。

也有可能 GRE 目前的构成不能识别或奖励拥有潜在的获得研究生产力、进步更快、与教师相处得好和较高的学位完成率等能力的低分申请人。严重依赖 GRE 分数预测学生结果的院系可能无意中创造了光环效应，因此分数影响了教师对学生一般能力的看法，相应地也会影响他们对其他结果，如指导关系和研究合作的预期。毕竟，谁不想与一个整个院系都宣称优秀的学生交往呢？所有这些基于 GRE 分数的假设都低估了低分学生的研究生产力、进度、与教师交往及完成学位的能力。GRE 一般能力考试一个偶然发现的结果是提醒低分学生需要制定补偿策略和培养工作习惯以确保成功。

这提出了学生背景特征价值的几个问题。我们选择 GRE 一般能力考试最有针对性的问题，仅仅因为它是唯一标准化的测量和比其他属性对结果具有更紧密的联系，尽管它预测学生博士项目长期成功有局限性。在录取信息中，GRE 也揭示了学生人口与专业方向类别的最大差异。GRE 一般能力考试作为招生工具和它在录取过程的作用，有三个问题需要解决：

——GRE 一般能力考试能否改造吸收新的特性，以更好地识别博士学习必不可少的质量特征？

——GRE 一般能力考试能否从目前非标准化的个人陈述和推荐信，扩展到更系统化的方式捕捉有价值的个人信息？例如，这样的评估能否帮助研究生机构确定学生建立导师关系方面的优缺点？

——GRE 一般能力考试能否评价学生的概念化、研究及写作技巧，从而发掘潜在的研究生产力？

博士生录取时，大多数学位完成的因素都是未知的，如与同伴及教师关系的构建、自我指导、职业道德等。一些研究者（Baird 1985；Enright 和 Gitomer 1989；Hartnett 和 Willingham 1979）对潜在的附加特性进行了探索。尽管这些探索可能对改进录取过程有益，但这样细微地审查，即使意图再好，对一个简单的录取工具来说可能负担过重了。如果我们观察到学生在博士项目后期改变经历的成就是来自博士体验，而不是入学时体现的人力资源属性，这将是很有问题的。事实上，博士项目和规定体验的目标也许应该是消除 GRE 一般能力考试对学生完成学位过程的影响。

然而对于未来的博士生来说，认识到 GRE 一般能力考试分数可能对博士第一学年后的经历产生复杂影响，则不应减少他们获得高分的努力。取得高分仍然是学生获得入学资格和资金支持的最大兴趣所在。相比之下，GRE 一般能力考试得分低的学生也可以振作起来，他们成功获得研究生产力、与时俱进和完成学位的潜力不亚于同领域得分更高的学生。正如我们展示的，其他重要变量，如导师指导，至少在这些经验上承担同等的责任。

二、资金支持

研究学生经历的专家理所当然地把资助的类型作为一个关键因素。学生的个人社会经济地位也很重要。这二者我们都做过探讨。除了满足入学标准，资金支持是教师和学生攻读博士学位要重点考虑的下一件事情。

我们的数据显示，博士生一般家境富裕，父母的教育和职业背景差的学生只是很少一部分。但是，家境富裕显然不能作为博士生自己的家庭收入。除教育学领域外，大多数学生预期读博期间可以为自己赚得少量收入。教育领域则不同，学生在博士生经历开始前往往已确定职业并获得比其他领域的同伴相对高的收入。外部收入的普遍缺乏，给博士生赢得奖学金或助学金形式的学术资助带来了压力，主要问题涉及种族-族裔群体间和较小程度上跨领域的资金分配。工程学和科学与数学领域的学生在博士工作中容易得到助研奖学金，而人文学和教育学领域的学生这样的机会相对较少。相反，人文学和科学与数学领域近四分之三的学生以及社会科学领域近三分之二的学生获得了助教奖学金。

除了提供学生接受的资助类型和金额外，我们发现资助有三个方面值得关注。第一是获得不同类型资助的学生属性。第二是不同类型的资助如何帮助学生取得完成学位过程中各重要阶段的成就。第三是资助和成就二者"鸡和蛋"的难题。最后一个问题是最难解决的。资助带来阶段性成果和阶段性成果吸引资助存在于不同时间的许多方面,这让我们很难孤立地看它们的发生和结果。我们研究了吸引资助的属性和各种类型的资助对学生经验的影响,把"鸡和蛋"的问题放在以后研究。

与 Girves 和 Wemmerus(1988)一样,我们认识到助教奖学金和助研奖学金以不同的方式影响学生经历的质量。对教育学、人文学、科学与数学和社会科学领域的学生来说,助教奖学金增加了与同伴有价值互动的预期,伴随的好处是社会情感支持和院系的认可。我们观察到工程学、科学与数学领域获得助研奖学金的学生也有同样的现象:高水平的同伴互动和相应的支持体系。与教师交往的情况略有不同:在科学与数学领域,担任助教的学生对师生社会交往的评价较低,工程领域的学生对师生学术交往的评价较低。在社会科学领域,担任研究助理对与教师学术交往的看法有积极作用。

然而,助教奖学金的好处已经超越了更好的同伴关系和教师互动,包括获得研究生产力。对教育学和人文学领域的学生来说,担任教学助理可能带来读博期间发表研究文章的机会。与此相反,在科学与数学领域,助教发布论文的机会可能较少。这种助教奖学金价值的领域决定论比较新颖,主要是研究人员至今仍无法打破领域的界限。例如,我们观察到在科学与数学领域学生的助教奖学金和研究生产力的关系同 Ethington 和 Pisani(1993)的结论一致,担任助教是获得研究技能的障碍。另一方面,我们在教育学和人文学领域的相反结果与这个结论不一致。以此类推,Ethington 和 Pisani 认为,获得助教或助研奖学金都有助于学生研究生产力的提高,接受两种类型资助的学生又产生了更多的资金。我们的不同之处在于,上述结果按领域进行数据分析只适用于教育学和人文学领域,而非所有的博士生。

关于助研奖学金,与 Ethington 和 Pisani 的一般结论一致,我们发现除人文学领域以外,各领域担任研究助理的博士生更有可能公开发表论文。虽然说起来助研奖学金有助于出版物的生产,但是人们可能会认为这个过程相当复杂。出版不是偶然发生的,一般来说,公开发表成果包含了教师合作的水平。然而,我们有理由认为,学生获得一般助教奖学金和专业方向特殊类型的助教奖学金对他们开始学术生涯大有益处。

学业奖学金往往用于帮助院校争夺最热门的候选人。但奇怪的是,它似乎对任何领域总体课程满意度的影响都较小。同样,尽管助研奖学金有积极的效果,但学业奖学金并没有减少学生辍学的可能性。这些结果在某种程度上与 Ronald Ehrenberg 和 Panagiotis Mavros(1995)的研究相反,他们认为,缺乏资金支持对经济学、物理学及数学领域的辍学起主要作用,但在人文学领域则不然。我们的一个受访者注意到这些支持机制为增加学生满意度提供稳定的资金以外的其他形式:"资金支持当然会影响学生经历……不仅是对资金稳定和学术成就而言,还关乎尊严和敬业。"

对未来博士生的信息似乎是显而易见的:助研奖学金具有重要的学术优势。然而,我们对确定适用于博士经历所有方面的不同类型资金支持的等级犹豫不决。我们可以指出助研奖学金和研究生产力之间的联系,但我们并没有调查对于获得助教奖学金的学生的教学成果是否有潜在的同等收益。[①]尽管没有调查,我们认为,这两种奖学金都享有盛名并能带来独特的回报。

和以前的研究相比,我们发现助教奖学金的禁忌很少。我们与前人的主要矛盾是,助教奖学金似乎并没有导致任何领域的学生进度缓慢,62%的完成博士学位的样本显示,成为助教与延长学位完成时间无关。这与 Bowen 和 Rudenstine(1992)担任助教会延长学位完成时间的结论相反。他们猜测准备教学所需的额外时间可能会影响学生完成学位的工作。

助研奖学金对科学与数学领域的学生完成学位有积极的影响,学业奖学金仅对教育学领域的学生有较强的预测作用。学业奖学金、助教奖学金和助研奖学金不能预测各领域的学生完成学位用时,只有社会科学领域负债的学生需要花费更长的时间来完成学位。在理想的情况下,既然助教奖学金和助研奖学金在博士项目进程的战略要点上有助于产生不同的结果,那么平等条款可能是各领域两种奖

---

① Marsh 和 Hattie(2002)发现,教学效率和研究生产力几乎不相关。

学金授予机构的一个有价值的目标。可以看到的收获包括，博士生的早期出版物和对教师备课的关注提高了院系声誉，这是博士项目被忽略的问题。

三、导师指导

一个阳光灿烂的日子，一名学生兔子刚从它的洞里出来，就被一只狐狸抓住了。"我要拿你当午餐吃。"狐狸说。

"等一下！"兔子说，"我马上要写完博士论文了。"

"那是个愚蠢的借口，"狐狸说，"你的论文题目是什么？"

"我的论文题目是《兔子对狐狸和狼的优越性》。"

"你疯了，"狐狸说，"谁都知道狐狸比兔子厉害。"

于是兔子邀请狐狸去自己的洞里看论文："如果你不相信，你再把我当作午餐。"

既然没有什么损失，狐狸就和兔子一起进了洞。狐狸再没出来。

几天后，兔子又在写作当中休息了一次，一只狼抓住了它。兔子又一次用它难以置信的题目——《兔子对狐狸和狼的优越性》吸引了狼的好奇心，推迟了死亡。狼同意去洞里看它的论文，然后再也没有出来。

最终，兔子完成了它的论文出来庆祝时，遇到一个老兔子朋友。

"怎么了？"朋友问。

"我刚写完我的论文，内容是关于兔子对狐狸和狼的优越性。"学生兔子说。

"这听起来很不合理。"它的朋友评论道。

"哦，是的，"学生兔子说，"你应该自己来读一读。"

于是它们一起去了兔子洞，兔子的朋友在一个角落里看到了那篇颇具争议的论文，狐狸和狼的骨头堆在另外的两个角落里，而中间是一头狮子！

这个故事的寓意是：你的论文主题并不重要，重要的是你有一个正确的论文指导老师。[①]

本书论证了这则寓言坚实可靠的统计基础。然而，导师指导在博士教育的主

[①] 这个"寓言"的其他版本首次出现在 Devine 和 Cohen（1992）的《绝对零重力：科学笑话、引文和轶事》中。

导研究中是一个被遗漏的因素。Berelson（1960）、Bowen 和 Rudenstine（1992）分析博士生经历和结果时没有考虑导师因素，但是，它似乎是博士项目进程中一个突出的因素。在博士生案例研究和个人访谈中，Golde（2000）和 Lovitts（2001）确认了顾问的重要角色，但他们没有区分顾问和导师的差别。

导师和顾问在一些领域中似乎是存在差异的。在社会化领域中——学术生活行为和思维模式的训练与吸收——有导师的学生在课堂内外对与教师的关系都感觉更积极。同样，如果教师兼任顾问和导师，其结果是学生与教师顾问互动的评分更高。虽然我们缺乏定性数据来加强这些观点，但是与教师建立牢固的联系似乎为学生与其他教师交往提供了更有利的前景。通过院系内局部的成功协调，学生可以在整个院系实现更高水平的融合。我们推测，很少有教师认为自己付出的指导努力代表了同行的形象，并且通过提振学生信心创造了对各方都有益的良好氛围。

（一）对保持学业和进度的贡献

这些关于导师指导产生深远影响的重要性的研究结果，在以往的研究中没有出现过。虽然 Girves 和 Wemmerus（1988）的研究没有发现导师指导和完成学位间的关系，但我们的回归分析显示，在教育学、工程学和社会科学领域，有导师与完成学位呈正相关；在人文学和社会科学领域，有导师与更快拿到学位呈正相关。随着越来越多的人关注未完成博士学位者和学生完成学位的时间，对于学生和所在院系来说关系似乎也很清楚。对于学生来说，导师就像一把保护伞，抵挡学术追求的孤立，庇护学生易受打击的进取心。对于院系来说，这只是一个很平常的关系。导师指导是对学生取得成功的一种投资，回报最初是学生保持学业，其后是校友的尊重和声誉。

（二）对研究生产力的贡献

虽然导师指导或指导缺乏率高的影响很重要，但这并不是唯一值得注意的结果。我们发现了很多华而不实的言论，尽管听了很多关于导师指导重要性的演讲和座谈，但只有极少的研究案例（Girves 和 Wemmerus1988；Cronan-Hillix et al.1986）使用、测量或评估导师对学生表现和经验的影响。我们把注意力转向了研究中的空白。教师顾问也对研究生产力有一定的影响，对于人文学和社会科学领域的学生来说，影响的可能性增加了 2 倍。除科学与数学领域外，所有领域中有导师的学生比他们的没有导师的同伴更有可能在全国会议上发表论文。在社会科学、教育学、工程学和科学与数学领域，有导师与公开发表论文也有积极联系。总之，我们的研究结果是明确的。如果研究生产力的展示是院系承认的任务，那么导师指导有最大的可能性确保其成功。导师是如何提高学生的研究生产力的是下一个逻辑问题。导师的哪些培养行为有助于提高学生的生产力水平？

研究生产力的重要性体现在两个方面。首先，为博士生求职提供必要的课程简历。其次，正如 Bean（1982）和其他学者指出的，研究生院与博士后研究生产力之间有显著的关系。导师对帮助学生建立研究生产力与博士后的关系起到了额外的作用，尤其是对追求学术生涯的学生来说。从体制上讲，高校在各领域促进和支持高质量的导师可能提供更好的服务，这样可以确保为就业、晋升和流动提供富于创造性的候选人才。导师指导下较高水平的研究生产力将增加学生的就业机会。

（三）学生的期望

从统计的角度来说，虽然高质量的顾问和导师的重要性是不可否认的，但实际上导师的价值似乎与学生在导师课题项目中的经历有很大关联。我们的一个调查对象主动说明，博士生不仅希望在课程工作和学位论文上得到顾问的支持，还期望在专业发展上得到支持。似乎在这个特别机构里学生必须找到自己的顾问："我真的不认为这是导师关系。确切地说，是赞助人的关系。确实，我必须寻求信息和帮助。这不是现成的。在一次谈话中他提到一个朋友正在做托尔斯泰指南并在寻找赞助人。我说：'你提我名字了吗？'他没有想到这点，虽然他知道我办过这个主题的讲座，听过我在全国会议上做的报告，还和我讨论过托尔斯泰。上个月我签了一份（图书）合同。"

这提出了一个更大的问题，导师制的概念究竟包括哪些内容？无论是对于出版、引荐还是工作机会来说，它是意味着简单的建构信念的谈话，还是更积极地全面提高学生兴趣？这是一种学者的职业精神，院系很难用制度来规范，但毫无疑问，大多数接受顾问指导的学生心中有这样的期望，也有些人似乎很失望。例如，我们的数据显示，学生与导师的交往已经上升到感情层面，而在工程学、科学与数学和社会科学领域,与教师顾问(在这种情况下,不是导师)有积极关系的学生,对博士项目的满意度可能更高。这与 Nettles(1989)的结论一致,导师的支持和鼓励以及与教师的积极互动提高了学生的满意度。

满足学生对导师或高质量顾问的期望是管理者的两难困境。虽然看起来许多学生选择院校是因为在专业方向上可能得到重要人物的某种赞助,但是从学生的立场也需要认识到,院系在导师制的背景下不会授权给亲密的私人关系。确实,在教师层面人们肯定会产生疑问,这种"导师+顾问"是如何构建的?有哪些责任和回报?

各领域和机构的教师的职能和责任多种多样,因此很难概括关于教师顾问和导师的问题。博士生可以期待什么往往模糊不清,这也很容易理解为什么学生有时会感觉自己被教授遗忘了。以下是一个受访者的补充说明:"总之,我不认为博士论文研究和写作是大学生活的重要内容。教授和研究生往往不合作;相反,每个人都在做自己的事情。教师顾问的建议是没有回报的,对博士论文提建议也不是强制性的(据我所知)。我正在写博士论文的好友,一个决定转学,即使这意味着重修和参加考试,另一个发现她的题目已经过时,而她的教师顾问退休了,因此她被建议选择新的题目。"

另一个学生提到,在一个机构里,有一个"教授+顾问"大约有六十个写博士论文的学生。他发现这个教授在自己的专业领域里待人友好并乐于助人,"他讨论自己成果的其他研究途径的能力显然是有限的。在有限的几次会面中,他只是鼓励我坚持这个课题。而且我也不认为他会给我介绍学科领域的职业关系"。另一位教授对学生范围的专业知识很丰富,但"遗憾的是,他通常对提供论文建议不感兴趣……收到后面这位顾问的意见总得几个月,而他们来了也没什么帮助。或许不同的顾问体系能够引导我更有效地投入精力去完成合格的博士论文"。

显然,一些教师对研究生的责任感比其他教师更多,但他们的工作本身既不被认可,也没有人赞扬。可以想象,之前提到的研究托尔斯泰的专家,如果他因学生的出版物和工作安置得到院系授予的荣誉,情况会有多大的不同。从我们的数据和类似评论来看,似乎这是一个整体的支持困惑尚待解决,只有机构可以采取措施弥补这个缺陷。

四、学生与教师的交往

导师指导包含学生与特定教师的互动关系。学生与所在院系全体教职工的联系对考察他们博士项目的满意度也是有价值的。我们衡量学生与教师的互动包括两个方面：对与教师的学术交往和社会交往的看法。如果我们的数据没有显示学生与教师互动的看法延伸到博士教育经历的其他方面，那么，这些看法与其说是担忧，不如说是好奇。我们分析了这两个方面如何影响各种学生的经历，发现对各方面和各领域师生互动评价较高的学生对博士项目更满意。虽然我们会认为与教师互动先于满意度，但 Margaret Madden 和 Linda Carli（1981）考察逆向效应发现，满意度更高的学生与教师的互动更多。我们假设不可能知道满意度和教师互动哪个在先。对博士项目来说，在任何关注学生满意度的领域，积极的学术交往和社会交往或许是解决问题的关键。

（一）对师生交往的积极看法的作用

博士教育应重点关注什么来实现与教师的积极的社会交往和学术交往？这两个方面有几个共同的预测因素：职业兴趣、课程总时间、博士项目选择和导师指导。完成博士学业后渴望以教师作为首份工作、课程用时相对较短、进入首选或唯一选择的博士项目和有导师，这样的学生倾向于与教师有更高水平的学术和社会互动。Baird（1992）发现，学生入学时间越长，他们与教师的接触和互动就越多，而我们发现学生入学时间越长，对与教师进行学术和社会交往的兴趣越低。

一些参与师生学术和社会交往的学生提供了一些清晰的解释。例如，进入首选或唯一选择的课程的学生比其他学生更倾向于对与教师交往的积极看法，这似乎是合乎逻辑的。学生很可能已经仔细考察过他们所选的机构、院系和个别教师，以确定其质量和是否适合自己。同时，一旦学生入学，公认的院系声望会对所有成员产生光环效应。同样，有导师的学生对与教师互动的评价更宽厚。在所有五个领域，有教师做导师可以使学生对教师有更积极的看法。这可能还是光环效应，意味着与教师的积极关系使学生有较好的待遇，甚至能与其他院系保持良好关系。一般来说，期望博士毕业后第一份工作为教师或博士后研究员，对学生与教师实现积极的学术和社会交往是一个强有力的预测因素。这是合理的，教师角色的模范作用和学生的理解会促进他们朝这个方向发展。

在我们的研究中，虽然 GRE 一般能力考试分数与学生经历质量的主要差异没有联系，但对学生积极或消极地评价教师互动多少有些影响。在教育学、工程学和科学与数学领域，GRE 语言分数较高的学生对与教师的学术和社会互动的评价较低。我们是不是可以认为，口语和写作语言达到高级水平的学生认为他们的强项没有得到教师的充分认可，或者确切地说理想中的教师的言谈举止并未实现？相反，在工程学领域，GRE 数学分数较高与学生对与教师学术和社会互动的积极评价相关。在科学与数学领域，GRE 分析性写作分数较高与学生对与教师学术和社会交往的较高评价相关。人们也可能猜测相反的情况发生：学生数学和分析能力越好，对有这些能力的教师可能越尊重。

换位思考有助于了解别人。人们可能会认为从事研究助理或教学助理等教师类型的工作，将对学生评价与教师学术和社会交往产生同样的积极影响。但事实并非如此。在社会科学领域，研究助理只是与教师学术交往好评的微弱预测因素，对社会交往的评价没有前瞻性。担任助教，可以预测在工程学领域对与教师学术交往，以及在人文学和科学与数学领域对与教师社会交往的负面评价。在一些领域，担任助教的学生与教师分担本科教学的工作量，而教师对他们的印象却不深，至少有一种可能的解释是教学助理缺乏影响力。虽然过去的研究强调助教帮助学生创造社会和专业联系，但这种联系可能相对较窄，即使他们志趣相投、互相激励，也不会延伸到其他院系。

（二）社会和学术交往的趋同观念

学生交往的两个方面因学科领域不同而产生变化，在同一个领域内，师生学术交往也可能不同于社会交往。在工程学、教育学和人文学领域，学生一般对师生学术交往持积极观点，而科学与数学和社会科学领域的学生的评价相对较低。这些结果与对师生社会交往的结论比较，社会科学领域的学生对与教师社会交往的评价仍然最低。人文学领域的学生尽管对与教师学术交往持积极观点，但对与教师社会交往的看法与社会科学领域的学生一样消极。

根据数据分析，我们提供了几种可能的解释和其他应检测的问题。可能人文学和社会科学领域的教师不擅长感情交流和个人支持，或者这些领域的学生对这些类型的师生交往的评价更为苛刻。另一种可能的解释是，教师在这些领域的角色被滥用，不足以容纳所有想引起他们注意的学生。或者研究结果可能也表明，特别是在人文学领域，学生对教师评价高是因为对教师敬畏而不敢与其交往。

其他解释显示在学生自身。在五个领域中，大部分人文学和社会科学领域的学生视大学教师为未来就业的方向。也许当其他领域的学生联系或不联系教师时，人文和社会科学领域的学生已经在判定或拒绝以教师作为预期学术生涯的榜样。George Kuh（2001）在最近的一本关于高等教育的书中提出了另外一种可能性，他认为传统教师的思想和价值可能与学生的技术和目的差异非常大，导致学生的焦虑和疑惑。显然，没有个别访谈，我们不能提供这些领域差异的明确解释，只能提出问题留待以后研究解决。

还有一些异常现象，我们发现在科学与数学领域，学生对与教师的社会交往评价最高（与实验室的团队合作和日常接触相一致），但对学术交往评价较低。很多论题可以支持这些看法。一种观点认为可能是这些领域的知识适用期一般不会超过 5 年，有的教师被认为已经严重过时。另一个复杂的问题是，很多学生已经明确表现出对学术之外工作的兴趣，他们对工作接触的渴望已经不在缺少流动性或关系融洽的教师的高校内。与此同时，学生可能很抵触和厌恶成为教授的压力。另外，个体对于教学、建议、反馈、工作安置和研究支持的反应也对学生产生积极或消极的观点有影响。将它们从一般概述中分类整理出来，将有助于我们理解这些难题。

我们扩大了对学生与教师交往经验的调查范围。很多受访者在接受调查时附上的便签中表达了与教师关系的困难。博士生在候选阶段可以想象的最糟糕的情节之一是他们离开学位论文答辩椅时的场景。一个学生描述这种困境："我的教师顾问宣布将在年底退休。他是这个系唯一让我考虑从事博士工作的教授……我考虑过换专业，但是还没做出决定。"另一个学生与导师以外的教师建立关系时遇到了类似的困难："我对博士项目感到非常沮丧，尤其是最近。我的教师顾问（他也是我的学位论文指导委员会主席）离开去了另外一所大学。剩下的教师从来没有提起这位顾问的学生应该找一个新的教师顾问。我差不多被遗弃了。我现在仍在寻找新的学术论文指导委员会主席。教师什么忙也帮不上。"

一位人文学专业的受访者指出教师徒有其名，对教师关系表示不满："我对一些学生和教授的糟糕阅读感到震惊。在理论仍然占据主导地位的研究生英语系，我知道有学生不了解希腊神话或《圣经》或莎士比亚，对创作的时代背景一无所知，却轻率地'解构'内容的社会意义。他们似乎认为伊丽莎白·班内特（简·奥斯丁的《傲慢与偏见》的主角）应该找一份工作。教授们在公众场合中对这样的表现只有赞扬，私下有时是另一回事。我发现了学术怀疑下的知识诉求。"

这些学生的观点代表了高等教育值得注意的新发展：学生的权利意识。当今社会的消费者模式已经渗透到高等教育中，学生对个人支持、优先权和明确的方向的期待，可能超出了院系提供的范围。很简单，学生可能要求的服务没有部门可以提供。我们猜想……担心。

麻木是学生抱怨与教师互动的另一个问题：一个学生在现代语言协会会议上提到，研究生们抱怨每份工作都有400～1 500名申请人参与竞争。"显然，我们相当沮丧。有两名教授过来，其中一个是我的教师顾问，开始向我们讲述他们最初找工作的故事，那个时候在现代语言协会现场供他们选择的工作不止一份。听了一会儿，我打断了他的谈话：'这是鼓励我们吗？让我们感觉更好点吗？'他们道歉后离开了。其他学生对我敢这样粗鲁都感到吃惊。他们害怕那些写推荐信、掌握权力的人——在我看来无礼的人。"

随着终身职位变得越来越稀有和珍贵，教师如果自命不凡的话，可以想象会招来不满。学院是年轻人最后工作的地方之一，但在他们的前辈决定离开自己的舞台前，他们只能靠边站。一面是阻力，另一面是渴望，不可避免会造成不愉快的情况，譬如在教师职业最有可能成为学生目标的人文学和社会科学领域。这种学生的学习热情与某些领域特有的期望值下降的矛盾，似乎是完全合理的。

最后，要认识到学生渴望的学术职位能与教师更积极地互动，这不是想当然的联系。至少样本中的一些学生深感自己没有得到应有的教师支持，就像下面这位学生写的："教授通常对于就业市场的真实情况并不了解——尽管他们在遴选委员会看到各种各样的申请，阅读相关专业期刊和全国性杂志。我听不止一位教师在研究生中心说：'好吧，真正优秀的人会得到工作。'这出自承担着帮助我们就业的人之口。"

五、研究生产力

如果51%的参与率能准确地代表学生研究生产力的活跃程度，那么与导师指导相比，研究者对研究生产力的关注要少得多，而学生的关注更少。这表明研究生产力不是博士项目的既定标准和期待——至少不是撰写学位论文的标准和获得博士学位的要求。正如调查显示，我们对研究生产力有多重定义，其中之一是学生认识和报告他们活动的二十二种方法。包括在专业会议上做报告，出版专著、著作章节和书评，开发软件，提交和发表论文，编写资助提案，以及申请版权或专利。但是，我们没有掌握学生独立完成和与教授或其他学生合作获得生产力的程度。这对40%显示有志于教师职业的学生来说特别重要。

虽然我们明确设定研究生产力是博士进程的一个期望的结果，但是仍有必要询问学生为什么在这方面展示得这样少。其中一个原因可能是某些特定领域的学生不愿意从事研究型职业。学生们可能会认为在研究生产力上花费时间会妨碍学位进程。然而，我们的数据显示研究生产力具有相反的效果。在所有领域，有研究生产力的学生更有可能完成学位，研究生产力没有妨碍他们获得博士学位。学位完成的结果对我们证明重视研究生产力的合理性很有帮助。我们发现，"有一些研究生产力"是五个领域学位完成的通用预测指标。作为研究生产力的副产品，学生可以在相关范围内受益，如撰写博士论文开题报告、开展博士论文的研究与分析，以及撰写博士论文。看起来作为预测指标，在任何领域（或许全日制除外），没有什么比提升学位论文写作和成功答辩技巧更重要。研究生产力不会影响学位按时完成。即使不打算从事学术职业的学生也应注意：研究实践最终在最关键的时候会带来回报。

已发现另外两个研究生产力缺乏的线索存在于两个方面的密切联系中：一方面是导师指导与研究生产力，另一方面是助研奖学金与研究生产力。很可能许多学生不了解论文创作、发表和类似活动的短期与长期利益。有导师和助研奖学金对各学科和人口统计学群体研究生产力的高度预测表明，这应该成为院系创造博士生最佳体验的基准。对于以学术和研究职业为目标的学生来说，研究生产力可能被视为攻读博士学位成功的指标，比得上学位完成和学位用时。

目前尚不清楚有研究生产力的学生在劳动力市场上的优势程度，但它却是学生在学科或研究领域专业发展和社会化的明显标志。与院系加强研究生产力公开展示的压力一致，我们注意到这些工作的展示途径也在萎缩：会议提案由于更多的学生参与面临日益激烈的竞争；而会议本身受数量和频率的限制；学术期刊要应付成本问题和削减开支。在这样的环境下，学生参与研究生产力需要切实和持续的支持，以突破现有局限获得发展。

六、进度

我们观察到，各学科领域和种族–族裔群体进度的变化较大。似乎只有国际学生标新立异（见第十三章），取得快速进展表现突出。但是，我们检查影响进度的因素时发现，几乎没有人支持资金困难延缓受访者进度的观点。在工程学、科学与数学领域，家庭收入只是进度较慢的一个微弱的预测条件。只有在社会科学领域，有教育债务的学生进步相对较慢。同理，我们发现保持全日制研究生资格是迅速进展的显著条件。在读博期间兼职，似乎是延缓博士进程的一个方法。

这些进度变化的研究结果表明，院系可以为安排课程工作、综合考试、博士论文开题以及其他事项需要的时间表做更多的事情，从而更密切地监测学生在这些目标上的进展。换言之，为表面上看起来不存在的博士进程添加一个结构和时间表。一些受访者似乎已经考虑到这种可能性，甚至有人指出时间表应包括学生和老师这个非常现实的问题。一名学生在调查附加的便签中隐晦地提出，学术活动受时间表的影响并不大，"我觉得就我典型的学术经历来说……最终期限是参考，不一定有意义"。此外，我们可以预期并不是所有的学生都欣赏学院制定监测和支持政策的努力。一位博士候选人曾抱怨："在我的博士项目中，到这样晚的时间完成学位最大的障碍是，学院认为学生为学位付出得不够多（例如，我被要求辞掉我的工作，我被要求每周出勤两天到两天半）。"

另一名博士生在《博士生资金、经历和成就调查》中回答了一系列阻碍进度的问题。虽然其中的一些问题不易受到研究或是机构介入的影响，但也很好地反映了博士进程中的个性化特征。

在其他问题中，人们可以列举出有关学生学位进展的直接负担……是以下内容：① 学生完成博士学位前后及过程中对直系家庭或大家庭的财政义务；② 学术顾问减少或一个及以上博士论文读者对延长学生学习时间的影响；③ 各种意外的技术困难导致研究的主要部分缺失（例如，专业笔记遗失或无法修复的电脑故障）；④ 紧张的个人情况（例如离婚，自己或重要家庭成员健康状况不佳，挚友或家庭成员死亡）；⑤ 婚姻和家庭生活的节奏妨碍学生专心致志完成学位课程任务。此外，带着沉重的债务明显会影响学生学位进程中的自信和自尊，影响他（她）的最终结果，还可能剥夺他（她）最终的职业选择。

根据这些研究结果判断工作计划远不是一件容易的事。可能很多学生对各种时间表和计划进度并没有概念。教师清晰陈列内容清单可以加快后进学生的进度，使整个团队均匀地进入博士论文写作阶段。Golde 和 Dore（2001）提出类似的建议，学院各院系应该建立相关机制开展对学生进度的年度正式评估。同时，攻读学位初期更为同步的措施，可能更强调博士论文写作期间教师的联系时间和努力——一位评论员在 Bowen 和 Rudenstine 的《追求博士学位》（1992，260）中，把它描述为"黑洞"，其中的障碍和期限似乎成倍增加。

七、学位完成与用时

已公布的学位完成率为 50%左右（Baird 1993b；Bowen 和 Rudenstine 1992；Tinto 1993），与这个结果比较，截至 2001 年，我们的样本中 62%的学生完成了博士学位。我们的衡量标准与其他研究者略有不同，调查样本只包括已经完成博士第一学年的学生而不是所有入学的学生，有些学生第一年就退学了。我们没有跟进剩余的 38%的学生。因此，不清楚他们是不再追求还是继续取得进展。样本中所有完成学位的学生平均学位用时为 5.75 年。具体地说，教育学、科学与数学和社会科学领域的学生平均用时为 5.75 年，工程学领域的学生为 4.75 年，人文学领域的学生为 6.75 年。我们的速度比其他研究者观察到的要快，但是随着更多的学生完成学位，平均学位用时将会增加。领域差异与之前的研究结果一致（Baird 1990b；Bowen 和 Rudenstine 1992；Ehrenberg 和 Mavros 1995；Tuckman、Coyle

和 Bae 1989；Wilson 1965）。

10 年前，Bowen 和 Rudenstine（1992）提出作为博士教育的危机可能促使高校解决学位用时问题，因此我们观察到的速度可能反映了他们努力的成果。但是，1996 年当我们选择样本的时候，已经有超过一半的学生开始撰写学位论文，到 2001 年前 62%的样本学生完成学位，展现在我们面前的是一个令人相当沮丧的拖延过程的画面，这种过程大部分博士生都经历过。对于在这个时间段还未完成学位目标的学生来说，它仍然是一个未知结局的进程。因此，这个进程似乎是低效的。

如果学生能力达到了学院要求的博士工作水平（似乎没有人质疑这些团体的资格），人们不禁会问：为什么有了有效的课程工作、支持和辅导，他们却没有取得稳步的学业进展？我们发现了一些促进因素，如导师在学生发展中的作用。我们最初认为学生的研究生产力可能是一种障碍，实际上，它似乎对完成学位有积极的影响。我们怀疑学生的经济负担也会阻碍学位完成和用时，但发现仅在社会科学领域会延长学位完成的时间。我们没有发现严重的障碍来解释学位进程中的困难和学位时间的延长。唯一的障碍似乎是非全日制身份。可以假设，学生完成学位期间恢复兼职身份，就会放松与院系的联系，面临教授减少投入、离开或退休的危险。这是学院干预在学位论文写作过程中确保支持和监控发挥主要作用的地方。

对于学生来说，博士项目特别是后期的特征是高度个性化伴随高风险。风险最大的时间出现在课程结束，学生为完成学位投入了大量的时间、精力和资源后。这似乎是他们对教授最不满的时期。这种关系破裂的程度对准博士身份的影响是未知的，但是对更广泛的博士生群体来说，似乎是学校应该解决的问题。学生的学位工作时间越长，似乎对博士项目的满意度越低。我们不知道这是否只是短期的不满，他们是否会把这种不满情绪带到校友或职业中。但是，我们认为无论这种情绪是否在这样重要的阶段结束时出现，可能都不会持续太久。

即使研究有了造诣，写作对很多博士生来说也不是一个轻松自如的行为。即使最自主的人对着空白的电脑屏幕也会犹豫不决。同时，我们怀疑很少有院系可以提供培训，帮助学生关注并为学位论文委员会的评论文章创作固定的章节。大概在孤独的学位论文写作过程中，学生正在误入歧途。在研究生院面临的众多挑战中，在这一过程中减少学生流失应该成为优先考虑的事情。

八、职业预期

我们的研究创新之处是证明了领域差异在学生职业期待中的重要性。1999年，获得博士学位的学生有教师职业计划的不到一半（见第二章）。我们发现的领域差异中，工程学（28%）和教育学（38%）领域希望获得教师或博士后职位的比例较低，其他三个领域较高，近四分之三的人文学领域和一半以上的社会科学和科学与数学领域的学生有这样的职业期望。这与Golde和Dore（2001，6）的观点一致："在传统的艺术与科学领域，大多数博士生主要对教师职业感兴趣。"

学生离开学术职业的原因有两种可能的解释：一种是巨大的博士人才市场需求，另一种是学生对导师和顾问的职业兴趣降低。然而我们关心的是，对与教师的学术和社会交往评价较低的学生不追求教师职业，在这种情况下，研究生部门做出全面调整以满足学生更广泛的兴趣。某种程度上，对学术职业不感兴趣是潜在的对学术生活不满。一位受访者说："我不再对国家高等教育体系抱有幻想。即使我可以得到工作，也极可能是当前市场没有的，我不会接受。我曾对一个政治学教授朋友说过：'别误会，我不想成为你们中的一员。'我发现大学生活很狭隘又没有深度。尤其是市场收紧时，追求'职业'而非思想就成为主导。"这个自称为人文学科的学生受访者接着又斥责文化差异："进入研究生院以前，我常常对象牙塔的观念嗤之以鼻。教授要纳税、有抵押贷款、有孩子，我想说大学是'真实世界'必不可少的部分。事实上并非如此，我发现……有一种感觉，类似于选举人和牺牲品、被洗礼和未被洗礼、神职人员和世俗民众。"

各领域，如科学与数学领域的学生离开学术位置以及过去20年整体稳定下降的原因还有待进一步了解。虽然就业机会对学生的思想有明显的影响，但前文引述受访者的回答表明，其他因素，如学术反感也是说得通的。

在某些领域，对教师职业缺乏兴趣也会部分影响博士生经历。想成为教师或是博士后研究人员的学生似乎在很多预期成果上都有优势。这样的志向有助于教育学、人文学和科学与数学领域的学生积极评价师生社会交往，增进人文学领域的同伴交往，也有助于各领域学生积极评价教师学术交往。此外，在各领域，对学术职业的渴望更可能促使博士生们积极与教师顾问交往。教师的职业期望还极可能强有力地促进教育学、工程学和社会科学领域的学生在学术会议上发表论文，促进教育学和社会科学领域的学生整体研究生产力的提高。

与预期一致，教师职业期望与助教奖学金之间有明确的联系。在教育学、工程学和社会科学领域，想要成为教师的学生更有可能担任过助教。对社会科学领域的学生来说，教师职业期望和助研奖学金之间联系紧密。另一个教师职业期望影响广泛的方面是学生对博士项目的总体满意度。在教育学、人文学、科学与数学和社会科学领域，期望成为教师或博士后研究员的学生与倾向于在其他地方工作的同龄人比较，对博士项目满意的可能性更高。最后，从逻辑上说，教师职业期望对于教育学、科学与数学和社会科学领域的学生来说，也是学位完成的一个适当的预测指标，因为如果学位没有完成，他们最有可能忽略学术职位。

虽然一些学科（例如计算机科学）在参与行业竞争，用教授职位保留最优秀的博士人才，但是大量博士生的就业前景并不光明。值得称赞的是，大学越来越多地提供研讨会和咨询服务作为博士生学术就业的替代选择。然而，对于一些学生来说，隧道尽头仍然是可怕的黑暗前景，这可能是准博士现象的另一个原因。

九、小结

本章开头曾说过，希望我们的分析对未来和在读的博士生以及其他相关人员，如教师和行政人员有所帮助，并且可以说服研究者利用我们的概念模型——博士生经验的界定、测量与分析，深入了解学生经验和表现的质量。博士教育的组成部分是复杂的，即使不考虑领域、种族–族裔和性别差异，也没有一套属性特征能用来解释博士生的经历和结果。同时，我们已经为各利益相关人员提供了一些有用的研究结果来解决博士教育过程的常见问题。其中的关键在于博士项目中与研究结果有关的 GRE 的价值、资金和导师指导的作用以及进度。

我们是从研究生招生的传统特征之一开始的，实际上就预测效度来说，这也是不为人所知的因素之一。绝大多数博士生入学以前都已参加过 GRE 考试，然而他们似乎不知道入学之后 GRE 的价值。毫无疑问它是有价值的，是招生委员会决定录取人选和提供资助类型的重要工具。我们的结论是，未来的博士生和研究人员从一开始就关注 GRE 及 GRE 与学生入学、资助和学业表现的关系是明智的。然而，我们的分析表明，入学以后 GRE 成绩很可能被遗忘，因为它失去了与博士项目过程中很多重要事情的联系，例如研究生产力和导师关系。由于 GRE 不是预期用于这些长期目标，这种微弱的关系并不令人惊讶，而寻找连续性的学期成绩与成功的预测指标，如坚持学业和毕业，仍然是研究生招生委员会和研究生教育的领导者们关注的话题。GRE 和它的预测价值仍然令人困惑的是其持久力不足。未来的研究可以探索教师行为是否能减少其中的差异，以及博士生经历的差异是否随着时间的推移而减少。

资金和 GRE 一样具有神秘性。与 GRE 成绩不同，我们发现资金及资助类型与博士生的经历和结果有紧密的长期关联。越来越多的博士生期望及时获得研究生产力和完成学位，准确了解学业奖学金及各种助理奖学金的时间和顺序，有助于进一步认识资金如何促进学生的研究生产力和完成各领域研究。我们提供了一个开放性的假设，除人文学外，担任研究助理在研究生产力方面略占优势；第二个假设是选择成为教学助理不会阻碍学生进步，用于对资金的进一步研究。测试各类资助的时间和顺序对研究人员来说，是一项更具挑战性的工作。

另一些有价值的经验来自导师制对学生社会化、研究生产力和学位完成的影响力。有导师的学生明确在这三个方面受益。但即使是最著名的博士教育研究，导师制的概念也往往只是用于说辞，而很少用于调查研究。考虑到整个博士教育历史的学徒制特征，这似乎是不合常理的。尽管有人认为导师对学生成果的影响相当小，而我们认为导师的帮助是最大的。我们注意到区分导师和顾问的价值，也注意到学生受益于教师兼任这两种角色。与博士教育的其他重要特征一样，我们提出了导师制的测量，但仍有待进一步探索。例如怎样测量导师制。我们只是简单说明学生是否有导师，而不是测量导师关系的性质和强度。我们发现导师制与学生成果有密切关联，应进一步进行有说服力和针对性的调查。

这项研究中已完成的部分成果是产生了一些新的测量，如研究生产力和进度，并将它们对博士生经历和成果的贡献与传统测量如学位用时和学位完成进行了对比。这对研究者和学生了解博士教育更多细节问题也是有意义的。对于前者，它真正揭示了除课程成绩、学位完成及用时等传统因素外，很多追求和测量成功的指标。对于学生来说，我们将进度分解为一系列重要阶段，提供了一种更小幅增量监测进展的方法。我们选择考察八个重要阶段的平均完成速度时，已经完成了每个阶段的定义，从而为鉴别各阶段成就的多种属性开辟了道路。预期主要领域的差异出现了，出人意料的是国际学生的差异超过了所有其他类别的学生。

第十三章

特定群体的影响

上一章描述研究结果的一般影响,着重强调领域差异。在本章,我们尝试梳理特定学生群体的经历。这里我们探讨了种族-族裔群体中核心元素的差异(例如国际学生的唯一主要差别——进度)、性别差异相对较少的方面,以及与学生其他特征有关的研究结果,如年龄、婚姻状况、子女情况、家庭收入和父母背景等。

一、种族-族裔差异

(一)入学与资助

由于研究生入学考试(GRE)分数较低,非裔和西班牙裔学生的博士教育经历与白人学生不同。在我们的样本中,非裔和西班牙裔学生更有可能得到学业奖学金,虽然他们的分数较低。这似乎是违反常理的,因为我们的结论是学业奖学金通常与较高分数关联(第十二章报告),而这在过去 30 年中是一个普遍的现象(Baird 1976;Malaney 1987)。资金分配反映市场供求的关系,特别是反映研究生院在校学生、研究员和教师的多样性需求。学业奖学金授予不一定离散的两种群体:一种是所有种族-族裔群体中最有资格的学生得到没有附带条件的资助,很大程度上是根据 GRE 分数来确定的,使大学可以竞争最好的学生。另一种是最少数种族-族裔群体中最适合的学生得到学业奖学金,通常是非裔和西班牙裔,也使大学竞争实现更大的多样性。两种助理奖学金(教学和研究)似乎预留给最有资格的博士生,同样是根据 GRE 分数很轻易地将少数种族-族裔群体排除在外。这样说来,不难想象,机构和院系委员会既要争取最有希望的学生,又要实现种族-族裔的多样化，是比较痛苦的。

对博士阶段的非裔和西班牙裔学生来说，助教奖学金与学业奖学金相比，可能代表着更高的地位和更多的学术机会。非裔学生自20世纪80年代末以后获得助教奖学金的机会就很少了（Brazziel和Brazziel 1987；Nettles 1989）。虽然学业奖学金是一种重要和必需的资助手段，但可能无法保证学徒经历，这对学者和研究员职业来说是至关重要的。我们的分析显示科学与数学领域的博士生，尤其是非裔学生，是不会有导师的一个预测指标。导师的素质也很重要。非裔和西班牙裔学生的分数，连同助教奖学金的低获取率，也可能与缺少最有研究生产力的教师做导师的机会有关。在我们的期望中，有研究生产力的教师应当做出版、教学、保障资助和履行公共服务。这造成了双重险境，因为我们怀疑最有研究生产力的教师也最有可能参与受赞助的研究，分配助教奖学金，也可能寻找具有最高入学凭证（GRE分数和平均成绩点）的学生，因此，GRE分数较低的非裔学生可能处于劣势。目前提供非裔学生更高助理奖学金权限的选择有两种：取得较高的GRE分数，被有研究生产力的教师选择担任研究型助教；教师向GRE分数较低的非裔学生提供证明才能的机会。

（二）学业奖学金

在这里我们强调筹资机制对博士生经历的影响方式。例如，工程学和人文学领域学业奖学金获得者增加教育负债的可能性较小。因此学业奖学金的益处是明显的。除人文学领域外，各领域获得学业奖学金的学生比没有学业奖学金的学生偏重同伴间良好的社会交往。工程学和科学与数学领域获得学业奖学金的学生更倾向于积极地与教师进行学术交往。此外，在教育学、科学与数学和社会科学领域，学业奖学金是研究生产力的适度预测指标（唯一的告诫是，助研和助教奖学金根据不同的领域确定，也与各种研究活动有关）。在科学与数学领域，学业奖学金对学生的进度只有微弱的促进作用，并且只有在教育学领域，获得学业奖学金的学生完成学位的可能性略高于其他学生。再者，从整体上说，学业奖学金确实使少数种族-族裔参与到博士学位研修中，然而这种资助形式并没有像各种助理奖学金一样产生深远的影响。

（三）助学金

非裔学生在一些领域论文发表率低的一个重要因素是助教奖学金的参与率低。除人文学领域（助教奖学金某种程度上充当了相同的角色）外，所有领域的研究助理都更可能出席学术会议和发表论文。在科学与数学领域，担任研究助理的学生有超过 2.5 倍的机会出版文章和发表论文（相对其他领域的优势）。从这些数据我们开始认识非裔的劣势，他们获得助研奖学金的机会最少。例如，在教育学领域，只有 19% 的非裔得到助研奖学金，而白人为 29%，亚裔为 37%。在科学与数学领域，只有 38% 的非裔是研究助理，与之相比，亚裔为 72%，西班牙裔为 67%，白人为 71%，国际学生为 65%。对所有院系来说，增加非裔研究助理的数量有可能提高他们发表期刊论文和会议论文的比例。

我们看到，非裔和西班牙裔更倾向于获得隔绝研究义务和机会的学业奖学金，而不是有衍生利益的助研奖学金。这些机构和院系的政策决定似乎造成了有证明文件的研究生产力之间的广泛差异。尽管少数种族－族裔学生应该积极追求助研奖学金，但这可能应该提前建议。现在教师在课堂上可能害怕因拒绝多样性而被投诉政治不正确。但是，他们可能同时又对与少数种族－族裔学生一起工作备感焦虑，这些学生可能 GRE 分数和本科平均成绩点相对较低，本科就读的大学名望不高。这种情况尤其可能出现在当教师的研究课题有赞助和严格截止日期时，GRE 分数和平均成绩点高的学生与少数种族－族裔学生竞争助研奖学金。

虽然研究生课程寻求以扩大助研奖学金和助教奖学金的方式来惠及更多代表性不足的少数种族－族裔群体，但他们也需要审查对少数种族－族裔的学业奖学金发放的效果。他们在机构中是否实现了学生期望的结果？是否形成了抵御学术内外攻击的风气？密歇根大学安娜堡分校 Horace H. Rackham 研究生院领导层的做法为增加教学和研究机会提供了范例。过去 10 年中，一些先进院长牵头实施助学金定向奖励改革，为学业奖学金获得者提供参与教师教学和研究实践的机会。研究生学院也面临解决怨恨的问题，避开支持平权行为，不相信定向学业奖学金是实现多样性手段的反对者。有些人认为学业奖学金获得者与助教或研究助理的分工决定了谁与谁互动，有潜在地疏远群体未来关系的可能性。对很多博士研究生来说，未来的专业同事是他们研究生院的同学，这可能是另一个在国家未来学者中出现分裂苗头的体系。

二、导师制的挑战

很多学者倡导导师制对博士教育成功的重要性（Arce 和 Manning 1984；Bargar

和 Mayo-Chamberlain 1983；Blackwell 1987；Hartnett 1976）。我们的研究结果肯定了导师制在学生与教师的社会和学术交往、研究生产力以及学位完成等方面的重要性。虽然样本中 70% 的博士生有导师，但与白人学生（29%）相比，没有机会接触导师的非裔学生（36%）较多。这是科学与数学专业非裔学生导师缺少率（43%）高的结果。事实上，科学与数学领域或许是导师制影响力的最好例证。在科学与数学领域，非裔与白人比较，对师生社会交往的认识不高，出版文章和获得全面研究生产力的可能性较小。在其他领域，我们没有观察到非裔与白人在导师和师生社会、学术交往方面的差异。我们的结论是至少对于科学与数学领域的非裔学生来说，导师制存在差异。

亚裔和国际学生的经历表明，导师制可能对来自不同文化背景的学生产生不同影响。例如，在工程学领域，亚裔没有报告比白人低的社会和学术交往以及生产力，然而他们有导师的可能性也较小。工程学和教育学领域的国际学生也是同样的情况。

三、社会化

本研究的优势之一是它依赖博士生完成第一学年时做出的判断。虽然对教师质量的判断通常包括出版物、大学名望、教师排名、终身任职身份和教师发起的研究课题，但在这里博士生是基于学习过程中的进步来评价与教师互动的效果。在我们看来，博士生对与教师学术交往的看法——他们的教学、实用性、建议和对学生的兴趣——是最重要的。教师寻求学科和同事尊重的同时，也应该重视学生对他们的看法。

在工程学领域，当 GRE 成绩、导师、资金和工作期望等因素得到满足时，学生对与教师学术交往的看法有关的令人担心的种族－族裔差异似乎被纠正了。坏消息是工程院校为非裔学生的成功需要改进时，似乎成了一个仍然存在问题的地方。好消息是我们确定了一些切实的因素，例如导师、资金和全日制注册等作为定向工程院校的条件，尝试纠正种族－族裔差异。

Bob Suzuki（1989）把亚裔称为"模范少数种族－族裔"。由此，Suzuki 认为亚裔的经历和表现很大程度上是在模仿白人。我们的数据常常证实 Suzuki 的观点,但也有例外。与教师的学术交往似乎是存在差异的一个地方。在我们的研究中,Suzuki 的理论在工程学领域得到坚定的支持,亚裔倾向于积极评价与教师的关系。相反,教育学领域的亚裔学生认为与教师的学术交往并不顺利。工程学领域非裔学生的纠正方法似乎并不适用于教育学领域的亚裔学生。教育类院校需要寻找包含本研究因素以外的解释。

(一)对研究生产力的影响

Smith 和 Davidson(1992)发现非裔学生发表论文比其他博士生都少。通常,在工程学和人文学领域,非裔学生发表论文与白人没有什么不同。然而,我们关心他们在教育学、科学与数学和社会科学领域的出版经历。非裔艰难的另一个标志是,在科学和数学领域的研究论文发表率较低。我们的回归分析显示,他们在这个领域发表论文比白人少 75%。在教育学和社会科学领域,他们发表论文的机会也比白人少。其他种族–族裔群体没有面临类似挑战的情况,虽然在社会科学领域西班牙裔发表文章的机会也比白人少。西班牙裔在研究生产力方面也存在缺陷。在科学与数学领域,西班牙裔提交会议论文的机会比白人少将近 75%。从回归分析可知,其他因素,如课程时间有助于出版文章和发表会议论文,但对多数领域来说,导师是关键。

科学与数学领域的博士生的研究记录对他们的职业期望很重要。在科学与数学领域,一个普遍的职业规划是取得教师职务前先得到博士后职位。当我们将得到教师和博士后职位的期望结合时,非裔就可以和他们的同龄美国公民相提并论。分解这两种职业追求时,非裔学生对成为博士后研究员的期望低于白人。低出版率和放弃博士后培养的期望应引起教师和管理者的关注。这表明科学与数学领域的教师需要提高非裔学生的研究生产力,或者满足他们没有参加与博士后奖学金挂钩的额外培训也能进入教师队伍的需求。

院系结构包括讨论会、专题报告和编辑会议,可以帮助所有的学生演示和发表论文。支持活动如讨论会不需要增加教师的额外负担,而是可以安排在这方面取得成绩的高年级研究生负责。教学就是重新学习,这种教学活动能提高获得研究生产力的学生的数量和强化已有研究生产力的学生的优势。

负担不仅仅在学生肩上,教师可能也需要放宽学术标准。Pruitt 和 Isaac(1985)

关注少数种族－族裔学生面临的学术环境和来自白人教师的有关少数种族－族裔学术出版的消极态度。Amado Padilla（1994）认为少数种族－族裔学者发表文章的两个潜在障碍可能是传统专业学术期刊对民族和种族－族裔的特色主题缺乏兴趣，以及《黑人心理学杂志》和《西班牙裔行为科学杂志》等"民族"期刊的有限支持或者学术认识。在 Ibarra（1996）的访谈中，博士生表达了对民族学术接受问题的关注。

（二）对学生满意度的影响

在这个顾客至上的时代，当大学重视满足付费"客户"时，博士生可能是他们关注最少的。尽管如此，少数种族－族裔中令人不安的暗示甚至是痛苦，应引起管理者和教师的重视。我们的研究提供了一些可靠的线索来修正这种不安。正如我们在第九章中观察到的结果，在工程学和科学与数学领域，非裔与白人比较对博士项目的满意度较低。然而当他们的经历和背景类似时，他们的低满意度消失了。在实现同等的经历和背景前，非裔博士生将不会得到课程的全部好处。

虽然所有领域的非裔博士生数量的提高已经扫清了 Edward Bouchet（第一位黑人博士学位获得者）和 W. E. B. DuBois 遇到的艰难，但非裔学生在一些方面仍然没有得到认可。在工程学和科学与数学领域的关键经济部门，非裔在我们的样本中总共只有 100 人，在这两个领域学习的超过 27 000 名样本学生中占比极小。这种影响可能循环：进入这些领域的非裔学生不足，不能吸引院系对他们的指导和其他支持需求的注意，非裔青年招募者因此又很少有成功案例支持他们的努力。

博士生教师较少关注学生的满意度，也是部分流行的说法。随着大学做工作保证它们的博士校友积极参与和为母校做贡献，学生经历因素可能变得更加重要了。反过来讲，在新一代教师中，更积极的博士教育经历将决定他们如何与学生互动。

（三）对完成学位的影响

本研究样本选择于 1996 年，那时超过半数学生已经完成初级考试，处于论文写作的过程中。6 年后的 2001 年，62%的样本学生完成了他们的博士学位。剩余的 38%似乎很多是少数种族－族裔的学生。在工程学、科学与数学和社会科学领域（见第十章），非裔完成博士学位的可能性明显小于白人。除工程学领域外，当非裔和白人在与教师的社会交往、满意度、背景特征和经历等方面相等时，往往可以修正学位完成上的差异。这不能用过去的问题、研究生产力和导师等因素解释，因为工程学领域的非裔学生并不弱。在工程学领域，西班牙裔的完成率低于白人。我们担心的是，在任何领域，非裔成功完成博士学位的比例都无法达到50%。只有在人文学和社会科学领域，西班牙裔完成博士学位的比例低于50%。

提到完成学位，我们发现有不同的种族–族裔差异。在工程学领域，亚裔学生有导师的可能性低于白人，但是他们对与教师的学术交往却更积极。这是另外一个亚裔区别于白人同伴的少数案例。

四、国际学生

在我们的样本中，国际学生的经历与美国学生存在差异：较快的进度、较低的债务和较少的同学互动。大部分国际学生都集中于工程学和科学与数学两个领域。这表明他们的国家对建设科学基础和技术的重视，并且可能显示了美国大学其他三个领域的美国文化构成的一些因素。

国际学生与同学的最大差异是他们的进度，原因可能与他们的签证要求有关。即使是在教育和社会科学两个完成学位相对较慢的领域，国际学生的进度也快于所有美国种族–族裔群体的同学。推测进度快的原因，我们必须考虑到他们连续注册的签证要求、与教师的互动和资金状况所起的关键作用。

为取得学生签证，国际学生必须证明有足够的资金支持预期用时的博士项目。这会造成压力，有两种方式二选一可供解决。如果这种资金是制度保障的，学生可能会认为它是有期限的，甚至是易变的。从我们的数据看，似乎国际学生对于获取院系支持做得很好。总的来说，57%的非美国公民在读博期间获得了助教奖学金，与领先的群体相当——亚裔（59%）和白人（57%）。至于助研奖学金，非美国公民学生几乎与亚裔捆绑（61%∶62%）成为领先的获得者。只有学业奖学金国际学生较少获得，与领先群体西班牙裔的81%比较，他们的比例仅为45%。

国际学生获得助教奖学金相对容易，这可能反映出他们技术水平较高和准备充分。调整其他因素我们发现，在教育学、工程学和科学与数学领域，国际学生获得助教奖学金的机会较少，但在社会科学领域较多。而在教育学、工程学和社会科学领域，他们获得助研奖学金的机会较少。与美国人不同，国际学生即使资金无法延续到完成学位，借贷的可能性也小得多，反而可能产生加速学业的动力。最后，当国际学生和他们的家庭面临弥补比美元疲软的货币缺陷时，可能是另外一个快速完成学位的动力。减少家庭资源消耗可以更好地促进国际学生努力完成他们的课程。

关于同伴交流，我们的受访者认为国际学生追求及时有效的博士学位研修。在工程学、科学和数学领域，国际学生参加业余活动甚至辅助课程的可能性比白人小，可以想象他们更重视博士论文任务。我们也可以看到，科学与数学领域的国际学生对博士项目的总体满意度低于白人。语言和文化差异似乎是社会交往和满意度较低的合理解释。

根据国家科学基金会的《科学和工程指标》2002 年追踪研究支出趋势报告（国家科学委员会 2002），目前外国学生来美攻读自然科学和工程学博士学位的人数有所减少（Southwick 2002）。自然科学与工程学领域的国际学生获得博士学位的数量稳步增长了 10 年以后，从 1996 年的 13 381 人降至 1999 年的 11 368 人。鉴于国际学生人数在这些领域比例较高，机构可能会注意到他们的博士项目人口构成的变化和对博士生经历产生的影响。首先，国际学生在助教和助研奖学金中发挥了重要作用。如果他们的注册人数像我们过去 10 年中观察的一样持续减少的话，研究生院校将面临补充研究生劳动力减少的需求。其次，某些领域的国际学生社会交往和满意度水平较低不应被轻视。面对欧洲、亚洲以及澳大利亚博士教育日益增长的竞争，对美国机构来说，如果想保持竞争力，重视热情友好的学术环境可能变得越来越重要。最后，美国研究生院校或许应该参照国际学生的资助安排，重点考虑他们预期债务的可能性较低的情况，作为可能的模式来支持更多美国博士生，尤其有助于连续全日制注册。经济刺激可以用来鼓励学生更快地完成学位。

五、性别差异

我们的研究结果一个出人意料的方面是性别差异相对较小。有关女性博士生的研究文献很少，因此我们考察性别差异时可资借鉴的先例有限。从表面上看似乎女性在大部分领域都表现得很好，进展顺利。女性博士生对自己表现的看法支持这种观点。当我们要求学生评价自己的表现时，女性博士生与男性相比更多的时候认为自己在班级前 10%（48%男性：43%女性）。

学位完成已经成为博士生研究的一个热门课题。研究者并不是唯一担心学位完成的人。很多博士生也关心学位完成并且及时完成。虽然有研究者（例如 Zwick 1991）已发现女性的学业完成率比男性低，但是我们发现除一些特殊情况外，女性和男性的学位完成率与及时性差异不大。对于完成者来说，当其他所有因素相同时，女性和男性完成学位用时接近。在社会科学领域，当婚姻状况、年龄、GRE 一般能力考试分数、有导师和始终保持全日制注册等因素相同时，男性的微弱优势就消失了。

学位完成并不是全部，在博士教育的其他方面存在一些小问题，性别是核心区分因素。Hartnett（1981）曾提醒我们，考察研究生阶段各学科男性和女性的经历是重要的。通过观察学科水平，我们开始确定研究生经历存在差异的范围。检验这些差异有助于确认女性面临障碍的关键区域和她们有优势的地方。

工程学和科学与数学领域女性的研究生产力是一个值得关注的地方。调整背景和经历等因素，男性在论文展示、出版研究文章和整体研究生产力等方面的优势明显。测量造成这些研究生产力最稳定的因素是在课程期间有导师和担任研究助理。我们的研究结果显示女性在这两个方面都没有缺陷，因此，我们的数据不能解释女性研究生产力较低的原因。更多证据表明，这两方面的资助机制并没有阻碍女性获得研究生产力。在工程学和科学与数学领域，女性获得学业奖学金的表现比男性好，学业奖学金是促进研究生产力的因素。工程学领域的女性更有可能获得助教奖学金，这有助于获得研究生产力；而科学与数学领域的女性获得助教奖学金的可能性较低，这将减损研究生产力。在我们的分析中，资助和导师都不会消除男性的优势。因此，院系支持女性研究的传统指标不是提高研究生产力的合适目标。

女性的研究生产力虽然较低，但仍然应当进一步考察它的重要意义，因为研究生产力是这些领域人力资本开发和向上流动的源泉。一条线索来自 Clark 和 Corcoran（1986）的回顾性研究，女性教师回忆在研究生学习期间，教师已经关注到她们的潜力,以及她们作为女性不大可能从事涉及研究生产力的职业。或许在师生的日常谈话中,我们可以找出研究生产力性别差异的根源。

另一个值得关注的地方是与同伴和教师交往的性别差异。在我们的样本中,人文学、科学与数学和社会科学领域的女性与同伴交往表现最好,而男性在教育学领域有优势,在工程学领域没有差异。在教育学、工程学和社会科学领域,男性与教师社会交往水平较高。在教育学和工程学领域,这种男性优势还体现在与教师的学术交往上,他们对教师的评价比女性更积极。这可能与这些领域的女性对与教师的社会交往评价较低有直接关系,而且可能与男性教师数量多有关,至少在工程学领域和一些教育类院校是这样,这提醒我们不是所有领域都实现了教师的性别平衡。这些研究结果使我们想起早期研究者的结论——女性在与教师的关系中处于劣势(Bargar 和 Mayo-Chamberlain 1983;Feldman 1974;Hite 1985;Holmstrom 和 Holmstrom 1974;Kaplan 1982;Sandler 1991)。这种不平衡的另一个表现是所有领域的男性都有较多机会拥有同性的教师顾问,在科学与数学领域尤为突出。Yolanda Moses(1989),Bell Hooks(2000)和 Sarah Nieves-Squires(1991)呼吁关注非裔和西班牙裔女性应对处理高校师生关系的额外挑战,这种挑战我们在分析中没有说明。

总体而言,男性对师生社会交往的评价高于女性是最令人不安的发现,因为这将意味着"老男孩俱乐部"和性别歧视仍可能持续存在。即使女性的同伴社会交往水平较高,也无法达到男性与教师交往中的优势,尤其在工程学和教育学领域。毕竟除社会科学外,其他领域女性与男性一样有可能在完成博士学位后计划担任教师或博士后职位;学生有志于教师或博士后职位是各领域师生学术交往稳定的预测因素。

女性研究生(58%)和博士学位获得者(44%)比例增长的表现类似。不仅仅是数字上的平衡,学术女性能否拥有一切应有的婚姻、孩子和职业生活(Lynch 2002)等问题仍然存在。尽管还没有这个现实问题的答案,但是我们已经看到,教育学和人文学领域的女性已婚人数更少,而科学与数学领域较多。教育学、工程学和科学与数学领域有 18 岁以下子女的女性更少。除了这些数字,更重要的问题可能与女性的多重角色有关。也就是说,与男性相比,是否配偶或者母亲的角色阻碍了她们的进步。这个问题已经超出了我们目前分析的范围，但在以后的分析中将会解决。

六、大龄学生

想成为学者应该是"当和尚要趁早"，这句谚语可能已根植于资助办公室的理念当中。当然，在以前研究（Baird 1976；Malaney 1987；Wilder 和 Baydar 1991）的基础上，我们得到大龄学生在读博期间获得学业奖学金、助研奖学金和助教奖学金机会较少的结果，这并不令人惊讶。这种情况在所有领域都是一样的。

大龄学生与教师或同伴的社会交往因学科领域而变化，然而年龄较大是一个很好的进度预测指标。当我们调整目前研究的其他因素后，教育学、工程学、人文学和科学与数学领域的大龄学生进度较快。只有工程学领域的大龄学生完成学位的可能性较小；在教育学领域，年龄是完成学位用时较少的微弱预测因素。大龄学生完成学位用时相当或较短的结果与 Tuckman、Coyle 和 Bae（1990）的结论相反，他们认为博士生的年龄是最稳定的预测因素，是所有学科领域完成学位用时较长的原因。

人们可能会问，机构和院系是否忽略了大龄学生作为各种资助形式接受者的经验，而不合理地切断了这些经验可能产生的利益。这样看来双方都没有得到应得的利益。大龄学生仍然以合理的时间和速度完成学位，但是他们没有得到与年轻同伴平等的机会为院系做贡献；因此，对院系研究生产力和社会交往的潜在影响可能被低估了。

七、已婚和有伴侣的学生

考虑到在我们教育系统中，博士生与第一专业课程的学生是所有学生中最成熟的，很多人是已婚或有伴侣，甚至有孩子。婚姻承诺可以预期对学生的经历产生影响（Baird 1990a；Feldman 1973；Girves 和 Wemmerus 1988；Hawley 1993）。总的来说，近 54% 的样本学生已婚或有伴侣。教育学领域报告已婚或有伴侣的学生比其他领域更多。这对学生的其他经历有一定影响，但取决于他们的学科领域。例如，已婚和有伴侣的学生在工程学领域有双倍的机会获得助研奖学金，而在教育学领域更可能获得助教奖学金。在工程学和科学与数学领域，婚姻或伴侣关系是学生教育债务较高的合理预测因素。在我们的调查中，社会科学领域已婚和有伴侣的学生对同伴交往和与教师的社会与学术交往的积极性不高，但他们对与教师顾问的学术交往的看法没有差异。

有一个例外，婚姻状况对预测学生的研究生产力没有帮助。可以说这是 Feldman（1973）的研究结果的当代观点，已婚男士研究生产力最高，发表和出版的文章更多。已婚状态似乎有助于及时完成学位。已婚学生辍学的可能性低于未婚学生。同样，在教育学、工程学和科学与数学领域，已婚或有伴侣证明是完成学位（在工程学领域有 2 倍的概率）的良好预测因素。在工程学、人文学和科学与数学领域，已婚和有伴侣的学生完成学位用时也比单身学生少。

八、家中有子女的学生

有未满 18 岁的子女是快速完成学位的障碍。好消息是总体上有孩子的博士生与没有孩子的同伴经历相似。他们有相似的同伴社交、相似的师生社会和学术交往，以及相似的研究生产力。有孩子的博士生更可能辍学，这并不奇怪。我们发现在工程学、人文学和社会科学领域，有未满 18 岁子女的博士生完成学位用时更长，这与其他学者的调查结果一致（Abedi 和 Benkin 1987；Nerad 和 Cerny 1993；Tuckman、Coyle 和 Bae 1990；Wilson 1965）。我们只发现两例因资助而造成学位用时延长的情况。工程学领域有未满 18 岁子女的博士生获得助研奖学金的机会比同伴少 67%，而负担教育债务的可能性比同伴多 2 倍。

我们提醒博士生、研究生教师和管理者注意有子女与没有子女的学生缺少差别的调查结果。我们的分析没有说明有子女的学生养家糊口时如何达到博士项目的要求，以及有子女可能怎样影响男女博士生的经历。只是简单地让有子女的学生有更多的时间来完成学位可能还不够。例如，我们对博士生的访谈显示他们需要负担得起的、便捷的儿童看护服务。

九、学生家庭收入

因为博士生比本科生更远离父母，他们自己的家庭收入成为他们阶级地位的重要衡量标准。在教育学和工程学领域，样本学生的家庭收入越高，对与教师的社会和学术交往的认识就越深刻。在工程学领域，家庭收入较高的学生对与教师顾问交往的评价较高。然而，家庭收入较高的学生更有可能辍学。在工程学和科学与数学领域，家庭收入较高的博士生进度较慢，已获得博士学位者完成学位用时更长。

十、父母的社会经济状况

父母的教育和职业对博士生经历不会有很大的影响。人们可能会认为，家庭环境更舒适的学生可能会利用家庭资源资助学业。这或许是正确的，事实上除了教育学领域外的所有领域，社会经济背景较好的博士生累积的教育债务都比同伴少。此外，在教育学和社会科学领域，父母的社会经济状况（SES）是学生进度和完成学位用时较短的适度预测因素。再者，我们只能推测，但这是合理的，父母的社会经济状况较好的学生可能用家庭资助补充奖学金或助学金的不足。

除了资金方面，父母的社会经济状况和社会资本还有助于学生与同伴和教师的互动。父母的社会经济状况在学生经历中扮演着各种角色。例如，在工程学领域，社会经济背景较好的学生与同伴社交可能更积极，与院系和学术顾问的学术交往也更积极。在科学与数学领域，社会经济背景较好的学生与教师顾问的交往更积极。在工程学、科学与数学和社会科学领域，社会经济背景较好的学生更可能找到非常重要的导师。

我们猜想上述结果反映了各种类型的家庭交易，不过并没有相应的定性证据。家庭富裕的博士生可能在申请和资助过程中得到父母的帮助；他们可能从出生就被训练与"上级"和同伴交往；他们可能在攻读博士学位前就已经拥有具备影响力的榜样和关系；社会经济状况较好的父母可能在读博期间不断地向他们提供经济和情感支持。虽然这只是一种假设，但大部分博士生可以确定在博士项目中做任何事都很容易的人来自富裕的家庭环境。

十一、小结

前面的章节已经证明，对于机构和院系决策者来说，挑战是多方面的。当学生要求更公平的对待时，这些挑战也是博士项目必须设法解决的。学生日益增长的多样性问题包括以下内容：非裔和西班牙裔学生获得更多助研和助教奖学金的结果怎样？女性如何越来越多地融入院系的社会和学术互动？当国际学生被鼓励为学术界做出更多贡献时，会产生怎样的变化？怎样使管理者认识第二甚至第三职业的增长趋势并做出反应，以及更公平地对待大龄学生？机构如何保障博士生维持家庭生活？所有这些方面的承诺都有助于机构和学生在满意度调查、实现愿望、提高声誉和威望中获益。

第十四章

博士生经历新答案与新问题

我们开始这项研究旨在了解学生如何经历博士教育。当调查告一段落时，我们已经对博士生背景、经历和表现的多样性以及所需的改进有了深刻的理解。在这项工作中我们总结的两个问题是项目开始时提出的两个问题的变体。那时我们的问题是，我们需要理解什么？我们如何提升博士生的经历？现在我们清楚地阐明对经历的理解和改进的过程。

一、新认识

教师的主要挑战来自博士生的多样性。尽管博士生有很多共性，但他们的来源、交往和志向都与半个世纪前的学生不同。随着各界人士对获得博士学位的兴趣日益浓厚，早期教育历史学家（James 1971；Veysey 1978）最担心的面向大众的博士学位似乎已经实现。然而，正如我们所看到的博士生对学位的目的与60年前明显不同——这可能是学位自身的改变。

在 William James 时代，多数参与者致力于学术或平行研究职业，教师更容易将学生与相关培养模式匹配。相反，今天的学生追求很个性化的道路。他们或多或少地对教学、研究或出版文章感兴趣，这取决于他们的长远目标。另一方面，他们寻求政府和工商业角色，在那里出版物和会议论文展示可能没有这么高的价值，或许不注重传统学术追求也会发展得很好。他们也期待教师特别是教师顾问带来对就业前景和学科热点话题的世俗看法，而不完全是学术上的观点。因此，学生们似乎在呼吁教师顾问与导师调整自己和最终的博士学位来适应他们的不同兴趣。事实上，我们或许见证了博士学位正在从专心学习获得最后的文凭的传统角色，转变为具备特殊能力的证明。所有这些学生的需求无论是否已表达，教师都很难满足。但对于完成学位来说，没有什么比师生关系更为重要。

我们对各种研究生产力成果的关注，意味着存在与通过提升博士生教学技能获得优势相反的偏见。我们知道助教和助研奖学金与研究生产力有关；但没有评估这种联系，因此不了解助教和助研奖学金与博士生成为有影响的教师之间有怎样的关系。近半数学生表示有兴趣从事教师职业，我们仍然需要进一步了解与助教奖学金相关的培训和奖励。例如，如何制定有效的教学大纲；各种设计、预演和演讲方法的价值；提高自身知识，使本科生易于理解；激发新生对所选学科的热情。还需要纵向研究来考察博士生教学实践与教师教学质量的关系。正如研究生产力提高了新博士在研究和教授市场上的吸引力，他们的教学经验也必须具有市场价值。

如果我们从之前兔子、狐狸、狼和狮子的寓言中学到一些道理，那就是博士生必须找到自己的"狮子"。其中的奥秘在于，导师指导缩小学生个人和专业身份差距的方法。我们确信导师指导的许多方面值得进一步研究。首先，我们必须对这些关系是如何建立的了解得更多。兔子和狮子终归不是天然盟友。这种关系从教授的利他主义得到了多少，有多少是依赖学生的早期技能或其他知识素养？我们需要了解调整这些关系的交流过程。虽然我们已经认识到导师在博士生进步中所起的关键作用，但是我们需要知道目标如何设定。双方需要承诺什么时间做出可行和有效的指导安排。

了解导师在各领域如何拓宽学生的视野，将对除30%预期不能确保这种关系以外所有的准博士生都有所启发。他们提供或建议以怎样的专业联系、资源和相似因素的组合引导学生进步。我们已经注意到学位论文周期性低潮的趋势，有些学生安然度过，有些却没有。导师采取哪种干预措施激励学生前进？这些干预对学生个人的影响有多深远？我们要考察这种指导关系的性质——特别是考察导师指导或充分合作的程度。最后，为了确保这些安排在所有院系的重要地位，机构必须了解他们成功组织指导的益处。我们的数据表明有导师的学生更加成功，因此机构所得的回报是不难想象的。

我们没有解决学生要考虑怎样向研究生院支付费用，或学院的有限奖励对取得各种成果有多大价值时的焦虑，也没有提供成本收益率用于讨论学生筹资。我们所知道的是有资助比没有好，资助的类型有影响，奖金的种类往往与学生的人口统计学特征有关。我们不知道学生保障资金筹措的方法或院校用于奖励的资金标准。

此外，我们对资金支持机制的研究结果表明，还有其他方法检测资助的充足性和结果，极大地帮助我们了解学生经历的质量。例如，当调查学生收到的资金总额时，我们不知道他们在不同的课程阶段收到这些数额的时间跨度或奖金的模式与组合。了解是否从学业奖学金开始继续到助研或助教奖学金比先助学金后奖学金更有帮助，以及这些组合如何优化学生的成功，这对于提高博士生的经验是有价值的。了解助教和助研奖学金组合是否比单一奖学金更能培养完善的、更有研究生产力的个人，也是有用的。

过去50年来，学者们一直感兴趣的是博士生完成学位的速度和效率。博士学位可能是所有高等教育学位中结构最松散和最个性化的。学院公布总课程和资格考试与学位论文要求的同时，往往鼓励学生追求个人兴趣，无论这些兴趣多么狭窄或难以理解。因此，学位用时和进度并不仅仅取决于学科课程完成，而是与课程和学生选择的学术工作组合关联。问题仍然存在：学生是否需要更好的指导？他们的追求可能带来什么，需要多长时间？即使有经验的教师也无法提供近似的估计。同时我们已经注意到学生在课程后期日益增长的不满情绪，我们不能说这些不满有多少归因于自我设计难操作的、复杂的学位论文主题。这应该是教师关注的另一个方面，而且应当提供警示与失败的案例。

其他关于时间因素的担忧也很多。教师应该关心的是学位论文的平均用时远超过4年，具体超出时间取决于研究的领域。为什么学生用这样长的时间撰写学位论文？当他们完成课程工作和初级考试时，难道还不能确定学位论文主题？他们就学位论文撰写重点和方法与教师交流是否有困难？他们聘请和召开学位论文委员会时是否遇到困难？他们选择的主题需要多年的调查吗？他们的资金已经用完了吗？研究开始时我们对这些问题不感兴趣。但是，由于过去6年62%的样本学生已完成学位，因此开展更深入的调查是很必要的。

伴随我们的调查反映出的一些博士生生活花絮带来了不同的理解。选择调查方式时，我们认识到，学生访谈可能对调查反馈是一个很好的补充。包括教师、管理者和学生观点的案例研究，如何帮助我们深入理解博士生的经历？引人注意的问题如下：

——女性和非裔学生在工程学领域的个人经验，处于这样极端的群体对他们有什么影响？

——三分之一没有导师的学生如何看待与本专业的关系和博士项目的进展？

——面对课程需求，学生如何获得更多的研究生产力？

——如何构建博士项目，使学生获得教师和其他职业所需的教学和研究准备？

几年前，Donald Kennedy（1997，ⅶ）形容大学为"没有规则的社会"。"尽管如此他们表现得相当好，"他继续道，"但在校园内的很多事情对于外界来说都是非常神秘的。"Kennedy 的神秘意象可以延伸到博士项目进程中，甚至有时对深入其中的人来说似乎也很神秘。一些学生像下面的受访者一样，似乎对这个进程的神秘性感到气愤："像之前许多单纯的人一样，我认为教育，甚至高等教育，是对学问的探索，但是我却发现了它的黑暗本质——遵守规则以获得晋级（无意义的），然后你就可以像别人评定你一样来评定别人。"

本书对"黑暗本质"表露无遗，探讨当前博士生的经历，目的是使他们的博士之路更顺利，进度更快。Golde 和 Dore（2001）、Lovitts（2001）已确认信息缺乏是博士生的一个关键因素。对于机构来说，这种信息缺乏对博士生在学率及最终完成学位有重要影响。

有学生抱怨："我感觉缺少帮助……部分与我是'年龄大'的学生有关——我想问我比谁年龄大？我似乎已经被认定知道在做什么和将会发生什么。某些方面我知道，但专业的神秘是不可避免的。每个专业都有自己的惯例。既使我有自己的工作并且在很多方面都能胜任，但在某些社交方面被认为不能胜任。我会提问，但有些人不会。"从这位学生的反馈可知，一些学生能够更好地运用这些渠道，而事实上年龄似乎并没有使这些渠道更容易进入。虽然这可能被认为是社会化进程的一部分，但博士学习的目的不是寻宝游戏，由学生将过程拼凑在一起。目前，有关课程需求、学位论文标准和资格考试等问题是由教师决定的。机构和院系在沟通策略上需要做大量的工作。至于博士生本身，除非他们能审查博士项目的性质、过程和问题，否则他们将继续依靠自己。

二、改进的过程

改进的过程包含美国大学博士教育宏观与微观层面的重组，以及对招生、课程期望和学生支持类型相关政策与实践的重新考虑。对大量产生博士学位的机构来说，宏观层面改进的过程包括着重强调将学生研究生产力作为博士教育的期望，将其提升至与学位完成及用时同等重要的程度。目前，研究生产力并不是普遍的，似乎它产生的偶然性和计划性是一样的。

宏观层面的另一个改进要求机构确定录取标准——研究生入学考试（GRE）——和博士教育成果之间的关系。GRE 在招生过程中似乎被普遍应用，但它预测其他结果的作用，如研究生产力、进度和学位用时是高度变化的。GRE 在筛选过程中是否发挥了全部作用？或者我们不应该期望这样一个普遍应用的标准为学生的研究生产力、与教师的关系、进度和学位完成提供预测。GRE 分数对招生决策和某些情况下的资金支持决策有很大影响，机构领导必须改进他们对 GRE 在决策中的期望和应用。考虑到学生为准备和参加 GRE 投入的资源，以及机构审查学生 GRE 考试成绩的投入，超越考试的原来目的，将其用途最大化是经济的。

第三个宏观层面问题是，研究生教育的领导需要就完成学位过程后期所需适当的时间框架达成广泛共识。虽然多数研究生院制定的课程要求都是合理和清楚的，且大体相同，但机构和学科间完成学位论文的过程是不一致的，而且标准模糊不清。在某种情况下，只有教师和实际获得学位者能成功理解这一点。我们建议这些标准不需要说明特定的参数，例如撰写博士论文开题报告、收集或分析数据或撰写博士论文草稿中的时间。确切地说，我们设想了一系列希望学生和教师顾问遵循的基准。其结果将是一个更专注于一般准则的过程。同时，加强学生进程的监管可能带来更高的完成率与学位用时的缩短。

在微观层面，改进的核心是人际交往——即师生互动。我们对学生的调查强调了他们与教师交流经历的重要性。无论是否报告有导师和研究生产力，以及在课程满意度或学位完成方面，共同的因素都是人际交往。有导师的学生比没有导师的学生更有创造性和富有成效。因此，博士项目质量的指标应包括学生拥有导师的级别。我们总样本70%的学生表示有导师。教师作为导师的角色应该与他们的学识、教学和服务一样受到认可。在微观层面，学术院系还需要制定策略和机制确保导师关系在学生所选领域中创造性地有所建树。

博士项目因授予学业奖学金以吸引优秀或多样性的高质量学生而声名狼藉，因为它们要与其他大学的相似课程竞争。我们与获得过所有资助类型的学生一起工作，从1年型到5年型学业奖学金，观察整个过程中的获得者。他们的经历各不相同，这种做法的结果喜忧参半。有些得到学业奖学金的学生缺少研究或教学经历，就会与获得社会和文化资本的专业发展活动绝缘。有些学生利用这个资助机会构建个人与教师的关系，共享他们的学术兴趣。这里可能没有最佳模式；确切地说，学业奖学金的效果可能在于他们的时间安排。学业奖学金在早期帮助学生开始和适应博士教育过程以及后期博士论文完成阶段可能是最重要的。在中间阶段，一般是通过得到助学金参与教师的研究和教学任务，而没有其他替代工具可以用来为他们的博士后生涯做准备。

其他要改进的微观层面主要涉及学生博士项目后期的满意度水平。我们已经看到，学生入学时间越长，对教师的迷恋和课程的总体满意程度越低。我们知道教师在学生课程工作和资格考试期间投入了巨大精力，但似乎这些精力随着学生课程时间的持续而逐渐消退。各院系应当进行自查，想方设法提升博士生对学位论文写作过程的满意度和参与水平。这似乎可以广泛应用，但一次只能由一个院系处理。只有在院系完成这样的自查之后，我们才可以确定满意度的提升对学位完成、学位用时和择业成功的作用。

三、小结

过去一个半世纪以来，博士教育已经成为美国教育的一个永久的、必不可少的组成部分。尽管有所发展，但它仍然保持了小而精的特征；因此，它通常不是高等教育关注的重点，其重要性往往被忽视。我们认为，考虑教育问题的答案时，博士教育应放在首位。例如，寻找非裔、西班牙裔和美国土著在国家高校教师和科技行业，或女教师在科学、技术、工程和数学领域中人数严重不足的原因时，第一个观察的地方应该是博士教育。同样，寻找高校教师研究生产力效率低下的解释时，首先应该看他们准备工作的质量和博士教育的经验。

　　James（1971）、Berelson（1960）、Bowen 和 Rudenstine（1992）过去所做的定期检查博士进程，将有助于博士教育的发展和改进。博士教育是教育高度创造性的核心，汇聚了全国乃至世界上最有才华的人。然而，博士教育进程是多维和复杂的。学生和老师应该像我们一样，把更多的注意力放在改善博士生经历上。双方都应考虑资助和更积极的学术与社会参与的作用，并确保这种参与有助于促进学生获得研究生产力和学位完成等有价值的成果。我们认识到主要领域影响着所有这些方面。在各主要领域，不同性别和种族－族裔的学生博士教育经历不同。这项研究代表了学生对博士经历的看法。我们感谢 9 000 多名学生提供体验博士教育生活的知识内容。尽管参与者的经历多种多样，但他们的目的和追求是一致的。他们都寻求获得这三个魔法字母：Ph.D（博士学位）。

附录 A

用于本研究的标准及广泛的专业领域

本研究参与院校的选择标准（见表 A.1、表 A.2）。

表 A.1　少数种族 – 族裔博士学位授予（1989—1993 年）[a]

院校	地理位置[b]	卡内基分类	按授予学位排名[c]	按基金收入排名	亚裔	西班牙裔	非裔	美国土著	总数
纽约市立大学研究生中心	大西洋中部	博士型 I	42	101	n.a.	57	n.a.	n.a.	57
亚特兰大大学	大西洋南部	博士型 I			n.a.	n.a.	156	n.a.	156
哥伦比亚大学	大西洋中部	研究型 I	4	14	n.a.	n.a.	n.a.	n.a.	n.a.
哈佛大学	新英格兰	研究型 I	13	17	79	63	52		194
霍华德大学	大西洋南部	研究型 I		24	n.a.	n.a.	164	n.a.	164
印第安纳大学	中部东北	研究型 I	24	94	n.a.	n.a.	n.a.	10	10
纽约大学	大西洋中部	研究型 I	20	43	n.a.	n.a.	68	n.a.	68
俄亥俄州立大学	中部东北	研究型 I	6	35	n.a.	n.a.	108	n.a.	108
普林斯顿大学	大西洋中部	研究型 I	46	27	n.a.	n.a.	n.a.	n.a.	n.a.
罗格斯大学	大西洋中部	研究型 I	25	69	n.a.	n.a.	n.a.	n.a.	n.a.
斯坦福大学	太平洋沿岸	研究型 I	9	5	151	54	n.a.	10	215
师范学院	大西洋中部	研究型 I	4	14	n.a.	47	130	n.a.	177
天普大学	大西洋中部	研究型 I	39		n.a.	n.a.	79	n.a.	79
加州大学伯克利分校	太平洋沿岸	研究型 I	1	26	201	97	57	10	365
加州大学洛杉矶分校	太平洋沿岸	研究型 I	10	13	185	103	n.a.	8	96
马里兰大学帕克校区	南大西洋	研究型 I	16	56	50	n.a.	121	n.a.	171

续表

院校	地理位置[b]	卡内基分类	按授予学位排名[c]	按基金收入排名	亚裔	西班牙裔	非裔	美国土著	总数
密歇根大学	中部东北	研究型 I	5	9	63	66	77	n.a.	206
北卡罗来纳大学教堂山分校	南大西洋	研究型 I	32	31	n.a.	n.a.	69	9	78
得州大学奥斯丁分校	中部西南	研究型 I	7	32	48	112	53	8	221
威斯康星大学麦迪逊分校	中部东北	研究型 I	2	11	n.a.	58	n.a.	10	68
范德堡大学	中部东北	研究型 I	49	45	n.a.	n.a.	n.a.	n.a.	n.a.

来源：1982—1983 到 1991—1992 年授予博士学位的 60 所大型院校排名，以及 120 所获得联邦政府提供的最大数量基金收入的高校排名，见 NCES（1994）。1989—1993 年授予少数种族–族裔博士学位的院校排名，见 NRC（1995）。

[a] 标有 n.a. 的院校不是少数种族–族裔博士学位的主要授予院校，尽管它们已经授予少数种族–族裔博士学位。
[b] 地理范围是新英格兰、中大西洋、大西洋南部、中部东北、中部东南、中部西北、中部西南、山脉和太平洋。
[c] 哥伦比亚大学的主要分校和师范学院合并在此表中。

表 A.2　按领域，1995 年本研究中的院校排名

学校	生物科学	经济	教育	工程	英语	历史	数学	物理	政治科学	心理学	社会学
纽约研究生中心城市大学					24	25					
亚特兰大大学											
哥伦比亚大学及师范学院[a]	20	12	4	23	11	7	8	10	17	24	13
哈佛大学	2	1	1	22	3	7	1	2	1	6	6
霍华德大学											
印第安纳大学			13		16	17			17	13	10
纽约大学		25	40				13				
俄亥俄州大学			9	18				23	17	24	25
普林斯顿大学	9	1	n.a.[b]	19	7	1	1	2	6	9	15
罗格斯大学			49	38	17	21	16	23			
斯坦福大学	1	1	2	4	3	4	5	2	3	1	8
天普大学			33								
加州大学伯克利分校	2	6	3	2	1	3	1	2	3	2	3

附录 A 用于本研究的标准及广泛的专业领域

续表

学校	生物科学	经济	教育	工程	英语	历史	数学	物理	政治科学	心理学	社会学
加州大学洛杉矶分校	20	12	10	16	13	7	8	15	9	6	6
马里兰大学帕克分校		23	21	25			22	13			
密歇根大学	16	10	22	8	13	6	8	13	2	2	3
北卡罗来纳大学教堂山分校	24		32		17	13			16	13	5
得克萨斯大学奥斯汀分校			27	8	17	18	19	12	22	16	13
威斯康星大学麦迪逊分校	9	12	5	12	17	10	13	15	9	9	1
范德堡大学			6								

资料来源：美国最好的本科院校（1995 年）。

[a] 哥伦比亚大学和师范学院合并在此表中。

[b] 普林斯顿大学没有教育学专业。

附录 B

生物和物理科学领域博士生的社会与学术成果

2002 年，在密歇根大学安娜堡分校（University of Michigan-Ann Arbor）举行的"胜者呼之欲出：博士生与学位的赌博"研讨会上，几名参会者对将生物和物理科学专业的学生纳入同一个大的门类（科学与数学）表示了关注。他们质疑这些学生的背景和经历是否足够相似，可以在一个领域内调整到一起。为了回应这些担忧，我们进行了几次分析以调查将这两个专业整合到科学与数学领域的一个门类的有效性。我们调查了一些二分和连续的效果。

分析中六个连续的效果包括学生与教师顾问的交往、与同伴交往、师生社会交往、师生学术交往、对博士项目的总体满意度以及学位用时。这些效果的方法在生物科学和物理科学之间基本没有差别（$p<0.05$），虽然学位用时差异略明显（$p=0.06$）。就这些效果而言，博士生经历在这两个领域没有什么不同。需要重点强调的是，在生物和物理科学内部存在较大变化，而不是二者之间。

在连续效果中尽管生物和物理科学缺乏整体差异，但性别与这些效果之间的关系可能存在领域差异，类似于种族－族裔与连续效果之间的关系。例如，女性可能在生物科学某个特别效果上处于劣势，但在物理科学上没有。我们用方差双向分析探讨了这种可能性。我们发现，性别和种族－族裔二者与连续效果间的关系在生物和物理科学中都是一样的。虽然女性和少数种族－族裔博士生的经历可能与男性和非少数种族－族裔的学生不同，但这些经历与学科领域无关。

对二分效果的分析结论不是很清楚。我们探索了四种二分效果：博士生教育债务、在全国会议或期刊上发表论文和有一些研究生产力。与连续效果不同的是，生物和物理科学之间确实存在二分效果的差异。物理科学专业博士生比生物科学的博士生更有可能发表论文和有一些研究生产力。一个可能的解释是各领域男女生数量不同，样本中一半生物科学博士生是女性，而近四分之三的物理科学专业的博士生是男性。也许研究生产力方面的差异不是来自性别的领域分布，而是来自物理科学专业的男性数量不成比例。然而，事实并非如此。即使控制了性别（通过逻辑回归），物理科学专业的学生仍然更有可能发表论文和有一些研究生产力。

其次，与持续效果相反的是，性别和几种二分效果之间的关系存在差异。例如，在生物科学专业男性发表论文比女性多8.1%，而在自然科学专业男性比女性多6.5%。至于出版专著章节，物理科学专业没有性别差异，但在生物科学专业男性是女性的2倍。然而，从实质上讲，这种差异是误导性的，因为只有15名女性和31名男性出版过一章。比例的差异确实是相当大的（不止2倍），但他们掩盖了一个事实，实际上很少有学生完成专著章节的出版。就整体研究生产力而言，在生物科学中没有性别差异，而在物理科学专业，有一些研究生产力的男性（62.5%）比女性（55.0%）略多。总之，性别和个体效果的关系在生物科学和物理科学专业研究生产力的某些方面似乎略有不同。这些差异看似显著，但实质上是不重要的。

这种情况与生物和物理科学领域种族-族裔的差异非常相似。一般来说，白人和亚裔学生更有可能有研究生产力，而这种优势在生物和物理科学间是稳定不变的。例如，虽然学生在某个领域更可能有某种形式的研究生产力，但在所有群体都表现出相似比例增长的情况下，种族-族裔差异仍然存在。和性别一样，种族-族裔与这些研究生产力效果之间的关系在一些孤立的例子中略有不同。例如，物理科学专业（14.2%）的亚裔学生在读博期间发生教育债务的可能性，几乎是生物科学专业（7.4%）的亚裔学生的2倍。物理科学专业（66.0%）的西班牙裔学生比生物科学专业（50.0%）的西班牙裔学生更有可能有研究生产力。

附录 C

博士生经济状况、经历和表现调查

博士生经济状况、经历和表现调查
由密歇根大学高等教育研究中心 MICHAEL T. NETTLES 和
CATHERINE M. MILLETT 组织实施

感谢您参与博士生调查。您是我们从 20 所顶尖大学 11 个学科中精心挑选的博士生。您的参与将是本调查研究成功的关键,将为决策者提供改进支持研究生教育的方法。

迈克尔·内特尔斯和凯瑟琳·米勒特是密歇根大学高等教育研究中心的研究人员。他们将与贵校领导合作实施本次调查。本调查的主要目的是了解当前博士生的经济状况和其他经历,帮助决策者和学校领导掌握全面信息,努力改善研究生教育的资金和其他方面的问题。

本调查向您征询当前博士项目进展、表现和经历等问题。预计将会占用您 30 分钟时间。调查共 88 个问题,一些问题包括若干部分。您的回答将与其他参与者的反馈一同平均分组报告。你个人的回答将会保密,仅以数字确认,任何报告都不会与您的姓名关联。在任何分析或报告中,学生个人信息都不会被泄露。

我们的资金不足以补偿所有人。但是,为表达对您参与调查的感谢,在收到您完成的调查问卷后,我们会输入您的名字随机选择以下现金支付作为补偿。

- 500 美元现金
- 400 美元现金
- 300 美元现金

- 1 000 美元现金

预计随机筛选将于 1997 年 5 月进行。此外，我们的研究结果将形成对您的情况有用的报告。非常感谢您的合作。

博士生经济状况、经历和表现调查填写说明

调查中大多数问题是要求您勾选一个答案，或在空白处填写数字。请您不要在答案上画圈。如果问题要求您填写信息，请您将信息填写在提供的空格中。

在有些情况下，您对个别问题的回答将决定您是否需要继续下一个问题，或者跳过一个或几个问题。您将通过回答问题的正确方向知道您所要跳转的恰当问题。

调查包括以下七个方面：

A）您申请和注册的过程

B）您目前的博士教育经历

C）您的参与方式

D）您的博士教育资助

E）您的未来计划

F）您的本科经历

G）您的背景

回复完成调查的邮件说明在第 270 页。

术　语

学年：常规学期时间，通常从 9 月到次年 6 月，相当于三个季度两学期或三学季，或"4-1-4"学期时间，但是不包括夏天。

行政助理奖学金：需要学生提供行政服务的报酬（学费/费用和/或津贴）。

教师或研究顾问：由您的院系或课程安排的行使讨论和批准您的课程工作或在登记表上签字等官方职责的人。

全日制或者非全日制：大学对全日制学生有不同的定义。例如，在密歇根大学，学生注册六个及以上学期学分和积极准备学位论文也被视为全日制学生。在本调查中，我们希望您用自己学校的定义。

补助金/奖学金/学业奖学金：学生无须偿还，也无须提供服务的费用。

导师：您寻求建议、审阅论文、获得支持和鼓励的教师成员。可能是您的教师顾问，也可能不是。如果您有不止一位导师，请评论和您工作最密切的导师。

助研奖学金：需要学生提供研究服务的报酬（学费/费用和/或津贴）。

助教奖学金：需要学生提供教学服务的报酬（学费/费用和/或津贴）。

学杂费免除：学生无须偿还，也无须提供服务的费用。

大学贷款：学生需要偿还的费用，通常要向大学支付利息。

博士生经济状况、经历和表现调查

A. 您的申请及登记过程

这部分与您申请博士项目过程有关。

A-1. 您在正规教育经历中首次决定攻读博士学位的时间。（勾选一个答案）

　　____　1. 小学

　　____　2. 中学

　　____　3. 大学本科

　　____　4. 大学刚毕业时

　　____　5. 大学毕业后参加工作时

　　____　6. 硕士研究生学习期间

　　____　7. 硕士毕业后参加工作时

A-2. 您决定攻读博士学位的年龄。　_____

A-3. 您是否已获得硕士学位？（勾选一个答案）

　　____　1. 是

　　____　2. 否　　　　　　　　如果"否"转到 A-8。

A-4. 您获得硕士学位的时间。如果您获得一个以上硕士学位，请填写获得每个学位的时间（年）。

　　1. 第一个硕士学位　　　　　19____

　　2. 第二个硕士学位　　　　　19____

A-5. 您获得硕士学位与博士学位是否在同一所学校？（勾选一个答案）

____ 1. 是，我只有一个硕士学位   如果"是"转到 A-7。

____ 2. 是，我的硕士学位之一

____ 3. 否

A-6. 填写您获得硕士学位的学校、城市和州的名称。

1. 第一个硕士学位：_____

2. 第二个硕士学位：_____

A-7. 您申请现在的博士项目时，是否已经获得硕士学位？（勾选一个答案）

____ 1. 是

____ 2. 否

A-8. 您首次注册现在的研究生课程时，计划追求的最高学历。（勾选一个答案并填写的您主要研究的领域）

____ 1. 博士学位学科领域 _____

____ 2. 硕士学位学科领域 _____

____ 3. 博士起点硕士学科领域 _____
_____

A-9. 您完成学士学位到正式进入研究生院攻读下列研究生学位的间隔时间。（每个学位勾选一个答案）

从完成学士学位	到第一个硕士项目开始	到第二个硕士项目开始	到开始博士项目
不到 1 年	___1	___1	___1
1~4 年	___2	___2	___2
5~9 年	___3	___3	___3
10~14 年	___4	___4	___4
15~19 年	___5	___5	___5
20~24 年	___6	___6	___6
25 年及以上	___7	___7	___7
不确定	___8	___8	___8

A-10. 请您对完成学士学位到开始博士项目间歇时间的三个最重要的原因排

序,"1"代表最重要的,"3"代表最不重要的。

如果您在完成学士学位后到进入博士项目没有中断(不包括暑假)转到A-11。

　　____　1. 从学校出来需要休息
　　____　2. 需要获得工作经历
　　____　3. 不知道未来我将追求博士生涯
　　____　4. 在校期间结婚
　　____　5. 组建家庭
　　____　6. 需要钱读研究生
　　____　7. 需要减轻本科贷款压力
　　____　8. 其他(列举)_____

A-11. 请您对决定申请博士项目的三个最重要的原因排序,"1"代表最重要的,3代表最不重要的。

　　____　1. 我需要博士学位,在我的学科领域取得进展
　　____　2. 我需要博士学位,在我的学科领域达到初级位置
　　____　3. 我要改变学科领域
　　____　4. 我找不到工作,所以决定重返学校
　　____　5. 教师推荐我追求博士学位
　　____　6. 我想增加学科领域的知识
　　____　7. 我想追求个人兴趣
　　____　8. 我想挣更多的钱,希望博士学位能增加收入
　　____　9. 其他(列举)_____

A-12. 请标示您在研究生入学考试(GRE)三种一般能力考试部分的分数范围。(在每栏中勾选)

GRE 分数范围	语言成绩	数学成绩	分析性写作成绩
低于 400 分	____ 1	____ 1	____ 1
401~450	____ 2	____ 2	____ 2
451~500	____ 3	____ 3	____ 3

501～550	____ 4	____ 4	____ 4
551～600	____ 5	____ 5	____ 5
601～650	____ 6	____ 6	____ 6
651～700	____ 7	____ 7	____ 7
701～750	____ 8	____ 8	____ 8
751～800	____ 9	____ 9	____ 9
没有参加考试	____ 10	____ 10	____ 10

A-13. 您现在就读的学校是您申请博士项目的第几选择？（勾选一个答案）

____ 1. 唯一选择

____ 2. 第一选择

____ 3. 第二选择

____ 4. 第三选择

____ 5. 不是我的前三个选择

A-14. 请您对选择现在的博士项目/院系的三个最重要的原因排序，"1"代表最重要的，"3"代表最不重要的。

____ 1. 课程或院系质量

____ 2. 学校的声望

____ 3. 我需要跟随本校指定教授学习

____ 4. 提供资金支持

____ 5. 本科教师推荐

____ 6. 研究生教师推荐

____ 7. 这是唯一接收我的课程

____ 8. 家庭推荐

____ 9. 朋友推荐

____ 10. 地理位置

____ 11. 我可以兼职

____ 12. 我接受了资助

____ 13. 其他（列举）_____

A-15. 您决定注册的学校同意录取您时是否向您提供了资助?

____ 1. 是

____ 2. 否　　　　　　　　　　　　如果是"否",转 A-18。

A-16. 在您第一次注册博士项目时,获得了哪种资助,是在哪一年?(勾选所有可选答案)

资助类型	第一年	第二年	第三年	第四年	第五年
1. 学业奖学金	____1	____1	____1	____1	____1
2. 助研奖学金	____2	____2	____2	____2	____2
3. 助教奖学金	____3	____3	____3	____3	____3
4. 行政助理奖学金	____4	____4	____4	____4	____4
5. 学杂费免除	____5	____5	____5	____5	____5
6. 贷款	____6	____6	____6	____6	____6

A-17. 您被录取时收到的书面资助与报到后实际收到的资助是否一致?

____ 1. 是

____ 2. 否

A-18. 您是否获得了竞争性学业奖学金,可以带到任何您选择进入和接收您的学校?

____ 1. 是(学业奖学金的名称)_____

____ 2. 否

A-19. 您第一次注册现在的博士项目时是否是全日制?

____ 1. 是

____ 2. 否

B. 您目前的博士教育经历

这部分是关于您目前博士教育经历的调查。问题 B-1～B-15 是您对目前博士项目各方面的相关态度和行为。

B-1. 下列哪个字母等级或者绩点最好地描述了您在博士学习期间的累积平均积分点?(勾选一个答案)

_____ A 或 A+（4.0） _____ C+（2.75～2.99）

_____ A–（3.75～3.99） _____ C（2.50～2.74）

_____ B+（3.50～3.74） _____ C–（2.25～2.49）

_____ B（3.25～3.49） _____ D+或低于 D（低于 2.25）

_____ B–（3.00～3.24） _____ 没有成绩

B-2. 与同课程的其他同学相比，您如何评价自己的学术表现？（请勾选一个答案）

_____ 1. 我在前 10%

_____ 2. 我在前 25%

_____ 3. 我在中间（大约 50%）

_____ 4. 我在后 25%

B-3. 在每行勾选一个能最好地反映您同意或不同意下列每个陈述的答案。（在每行勾选一个答案）

	强烈反对	不同意	不确定	同意	完全同意
1. 在我的课程中至少有一位教师对我的智力发展影响较大	___1	___2	___3	___4	___5
2. 在我的课程中与其他同学见面交友非常容易	___1	___2	___3	___4	___5
3. 我自信选择追求我的博士学位是正确决定	___1	___2	___3	___4	___5
4. 我自信选择这个博士项目是正确决定	___1	___2	___3	___4	___5
5. 在我的课程中与教师建立私人关系很容易	___1	___2	___3	___4	___5
6. 在我的课程中师生在教室之外也有很多联系	___1	___2	___3	___4	___5
7. 我对课程中的学生组织与委员会的水平和类型感到满意	___1	___2	___3	___4	___5

8. 在这个课程中有强烈的团队感、
共同的利益和追求　　　　　___1　　___2　　___3　　___4　　___5

9. 我对目前的博士项目总体
感到满意　　　　　　　　　___1　　___2　　___3　　___4　　___5

B-4. 请在下列各项中选择体现您满意程度的合适答案。（每行勾选一个答案）

	很不满意	不满意	不确定	满意	很满意
1. 教师教学质量	___1	___2	___3	___4	___5
2. 我的课程资助的公平性	___1	___2	___3	___4	___5
3. 教授对我的课程评分的公平性	___1	___2	___3	___4	___5
4. 师生间的学院气氛	___1	___2	___3	___4	___5
5. 师生交流					
6. 教师有时间与学生见面	___1	___2	___3	___4	___5
7. 师生关系的整体质量	___1	___2	___3	___4	___5
8. 教师学术建议的质量	___1	___2	___3	___4	___5
9. 学术项目和学术进步的反馈质量	___1	___2	___3	___4	___5
10. 职业建议和工作安排的质量					
11. 课程安排	___1	___2	___3	___4	___5
12. 教师对我的研究的兴趣	___1	___2	___3	___4	___5

B-5. 如何评价研究生部为您提供的工作空间？包括研究助理、教学助理空间或其他原因分配的空间。（请勾选一个答案）

___　1. 我在院系中没有工作空间

___　2. 我有一个小隔间

___　3. 我有一张桌子

___　4. 我有自己的办公室

___　5. 我和另一个人共用一间办公室

___　6. 我和其他两个人共用一间办公室

___　7. 我和其他三个或更多人共用一间办公室

B-6. 教师或研究顾问是您的院系或课程分配的，讨论和改进您的课程工作或签署登记表格的行政人员。请注意，您的教师或研究顾问不一定是您的导师。是否有教师做您的顾问？

　　____　1. 是

　　____　2. 否　　　　　　　　　　　　如果是"否"转到 B-9。

B-7. 请在每行勾选您的教师或研究顾问的相关选项。

	是	否
1. 您的教师或研究顾问是否和您同性别？	____ 1	____ 2
2. 您的教师或研究顾问是否和您同种族–族裔？	____ 1	____ 2

B-8. 下表可能描述了您现在的教师或研究顾问，请在每行勾选最能体现您眼中顾问的特征。

我的教师或研究顾问	强烈反对	不同意	不确定	同意	非常满意
1. 请教问题容易接近	____ 1	____ 2	____ 3	____ 4	____ 5
2. 对我的工作提出有用的批评	____ 1	____ 2	____ 3	____ 4	____ 5
3. 关心我的专业发展	____ 1	____ 2	____ 3	____ 4	____ 5
4. 关注我的个人福利	____ 1	____ 2	____ 3	____ 4	____ 5

B-9. 很多博士生都有一位寻求建议、审阅文章或提供一般支持和鼓励的教师。这个人可能被当作导师。如果您有不止一位导师，请评价与您工作最亲密的导师。您是否有一位教师做您的导师？

　　____　1. 是

　　____　2. 否　　　　　　　　　　　　如果"否"转到 B-13。

B-10. 您的导师和教师顾问是否是同一人？

　　____　1. 是　　　　　　　　　　　　如果"是"转到 B-12。

　　____　2. 否

B-11. 关于您的导师请在每行勾选一个答案。

	是	否
1. 您的导师是否和您同性别？	____ 1	____ 2
2. 您的导师是否和您同种族–族裔？	____ 1	____ 2

B-12. 您确定导师用了多长时间？（请勾选一个答案）

附录 C　博士生经济状况、经历和表现调查　　249

_____　1. 进入课程一个月内找到导师

_____　2. 博士第一学期找到导师

_____　3. 博士第一学年找到导师

_____　4. 博士学习前 2 年找到导师

_____　5. 花费超过 2 年时间确定导师

B-13. 请说明您现在每周用于以下活动的大约时间。

1. 阅读和预习您的博士课程　　　　　　　　　　　　　每周_____小时

2. 为课程做研究和写报告　　　　　　　　　　　　　　每周_____小时

3. 在您的领域中常规课程工作之外的研究　　　　　　　每周_____小时

4. 撰写学位论文　　　　　　　　　　　　　　　　　　每周_____小时

5. 编写补助金申请　　　　　　　　　　　　　　　　　每周_____小时

6. 课程教学（包括教学、批阅论文、备课、辅导学生）　每周_____小时

7. 做与您的学术课程相关的工作（包括研究和行政助理）每周_____小时

8. 做与您的学术课程无关的工作　　　　　　　　　　　每周_____小时

9. 其他（列举）_____　每周_____小时

B-14. 博士入学以来，您做以下活动的次数？（每行勾选一个答案）

活动	零次	一次	两次	三次	四次	五次及以上
1. 参加一个独立研究	___0	___1	___2	___3	___4	___5
2. 担任一门课程助教	___0	___1	___2	___3	___4	___5
3. 教课	___0	___1	___2	___3	___4	___5
4. 参加专业或学术会议	___0	___1	___2	___3	___4	___5
5. 海报会议论文展示	___0	___1	___2	___3	___4	___5
6. 在全国会议上展示研究论文	___0	___1	___2	___3	___4	___5
7. 提交研究论文出版	___0	___1	___2	___3	___4	___5
8. 在专家评审的专业期刊或行业期刊上发表研究论文	___0	___1	___2	___3	___4	___5
9. 在非评审类专业期刊或行业期刊上发表研究论文	___0	___1	___2	___3	___4	___5

活动					
10. 出版书评、文章或创作	___0	___1	___2	___3	___4	___5
11. 出版专著章节	___0	___1	___2	___3	___4	___5
12. 出版教科书	___0	___1	___2	___3	___4	___5
13. 出版其他书籍	___0	___1	___2	___3	___4	___5
14. 发表专题论著	___0	___1	___2	___3	___4	___5
15. 申请专利或版权	___0	___1	___2	___3	___4	___5
16. 出售您开发的电脑软件	___0	___1	___2	___3	___4	___5
17. 获得奖金或荣誉	___0	___1	___2	___3	___4	___5
18. 获得机构内部研究补助金	___0	___1	___2	___3	___4	___5
19. 与教师研究或协商课题以外的计划	___0	___1	___2	___3	___4	___5
20. 与教师一起申请机构外研究补助金	___0	___1	___2	___3	___4	___5
21. 与教师一起获得机构外研究补助金	___0	___1	___2	___3	___4	___5
22. 其他专业认证标志（列举）_____	___0	___1	___2	___3	___4	___5

B-15. 以下每项活动您多长时间做一次？（在每行勾选一个答案）

活动	从不	很少	有时	常常	经常
1. 与其他研究生参加非正式学习小组	___1	___2	___3	___4	___5
2. 与其他研究生参与学校或课程组织的社会活动	___1	___2	___3	___4	___5
3. 与教师在课堂外讨论学术问题	___1	___2	___3	___4	___5
4. 接收教师对您学术进步的反馈（课程成绩除外）	___1	___2	___3	___4	___5
5. 与不同种族–族裔背景的研究生的社交	___1	___2	___3	___4	___5
6. 与教师的非正式交往	___1	___2	___3	___4	___5
7. 与教师讨论您的职业规划和雄心	___1	___2	___3	___4	___5
8. 与教师讨论您的个人问题和担心	___1	___2	___3	___4	___5
9. 与其他研究生的非正式交往	___1	___2	___3	___4	___5
10. 参加校园活动（例如合唱团、社团）	___1	___2	___3	___4	___5

C. 您的参与形式

这部分是您目前参与博士项目的形式。

C-1. 您首次注册博士项目的时间？（勾选一个季节，然后填写年份）

　　____　　1. 秋天　　　19 ____　　　　　　____　　3. 春天　　　19 ____
　　____　　2. 冬天　　　19 ____　　　　　　____　　4. 夏天　　　19 ____

C-2. 您现在是否全日制攻读博士学位？请用您学校全日制出勤的定义，如果可以的话，还包括将参与论文或学位论文的准备等视为全日制的因素。（勾选一个答案）

　　____　　1. 是
　　____　　2. 否

C-3. 下列哪条最能够描述您当前博士项目的状况？（仅勾选一个答案）

　　____　　1. 完成不到一半博士学位要求的课程
　　____　　2. 完成超过一半，但不是全部博士学位要求的课程
　　____　　3. 完成全部博士学位要求的课程
　　____　　4. 完成了预备/一般测试，但还未得到博士学位候选资格
　　____　　5. 成为博士候选人，但还未开始学位论文撰写
　　____　　6. 正在撰写学位论文
　　____　　7. 完成所有博士学位要求，但还未授予学位
　　____　　8. 已授予博士学位

C-4. 您希望什么时间完成博士学位？（勾选一个答案并填写年份）

　　学期　　　　　　　　年份　　　　　　　　年份
　　____　　1. 秋季　　　　19 ____　　　　　20 ____
　　____　　2. 冬季　　　　19 ____　　　　　20 ____
　　____　　3. 春季　　　　19 ____　　　　　20 ____
　　____　　4. 夏季　　　　19 ____　　　　　20 ____

C-5. 您在目前的博士项目中是否以非全日制基础攻读学位？（包括本学期但不包括夏天）（勾选一个答案）

____ 1. 是

____ 2. 否   如果是"否"转到 C-7。

C-6. 您为什么以非全日制攻读博士学位？（勾选所有适当的选项）

____ 1. 经济原因

____ 2. 家庭需要

____ 3. 健康原因

____ 4. 参加工作

____ 5. 旅行

____ 6. 结婚了

____ 7. 组建了家庭

____ 8. 学术困难

____ 9. 我的课程缺少学术适应

____ 10. 我的课程缺少社交适应

____ 11. 其他原因（列举）_____

C-7. 从您开始博士项目以来，是否曾中断过一个学期或者一个季度？（不包括暑期和因学位论文研究未报到）（勾选一个答案）

____ 1. 是

____ 2. 否   如果是"否"转到 D-1。

C-8. 您在读博期间的什么时间中断过至少一个学期或一个季度？如果您中断课程不止一次，请您勾选所有适当的答案。

____ 1. 第一学期或第一季度后

____ 2. 第一学年后，完成课程工作前

____ 3. 课程工作结束时，完成资格考试笔试前

____ 4. 课程工作结束时，完成资格考试口试前

____ 5. 完成资格考试后

C-9. 您为什么离校一个学期或一个季度？如果不止一次离校，请勾选您第一次和最近一次中断课程一个学期或一个季度的原因。（勾选所有适当的答案）

原因	第一次	最近一次
我的课程缺少社会适应	____1	____1
经济原因	____2	____2
家庭需要	____3	____3
健康原因	____4	____4
参加工作	____5	____5
职业优先	____6	____6
旅行	____7	____7
结婚	____8	____8
组建家庭	____9	____9
学术困难	____10	____10
我的项目缺少学术空间	____11	____11
其他原因（列举）	____12	____12

C-10. 您返校前离校多长时间？暑期不计算。如果您中断课程超过一次，请填写第一次的时间。（在相应的横线上填写数字）

____ 学期

____ 季度

D. 资助您的博士教育

这部分调查您如何资助您的博士项目。

D-1. 下列哪条最好地描述了您进入博士项目以来的整体学生和工作情况？注：助学金、学业奖学金、暑期工不是本条问题定义的工作。（勾选一个答案）

____ 1. 全日制学生没有工作

____ 2. 全日制学生有专职或兼职工作

____ 3. 非全日制学生没有工作

____ 4. 非全日制学生有专职或兼职工作

____ 5. 以上任意情况周期性交替

（请填写数字）_____

D-2. 请选择下列您本学年、以前的学年和夏季收到或从未收到的支持来源。（每列可多选）

博士项目支持来源	本学年	以前的学年	夏季	从未
1. 学业奖学金、补助金、本科奖学金	___1	___1	___1	___1
2. 助研奖学金	___2	___2	___2	___2
3. 助教奖学金	___3	___3	___3	___3
4. 行政助理奖学金	___4	___4	___4	___4
5. 住宿或课程奖学金	___5	___5	___5	___5
6. 旅费补助	___6	___6	___6	___6
7. 学位论文补助	___7	___7	___7	___7
8. 大学研究补助	___8	___8	___8	___8
9. 私人基金研究补助	___9	___9	___9	___9
10. 贷款（联邦政府或大学赞助）	___10	___10	___10	___10
11. 仅减免学费	___11	___11	___11	___11
12. 工作单位学费援助计划	___12	___12	___12	___12
13. 其他（列举）_____	___13	___13	___13	___13

D-3. 您收到过非学校来源的学业奖学金、补助、本科奖学金或助研奖学金吗？

非大学来源支持	本学年	以前的学年	夏季	从未
1. 国家竞争性学业奖学金（例如 来自由福特、梅隆、洛克菲勒、斯宾塞基金）	___1	___1	___1	___1
2. 联邦政府的支持（国家卫生研究院培训津贴或学业奖学金、国家科学基金会学业奖学金、帕特里夏·罗伯茨哈里斯学业奖学金、农业部学业奖学金、富布莱特学业奖学金、外语区域研究生学业奖学金、贾维茨学业奖学金）	___2	___2	___2	___2
3. 联邦政府助研奖学金（例如国家卫生研究院、国家科学基金会、农业部、教育部）	___3	___3	___3	___3

D-4. 您是否收到过定向下列群体任意类型的经济援助（学业奖学金、助教奖学金、学费减免）？（勾选所有适当的答案）

附录 C　博士生经济状况、经历和表现调查　　255

____　1. 您的种族-族裔群体成员

____　2. 您的性别群体成员

____　3. 您的同年龄群体成员

____　4. 我从未收到过我所在群体成员基础上的资助

____　5. 不确定是否收到定向资助

D-5. 说明 1996—1997 学年下列来源为您提供的学杂费比例。（每行勾选一个答案）

支持来源	没有	低于 50%	大约 50%	大于 50% 但不是全部	全部
1. 个人来源（自己、父母、亲戚、朋友、配偶的收入）	____1	____2	____3	____4	____5
2. 助学金（研究、教学或行政助理）	____1	____2	____3	____4	____5
3. 补助或学业奖学金	____1	____2	____3	____4	____5
4. 与博士学位研修有关的工作	____1	____2	____3	____4	____5
5. 与博士学位研修无关的工作	____1	____2	____3	____4	____5
6. 贷款	____1	____2	____3	____4	____5
7. 工作单位的学费援助计划	____1	____2	____3	____4	____5
8. 其他（列举）_____	____1	____2	____3	____4	____5

D-6. 您 1996—1997 学年收到多少以下来源的学杂费援助？（估算美元数额，请四舍五入至最接近 100 美元）

支持来源	美元数额（四舍五入到最接近 100 美元）
1. 个人来源（自己、父母、亲戚、朋友、配偶收入）	$_____
2. 助学金（研究、教学或行政助理）	$_____
3. 补助或学业奖学金	$_____
4. 与博士生学业相关的工作	$_____
5. 与博士生学业不相关的工作	$_____
6. 贷款	$_____
7. 雇主的学费援助计划	$_____

8. 其他（请详细说明）_____ $_____

D-7. 如果您得到了补助或学业奖学金，请说明资金来源。

　　____　1. 没有得到补助或学业奖学金

　　____　2. 我的学校

　　____　3. 校外资助人（请列举）_____

　　____　4. 不确定资金来源

D-8. 1996—1997 年，下列哪种福利是从学校获得的作为您资金支持的一部分？（勾选所有适当的答案）

　　____　1. 没有得到福利

　　____　2. 健康保险或保健

　　____　3. 牙齿保险或保健

　　____　4. 人寿保险

　　____　5. 平安计划

　　____　6. 儿童保健

　　____　7. 研究生住房

　　____　8. 伙食

　　____　9. 养老基金

　　____　10. 用于学生发表会议论文的专业发展基金

　　____　11. 其他（列举）_____

D-9. 如果您的配偶也是学生，请估算本学年（1996 年 9 月 1 日到 1997 年 8 月 31 日）您自己和配偶与学校有关的消费是多少？

	您自己 四舍五入到最接近 100 美元	您的配偶 四舍五入到最接近 100 美元
1. 学杂费	$_____	$_____
2. 书籍	$_____	$_____
3. 学位论文花费	$_____	$_____
4. 其他教育支出	$_____	$_____

D-10. 估算本年度的您自己和配偶/伴侣的年度生活消费（不包括在 D-9 中提到与学校有关的花费）：（1）您的直系亲属，（2）您的大家庭。

生活消费包括在校生活的食宿或不住校的租金、抵押和伙食费。此外，还包括保险、公用事业、抚养费、个人消费、还贷、交通及其他生活支出。

1. 直系亲属/个人生活消费（包括配偶和家庭成员） $ _____

2. 大家庭生活花费（例如父母） $ _____

D-11. 您有多少子女需要支付教育经费？

____ 1. 没子女   如果是"否" 转到 D-13。

____ 2. 一个子女

____ 3. 两个子女

____ 4. 三个子女

____ 5. 四个子女或者更多

D-12. 您本年度（1996 年 9 月 1 日到 1997 年 8 月 31 日）需要支付的子女教育经费总额是多少？（学费、书费、学具、校服）（每列勾选一个答案）

教育经费	幼儿园	小学	中学	大学
不确定	____ 1	____ 1	____ 1	____ 1
不足 5 000 美元	____ 2	____ 2	____ 2	____ 2
5 000～9 999 美元	____ 3	____ 3	____ 3	____ 3
10 000～14 999 美元	____ 4	____ 4	____ 4	____ 4
15 000～19 999 美元	____ 5	____ 5	____ 5	____ 5
20 000～24 999 美元	____ 6	____ 6	____ 6	____ 6
25 000～29 999 美元	____ 7	____ 7	____ 7	____ 7
30 000～34 999 美元	____ 8	____ 8	____ 8	____ 8
35 000～39 999 美元	____ 9	____ 9	____ 9	____ 9
40 000～44 999 美元	____ 10	____ 10	____ 10	____ 10
45 000～49 999 美元	____ 11	____ 11	____ 11	____ 11
50 000 美元及以上	____ 12	____ 12	____ 12	____ 12

D-13. 1996—1997 学年，您是否为您父母或配偶的父母支付过养老金？

_____ 1. 是，请写出年度消费 _____

_____ 2. 否

D-14. 1996—1997 学年，您从学校获得的资助是否能满足您所有的研究生院消费和生活消费？（勾选一个答案）

_____ 1. 是　　　　　　　　　　如果是"是"转到 D-17。

_____ 2. 否

D-15. 1996—1997 学年，您的年度学校消费和生活消费与您从机构获得的资金缺口大概是多少？（请四舍五入到最接近 100 美元）

资金缺口　　$ _____

D-16. 您如何弥补您的消费与机构资助之间的缺口？（勾选所有适当的答案）

_____ 1. 我的校外工作

_____ 2. 贷款

_____ 3. 信用卡借贷

_____ 4. 配偶支持

_____ 5. 个人存款

_____ 6. 其他家庭支持

_____ 7. 其他 _____

D-17. 您现在有多少教育债务和其他类型债务？（包括本科和研究生债务）（在每列勾选一个答案）

美元总数	教育 信用卡债务	教育 贷款债务	非教育 信用卡债务	非教育 贷款债务
没有	___1	___1	___1	___1
不足 5 000 美元	___2	___2	___2	___2
5 000～9 999 美元	___3	___3	___3	___3
10 000～14 999 美元	___4	___4	___4	___4
15 000～19 999 美元	___5	___5	___5	___5
20 000～24 999 美元	___6	___6	___6	___6
25 000～29 999 美元	___7	___7	___7	___7

30 000～34 999 美元	____ 8	____ 8	____ 8	____ 8
35 000～39 999 美元	____ 9	____ 9	____ 9	____ 9
40 000～44 999 美元	____ 10	____ 10	____ 10	____ 10
45 000～49 999 美元	____ 11	____ 11	____ 11	____ 11
50 000 美元及以上	____ 12	____ 12	____ 12	____ 12

E. 您未来的计划

这部分调查您获得博士学位后的计划。

E-1. 完成博士学位后，您希望立即获得哪种类型的职位？（勾选一个答案）

____ 1. 学院或者大学教师

____ 2. 小学或者中学教师

____ 3. 私人部门的管理人员或者经理

____ 4. 私人部门的研究员

____ 5. 政府行政人员或主管

____ 6. 政府研究员

____ 7. 诊所、中介或医院的专业人员

____ 8. 个体经营或独立营业

____ 9. 家庭主妇

____ 10. 我将继续研究生或专业教育

____ 11. 我将从事博士后研究或培训

____ 12. 高校管理人员

____ 13. 中小学管理人员

____ 14. 我没决定完成博士学位后想做什么

____ 15. 其他（列举）_____

F. 您的本科经历

这部分调查您的本科经历以及为博士项目所做的准备。

F-1. 您获得学士学位是在获得博士学位的同一所学校吗？（勾选一个答案）

_____ 1. 是

_____ 2. 否   如果是"否"转到F-3。

F-2. 填写您获得学士学位的学校、城市和州的名称。

学校名称_____

城市_____ 州_____

F-3. 您是哪年获得学士学位的？   19_____

F-4. 您的学士学位、硕士学位和博士学位分别属于下列哪种类别？（每列勾选一个答案）

学科领域	学士	第一个硕士	第二个硕士	博士
1. 生物科学（例如生物化学、生物物理学、生物学、分子生物学）	___1	___1	___1	___1
2. 经济	___2	___2	___2	___2
3. 教育	___3	___3	___3	___3
4. 工程（列举）_____	___4	___4	___4	___4
5. 英语	___5	___5	___5	___5
6. 历史	___6	___6	___6	___6
7. 数学、统计	___7	___7	___7	___7
8. 物理科学（例如化学、物理）	___8	___8	___8	___8
9. 政治科学	___9	___9	___9	___9
10. 心理学	___10	___10	___10	___10
11. 社会学	___11	___11	___11	___11
12. 其他（列举）_____	___12	___12	___12	___12
不确定	___13	___13	___13	___13

F-5. 如果把本科平均绩点转化为相等的字母成绩或绩点等级，是什么情况？

_____ A 或 A+（4.0）   _____ C+（2.75～2.99）

____	A-（3.75~3.99）	____	C（2.50~2.74）
____	B+（3.50~3.74）	____	C-（2.25~2.49）
____	B（3.25~3.49）	____	D+或更低（低于2.25）
____	B-（3.00~3.24）	____	没有成绩

F-6. 下列各项是您本科教育资金来源，请标出它是主要来源、次要来源或不是资助来源。（勾选每行的一个答案）

本科教育资金来源	主要来源	次要来源	不是来源
1. 个人来源（自己、父母、亲戚、朋友、配偶收入）	___1	___2	___3
2. 政府教育补贴（佩尔基金、联邦补充教育机会补贴）	___1	___2	___3
3. 大学或学院补贴或学业奖学金	___1	___2	___3
4. 其他私人补贴或学业奖学金	___1	___2	___3
5. 在校期间校内工作（包括联邦助学金）	___1	___2	___3
6. 在校期间校外打工	___1	___2	___3
7. 暑期校外打工	___1	___2	___3
8. 贷款	___1	___2	___3
9. 其他（列举）	___1	___2	___3

_____

F-7. 你获得学士学位时的本科教育债务有多少？（勾选一个答案）

____	1. 没有
____	2. 不足 5 000 美元
____	3. 5 000~9 999 美元
____	4. 10 000~14 999 美元
____	5. 15 000~19 999 美元
____	6. 20 000~24 999 美元
____	7. 25 000~29 999 美元
____	8. 30 000~34 999 美元
____	9. 35 000~39 999 美元
____	10. 40 000~44 999 美元

____ 11. 45 000～49 999 美元

____ 12. 50 000 美元及以上

F-8. 您开始博士项目时的本科教育债务和其他债务有多少？（在每列勾选一个答案）

美元总额	教育 信用卡债务	教育 贷款债务	非教育 信用卡债务	非教育 贷款债务
没有	____1	____1	____1	____1
不足 5 000 美元	____2	____2	____2	____2
5 000～9 999 美元	____3	____3	____3	____3
10 000～14 999 美元	____4	____4	____4	____4
15 000～19 999 美元	____5	____5	____5	____5
20 000～24 999 美元	____6	____6	____6	____6
25 000～29 999 美元	____7	____7	____7	____7
30 000～34 999 美元	____8	____8	____8	____8
35 000～39 999 美元	____9	____9	____9	____9
40 000～44 999 美元	____10	____10	____10	____10
45 000～49 999 美元	____11	____11	____11	____11
50 000 美元及以上	____12	____12	____12	____12

G. 您的背景

这部分调查您的家庭背景和目前的婚姻及经济状况。

G-1. 您的性别。（勾选一个答案）

____ 1. 男

____ 2. 女

G-2. 你的出生日期。（例如 07/04/76）

_____   _____   _____
 月份   日期   年份

G-3. 您的出生地。

城市_____ 州_____ 国家_____

G-4. 您的公民身份。（勾选一个答案）

____ 1. 美国公民或美国国籍　　　　　　　　　　　转到 G-7。

____ 2. 美国永久居留签证　　　　　　　　　　　　19____年获批准。

____ 3. 临时签证（学习签证、交流访问签证等）

G-5. 如果您有美国永久居留签证或是临时签证（学习签证、交流访问签证等），请写明您的国籍。

　　　_____

G-6. 您获得博士学位后是否打算回国？

____ 1. 是

____ 2. 否

G-7. 请标记一个您认为最适合的种族–族裔。

____ 1. 西班牙裔

　　　____ a. 墨西哥、墨西哥裔美国人、卡奇诺人

　　　____ b. 古巴人、古巴

　　　____ c. 波多黎各人、波多黎各

　　　____ d. 拉丁美洲人

　　　____ e. 其他西班牙裔（列举）_____

____ 2. 非裔美国人，不是西班牙裔

____ 3. 亚裔或太平洋岛民（详细说明）

　　　____ a. 中国人

　　　____ b. 菲律宾人

　　　____ c. 日本人

　　　____ d. 韩国人

　　　____ e. 越南人

　　　____ f. 东南亚（老挝人、柬埔寨人等）

　　　____ g. 太平洋岛民

____ h. 东印度群岛/巴基斯坦人

____ i. 其他亚洲人（列举）_____

____ 4. 中东（列举）_____

____ 5. 美国印第安人/美国土著/阿拉斯加土著

部落_____

____ 6. 白种人，但不是西班牙裔

____ 7. 混合种族－族裔

请列举_____

____ 8. 若种族－族裔不在以上范围中，请列举_____

G-8. 请从以下几组职业中，选择一个最能代表您父亲或男性监护人和你母亲或女性监护人的职业。

如果两者中的一人或两人都已故、退休或失业，请选择他们的上一个工作。（请在每一栏勾选）

职业	父亲或男性监护人	母亲或女性监护人
医生、律师、大学教授、高级职业经理等	____ 1	____ 1
教师、中级职业经理、会计、药剂师、护士等	____ 2	____ 2
小企业主、农场主、工头、主管、店长等	____ 3	____ 3
电工、管工、秘书、牙医助理、屠夫等	____ 4	____ 4
货车司机、邮递员、护士助理、售货员、接待员等	____ 5	____ 5
工人、管理员、农夫、服务员等	____ 6	____ 6
家庭主妇	____ 7	____ 7

G-9. 您父母或监护人的最高学历。（请在每一栏勾选）

受教育水平	父亲或男性监护人	母亲或女性监护人
小学及以下	____ 1	____ 1
职业中学	____ 2	____ 2
中学或同等学力	____ 3	____ 3

专科学校、商贸学院	___ 4	___ 4
副学士学位	___ 5	___ 5
学士学位	___ 6	___ 6
研究生或专业学校	___ 7	___ 7
硕士学位	___ 8	___ 8
准博士	___ 9	___ 9
博士学位（哲学博士、教育学博士、文科博士）	___ 10	___ 10
专业学位（法学博士、医学博士）	___ 11	___ 11

G-10. 读博期间，您的婚姻或同居状况是否发生变化？
（请勾选一个答案）

  ____ 1. 无

  ____ 2. 是的，已结婚   转到 G-12。

  ____ 3. 是的，已进入同居关系   转到 G-12。

  ____ 4. 是的，离婚   转到 G-16。

  ____ 5. 是的，已结束同居关系   转到 G-16。

  ____ 6. 是的，丧偶   转到 G-16。

  ____ 7. 是的，伴侣去世   转到 G-16。

G-11. 您目前的婚姻或同居状况怎样？（请勾选一个答案）

  ____ 1. 已婚

  ____ 2. 单身，和同性伴侣一起住

  ____ 3. 单身，和异性伴侣一起住

  ____ 4. 单身，和不是伴侣的室友一起住   转到 G-16。

  ____ 5. 单身，一个人住   转到 G-16。

  ____ 6. 离婚   转到 G-16。

  ____ 7. 丧偶   转到 G-16。

G-12. 您的配偶或伴侣的最高教育水平。（请勾选一个答案）

  ____ 1. 小学及以下

  ____ 2. 职业中学

____ 3. 中学或同等学力

____ 4. 专科学校、商贸学院

____ 5. 副学士学位

____ 6. 学士学位

____ 7. 研究生或专业学校

____ 8. 硕士学位

____ 9. 准博士

____ 10. 博士学位（哲学博士、教育学博士、文科博士）

____ 11. 专业学位（法学博士、医学博士）

G-13. 您的配偶或伴侣是否是学生？（请勾选一个答案）

____ 1. 是

____ 2. 否   如果是"否" 转 G-15。

G-14. 您的配偶或伴侣的注册状况。（请勾选一个答案）

____ 1. 非全日制大学生

____ 2. 全日制大学生

____ 3. 非全日制研究生

____ 4. 全日制研究生

G-15. 您的配偶或伴侣的就业状况。（请勾选一个答案）

____ 1. 无业

____ 2. 退休

____ 3. 全职就业

____ 4. 兼职就业

G-16. 您有多少以下各年龄组中的子女？（请在每行勾选一个答案）

子女的数量

年龄段	无	一个	两个	三个	四个	五个或更多
5 岁以下	___0	___1	___2	___3	___4	___5
5~13 岁	___0	___1	___2	___3	___4	___5
14~18 岁	___0	___1	___2	___3	___4	___5

| 19～24 岁 | ___0 | ___1 | ___2 | ___3 | ___4 | ___5 |
| 25 岁及以上 | ___0 | ___1 | ___2 | ___3 | ___4 | ___5 |

G-17. 您在联邦税申报表中主张的家属有多少？这应该和您在联邦所得税申报表第 4 行的回答一样。注：您自己也应算作家属。（请勾选一个答案）

___ 1. 无

___ 2. 一个

___ 3. 两个

___ 4. 三个

___ 5. 四个

___ 6. 五个或更多

___ 7. 不适用

G-18. 估算您今年（1996）的年度总收入（税前）是多少？如果您生活的州计入纳税收入，还应包括学业奖学金、助学金和费用豁免。如果您已婚或与伴侣生活，请选择配偶或伴侣的总收入。（请勾选一个答案）

收入范围	您的收入	配偶或伴侣的收入
少于 9 999 美元	___1	___1
10 000～19 999 美元	___2	___2
20 000～29 999 美元	___3	___3
30 000～39 999 美元	___4	___4
40 000～49 999 美元	___5	___5
50 000～59 999 美元	___6	___6
60 000～69 999 美元	___7	___7
70 000～79 999 美元	___8	___8
80 000～89 999 美元	___9	___9
90 000～99 999 美元	___10	___10
100 000 美元或更多	___11	___11

跟踪调查（自愿）：

请告知您的姓名和长期住址、两个知道您未来去向的人的电话（2年、5年、7年）。这很重要，也许我们需要跟踪调查了解参与者后续的学位进步和成就。这个信息不会出现在任何报告中。

您的名_____ 中间名_____ 姓_____

第一个人的名字_____

街道地址_____

城市_____ 国家_____ 邮政编码_____

电话号码（包括地区号）_____

第二个人的名字_____

街道地址_____

城市_____ 国家_____ 邮政编码_____

电话号码（包括地区号）_____

研究生入学考试（GRE）成绩：

为进行这个研究，我们希望将研究生入学考试（GRE）成绩列入您在调查问卷中提供的数据中。我们的经验是学生常常无法回忆起他们的 GRE 成绩。因此我们请求允许从 GRE 文件中获取您的成绩。您的成绩和您的调查数据将被保密，并只用于研究目的。这些成绩与您的调查问卷无关，主要用于提供在任何报告中受访者的平均分数和成绩范围。许可是自愿的。您可以不授权解禁您的 GRE 成绩而交回您的调查问卷。

感谢您的合作。

为了有关"博士生经济状况、经历和表现调查"的相关研究，我授权从教育考试服务中心（ETS）解禁我的研究生入学考试（GRE）成绩。

印刷：名_____ 中间名缩写_____ 姓_____

签字_____

街道地址_____

城市_____ 国家_____ 邮政编码_____

最近参加 GRE 的大概日期：_____

最近参加 GRE 所用的名字（例如未婚名字）：_____

印刷： 名_____ 中间名缩写_____ 姓_____

社会保险号（自愿）：_____

寄回填好的调查表：

谢谢您的合作！请将调查表装入邮资已付的信封并寄回以下地址：

迈克尔·T·内特尔斯以及凯瑟琳·M·米利特

密歇根大学

高等教育和中等教育研究中心

610 E. 大学路，2002 SEB

Ann Arbor，MI 48109-1259

电话：（313）764-9499

附录 D

方法论

  博士生经济状况、经历和表现调查数据库包含超过 800 个变量。我们在分析上大约使用了 40 个变量，随后进行了描述。依据个别分析，一个变量可能是同时是结果和结果测量的预测指标。

  师生学术交往指数：这个指数是对教师指导和提供专业学术咨询的意愿和能力等相关问题进行探索性因素分析的结果。

  教师顾问与导师为同一人：二分变量。如果被调查者的教师顾问与导师为同一人，该二分变量就等于 1。教师顾问是由院系或课程指派的教师或研究顾问，以正式身份讨论、批准课程工作或签署注册表格。学生被告知他们的导师可能是其他人而非他们的教师或研究顾问。如果教师顾问也是导师，这就是一个编码为 1 的二分变量，否则编码为 0。

  博士项目开始时的年龄：学生入学年份减去出生年份。

  长期全日制博士生：被调查者基于各自机构对全日制的定义，报告进入博士项目以来的学生和工作状态。助教、助研、学业奖学金和暑期工不在该问题定义的就业范围内。研究生阶段对于全日制和非全日制身份的定义比本科阶段模糊。在本科阶段，课程的数量往往决定了学生在规定学期获得的身份或学分。在研究生课程中，学分可能是身份的唯一决定因素。但大多数情况下，决定全日制或非全日制身份的是学生从事助教或助研工作的时间与学分结合，而不只是课时或学分。尽管各学校对决定全日制或非全日制身份的课程学分与助教工作时间数量的政策不同，但基本上都要求学生在了解各自学校政策的基础上做出判断。这是一个二分变量，如果被调查者报告他们的总体状态是一个没有工作的全日制学生，编码为 1，否则编码为 0。

18 岁以下的子女：二分变量。如果被调查者有一个 18 岁以下的子女，则编码为 1，否则编码为 0。

博士学位完成：二分变量。如果被调查者到 2001 年 6 月为止已经获得博士学位，则编码为 1，否则编码为 0。

曾获得学业奖学金：二分变量。如果被调查者在读博期间获得过学业奖学金，则编码 1，否则编码为 0。

曾担任研究助理：二分变量。如果被调查者在读博期间曾担任研究助理，则编码 1，否则编码为 0。

曾担任教学助理：二分变量。如果被调查者在读博期间曾担任教学助理，则编码为 1，否则编码为 0。

期望第一份工作为教师或博士后：二分变量。如果被调查者期望完成博士学位后直接在高校担任教师或博士后研究员，则编码为 1，否则编码为 0。

博士项目学科领域：该变量利用教育学、工程学、人文学、科学与数学和社会科学五个领域。在相关模型中，领域被用来将回归分析划分为五个不同的独立模型。

博士项目为首选或唯一选择：二分变量。如果被调查者进入首选或唯一选择的博士项目，则编码为 1，否则编码为 0。

首次注册时为全日制学生：二分变量。如果被调查者首次注册时为全日制学生，则编码为 1，否则编码为 0。

GRE 语言分数、GRE 数学分数、GRE 分析性写作分数：要求被调查者提供 GRE 语言、数学和分析性写作三个部分的分数。同时授权研究人员从研究生入学考试委员会获取他们的成绩。这对忘记自己分数的被调查者非常重要。如果可用，则使用 GRE 成绩，否则就使用被调查者自我报告的分数的均分。在相关分析中，成绩以每 100 分为间隔报告。

有导师：询问被调查者是否有一位教师担任自己的导师。导师被定义为博士生寻求建议、审查论文或提供一般支持和鼓励的教师成员。这是一个二分变量。如果被调查者有导师，则编码为 1，否则编码为 0。

有一些研究生产力：二分变量。如果被调查者参与四项研究活动中任何一项（发表会议论文、出版著作的章节、在期刊上发表论文、出版专著），则编码为1，否则编码为0。

家庭收入：这个变量考察被调查者自己报告的收入，如果可以，还有被调查者的配偶或伴侣问题G–18中收入的中点。

读博期间的教育借贷：二分变量，被调查者接受问卷调查时的本科及研究生总债务减去博士入学时的本科债务值大于1，则编码为1，否则编码为0。

与教师顾问的交往指数：由被调查者对教师顾问关注其专业和个人事务的看法的相关问题的探索性因素分析获得。

男性：二分变量。如果被调查者为男性，则编码为1，否则编码0。

已婚或有伴侣：二分变量。如果被调查者已婚或有伴侣，则编码为1，否则编码0。

入学时已获得硕士学位：二分变量。如果被调查者博士入学之前已经获得硕士学位，则编码为1，否则编码为0。

对博士项目的总体满意度：李克特五级评分问题，询问被调查者是否同意以下陈述："总的来说，我对目前就读的博士项目感到满意。"

父母的社会经济地位：这是一个由四个项目组成的复合评分：母亲的职业、父亲的职业、母亲的受教育程度和父亲的受教育程度。在所有分析中，这一测量都已实现标准化（z–分数；$M=0$，$SD=1$），以促进结果的合理性。

同伴交往指数：对被调查者参与以学生为主的校园活动的程度的相关问题进行探索性因素分析的结果。

发表会议论文：二分变量。如果被调查者在研究生学习期间在全国会议上发表论文，则编码为1，否则编码为0。

私立研究生院：二分变量。如果被调查者在私立大学攻读博士学位，则编码为1，否则编码为0。

出版研究文章：二分变量。如果被调查者发表一篇或多篇论文（独著或合著），则编码为1，否则编码为0。

种族–族裔：这一变量使用以下五个类别：非裔美国人、西班牙裔美国人、亚裔美国人、白人和其他,以及非美国公民。在相关模型中,种族-族裔表现为四个独立的二分变量(非裔美国人、西班牙裔美国人、亚裔美国人以及非美国公民),以白人学生为参照群体。

进度:连续变量。测量被调查者是在同领域中与其他被调查者相比的博士项目进度。

入学学业奖学金:二分变量。如果被调查者被录取时获得博士项目前5年中任何1年的奖学金,则编码为1,否则编码为0。

入学助研奖学金:二分变量。如果被调查者被录取时获得博士项目前5年中任何1年的助研奖学金,则编码为1,否则编码为0。

入学助教奖学金:二分变量。如果被调查者被录取时获得博士项目前5年中任何1年的助教奖学金,则编码为1,否则编码为0。

选择性本科院校:二分变量。如果被调查者在《巴伦美国高校简况》排名中的最具竞争力、高度竞争力或较高竞争力的院校获得学士学位,则编码为1;如果学位是从排名较低的美国院校或非美国院校获得的,则编码为0。

中断博士项目:二分变量。如果被调查者在博士入学后曾中断一个学期或一个季度(不包括暑期或以论文研究为目的非注册时间),则编码为1,否则编码为0。

师生社会交往指数:该指数是对被调查者对师生关系相关问题看法的探索性因素分析的结果。

读博的时间:指调查结束时被调查者博士入学总时间(年)。

完成学位用时(已过去的):被调查者首次注册博士入学到授予博士学位(截至2001年)的总时间。

特别设计的变量

进度

进度测量设计如下:首先,根据被调查者的学科领域分组,然后报告进展阶段。使用以下八个进展阶段:

——被调查者已完成博士学位要求的不超过一半的课程工作。

——被调查者已经完成博士学位要求的超过一半但不是全部的课程工作。

——被调查者已经完成博士学位要求的全部课程。

——被调查者已完成初试和一般测试但未获得博士候选人资格。

——被调查者已获得博士候选人资格，但还没有开始撰写学位论文。

——被调查者正在撰写学位论文。

——被调查者已完成博士学位的所有要求，但还未被授予学位。

——已被授予博士学位。

因为有五个领域分组（教育学、工程学、人文学、科学与数学、社会科学）和八个可能的阶段，可以按领域—阶段组合安排被调查者。其次，我们计算了被调查者博士项目的四十对组合中每对用时的平均数。样本中每一个符合条件的人的平均年数安排完成后（根据他们的领域和阶段），进度测量设计为将特定领域和阶段的平均值除以被调查者报告的截止调查时的博士项目用时。更具体地说，这种进度测量的方式：

$$相对进展 = 年均_{fs} / 年_{ifs}$$

i=个人，f=领域，s=进展阶段。这里，数值大于 1 表示进度快于该阶段的平均值，小于 1 表示进度慢于该阶段的平均值，等于 1 的值表示学生达到的特定阶段用时是该阶段的平均值。

这种进度测量方法提供了测量学生相对于他们各自平均值的主要优势。更确切地说，它测量被调查者个人相对于特定领域—阶段组合用时中位数的进展。这方面的测量使我们能对不同的进展阶段的被调查者进行分组分析（如条件均值、回归分析等）。与我们考虑过的另一测量（即：年$_{ifs}$ – 年均$_{fs}$）相比，这一比率避免了 1 年的差异意味着不同进展阶段的问题。例如，在早期阶段（如完成课程工作）落后于平均数 1 年与在学位论文阶段滞后 1 年可能有所不同。该比率更加准确地表示出这个概念性差异。最后，它依赖特定阶段和领域的平均值以及被调查者自己测量到达现阶段的时间，避免了任意赋值的问题。这种测量对所有分析都是 z-分数。

创造因素

需要进一步操作减少通过 B 节调查工具收集数据。B 节为"您目前的博士教育经历"的项目,目的是收集学生对博士教育的看法和相关课程经历。根据这些问题的性质,变量的个性和概念分离,使因素分析可以压缩一些信息(见表 D.1)。例如,B-8 的四个项目都与教师顾问的交往有关。关联模型产生了等于或大于 0.3 的值,使我们能够从模型和其他三个项目中提取因素。

表 D.1 博士生经济状况、经历和表现调查的因素分析

因素和调查项目	因素载入	内部一致性(字母表)
同伴交往(z-分数)		0.731
B-3.2 我在课程中与其他同学交友很容易。	0.642	
B-15.1 我与同学一起参加非正式学习小组。	0.637	
B-15.2 我与同学一起参加学校或课程赞助的社会活动。	0.701	
B-15.5 我与不同种族-族裔背景的研究生交往。	0.706	
B-15.9 我与同学进行非正式社会交往。	0.789	
师生社会交往(z-分数)		0.916
B-3.5 在这个课程中与教师交往很容易。	0.845	
B-3.6 本课程教师与学生的课外交往很多。	0.800	
B-4.4 我对师生间的氛围感到满意。	0.886	
B-4.5 我对师生交流感到满意。	0.904	
B-4.7 我对师生关系的总体质量感到满意。	0.900	
师生学术交往(z-分数)		0.853
B-4.1 我对教师指导的质量感到满意。	0.643	
B-4.6 我对教师有时间与学生见面感到满意。	0.742	
B-4.8 我对教师学术建议的质量感到满意。	0.840	
B-4.9 我对学术课题或学术进展的反馈质量感到满意。	0.840	
B-4.10 我对职业建议和工作安排的质量感到满意。	0.703	
B-4.12 我对教师关注我的研究感到满意。	0.765	
与教师顾问的交往(z-分数)		0.873
B-8.1 我的顾问易于咨询。	0.797	
B-8.2 我的顾问对我的工作提出有用的批评。	0.843	
B-8.3 我的顾问关心我的专业发展。	0.911	
B-8.4 我的顾问关心我的个人福利。	0.852	

因素提取采用主成分分析法。按照惯例(Kim 和 Mueller 1978;Long 1983),

提取并保留了四个特征值大于 1 的因素。为简化因素结构，使用了方差最大旋转，而旋转后的成分模型按载入的大小在特定因素内分类。出现的四个因素都已实现标准化（z-分数）

同伴交往指数：对被调查者参与以学生为主的校园活动程度的相关问题进行探索性因素分析的结果。

师生社会交往指数：对被调查者对师生关系看法的相关问题进行探索性因素分析的结果。

师生学术交往指数：对被调查者对教师指导及提供专业与学术咨询建议的意愿和能力的看法相关问题进行探索性因素分析的结果。

与教师顾问交往指数：对被调查者对教师顾问关注学生专业和个人福利的看法相关问题进行探索性因素分析的结果。

自变量与 z-分数

自变量包括可能会影响博士生经历的个人和机构特征。为便于清晰比较，一些变量如社会经济状况（SES），必须通过 z-分数的使用来标准化。变量的平均值为 0，标准差为 1。例如，图 D.1 的柱状图是 z-分数之前的社会经济状况分布情况。以 21.0 为评分标准（平均值）显然对读者没有什么意义。图 D.2 的柱状图是标准化的社会经济状况分布情况。在这个 z-分数标准中，平均值为 0，每个单位代表一个标准差；从 0～1.5 表示增加了 1.5 个标准差。

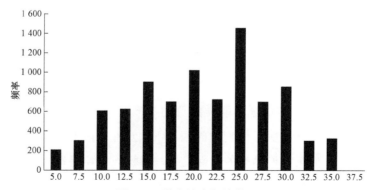

图 D.1　学生社会经济状况

$SD = 7.47$，$M = 21.0$，$N = 8\ 756.35$。

来源：博士生经济状况、经历和表现调查。

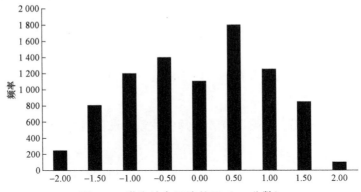

图 D.2 学生社会经济状况（z-分数）

SD=0.99, M=0, N=8 765 35。

资料来源：博士生经济状况、经历和表现调查。

数据权重

权重的目的是纠正调查样本中少数种族-族裔学生过度取样的问题。在判断样本代表性的标准时，我们选择了样本领域 1996 年注册研究生（硕士和博士生）作为代表（见表 D.2）。如果这证明是不可能的，就选择其他年份的数据。权重引入 1996 年组，是因为它的博士生真实人口应比我们的样本更具有代表性。

实际的加权公式试图将样本分布与数据库准确匹配。因此公式如下：

$$W = \frac{\text{种族-族裔和领域内的注册总数（机构人口）}}{\text{种族-族裔和领域内的注册总数（样本）}} \times \frac{\text{总注册数（样本）}}{\text{总注册数（机构人口）}}$$

这将使样本的比例与数据库匹配，消除少数种族-族裔学生过度取样的问题。

对少数种族-族裔学生过度取样的目的是产生一个足够大的样本来分析这些被调查者。因为这不是关于性别的问题，所以女性未被过度采样。如此，权重变量不包括性别。如果我们调查的女性比例与目标人群相差很大，可能是有问题的。然而，调查样本中的女性比例似乎与权重参考组 1996 年女性研究生注册比例没有多少差异。

表 D.2　调查数据库权重

	非裔	亚裔	西班牙裔	白人	国际学生	总计	占总数的比例/%
1996 年研究生注册							
生物和物理科学，数学和统计学	408	1 486	349	8 796	4 828	15 867	25.90
经济，政治科学，哲学和社会学	925	575	446	6 306	2 684	10 936	17.85
英语和历史学	350	318	270	4 474	406	5 818	9.50
教育学	1 894	974	1 014	12 482	1 486	17 850	29.14
工程学	284	1 227	276	4 625	4 371	10 783	17.60
总计	3 861	4 580	2 355	36 683	13 775	61 254	100.00
占总数的比例/%	6.30	7.48	3.84	59.89	22.49	100.00	
调查样本 [a]							
生物和物理科学，数学和统计学	80	223	71	958	521	1 853	20.51
经济，政治科学，哲学和社会学	342	166	193	1 431	332	2 464	27.27
英语和历史学	133	88	102	931	72	1 326	14.67
教育学	354	138	213	1 594	208	2 507	27.74
工程学	34	158	23	342	329	886	9.81
总计	943	773	602	5 256	1 462	9 036	100.00
占总数的比例/%	10.44	8.55	6.66	58.17	16.18	100.00	
总数的实际权重							
使用研究生注册数据库							
生物和物理科学，数学和统计学	0.752 34	0.983 00	0.725 12	1.354 45	1.367 01		
经济，政治科学，哲学和社会学	0.398 99	0.510 98	0.340 89	0.650 06	1.192 58		
英语和历史学	0.388 20	0.533 07	0.390 49	0.708 91	0.831 83		
教育学	0.789 26	1.041 17	0.702 26	1.155 15	1.053 89		
工程学	1.232 20	1.145 59	1.770 20	1.994 93	1.959 87		

来源：IPEDS 注册调查（1996）数据来自美国教育部、国家教育统计中心数据库，http://nces.ed.gov/ipeds（2000 年 8 月）；NSF–NIH 在 S&E 的研究生与博士后调查（1996）数据来自国家科学基金会的 WebCASPAR 数据库系统，http://webcaspar.nsf.gov/（2000 年 8 月）。2000 年 8 月，我们还访问了 20 个机构网站的人文数据。

[a] 预加权样本 9 036 例（未遗漏种族–族裔或领域数据）。

附录 E

就读传统黑人高校的差别效应

样本学生就读传统黑人高校（HBCUs）的数量相对较少（无加权，$n=195$；加权，$n=143$），记住这一点很重要。例如，只有16%的非裔学生进入HBCU。因此，HBCU的学生对我们的非裔美国人多元回归系数影响有限。此外（有点令人吃惊的是），在霍华德大学和克拉克-亚特兰大大学就读的样本学生，实际上只有四分之三是非裔美国人（只有62%加权）。因此"HBCU学生"并不是"非裔美国人"的同义词。在剩下的HBCU学生中，13%是国际学生（24%加权），9%是白人学生（12%加权）。

HBCU学生的比例因领域而异。近40%在社会科学领域（28%加权），而在工程学和人文学领域（加权或不加权）加起来不到11%。传统黑人高校的学生大幅降低了研究生入学考试（GRE）分数，在GRE每项考试中，与其他院校的学生相比大约有200分的差距。非HBCU学生的这一优势，即使与HBCU和非HBCU的非裔学生比较仍然如此，尽管差距很小（因为是在非裔美国人口内比较）。非HBCU非裔博士生进入博士项目学习有超过他们的HBCU同辈（加权的结果）100分的优势。这些入学时的学术差异在以下情形中也很明显，尽管社会科学领域非HBCU的非裔博士生有近40%毕业于选择性本科院校，但只有一名HBCU的非裔学生这样做。

HBCU和非HBCU的非裔学生的不同经历

简单的t-测试显示，HBCU和非HBCU的学生在特定领域某些范围内的经历不同。（这些联系是未经调整的。调整后的关系需要进行多变量分析讨论，可能提供超过简单描述的不同结果。）在教育学和科学与数学领域，非裔学生与教师的社会交往更积极，对与教师学术交往的看法也更积极。在工程学或人文学领域，统计学差异不明显，可能是因为非裔 HBCU 学生较少。但是，在所有领域，HBCU 和非 HBCU 的非裔学生对课程的总体满意度相似。

在教育学领域，非 HBCU 的非裔学生的研究生产力是 HBCU 的非裔学生的 3 倍以上。其他领域没有明显的统计学差异。非裔学生在 HBCU 和非 HBCU 有导师的机会均等。除工程学领域外，所有领域非 HBCU 的非裔学生在读博期间更有可能获得学业奖学金。在获得助研奖学金方面没有差异。但是，在教育学领域，非 HBCU 的非裔学生担任助教的可能性是 HBCU 的非裔学生的 5 倍。简言之，尽管非裔学生在特定领域、特定心理范围报告了更积极的经历，但就可能导向研究和学术职业的实践与产品而言，非 HBCU 的学生似乎有一定的优势。

多元分析

以上差异可能是来自 HBCU 与非 HBCU 的学生之间的其他社会和学术差异，而不是院校间的真正差异。因此，我们也调查了 HBCU 入学情况在几种回归模型中作为重要预测因素的程度（我们只使用了一个虚拟变量，如果学生是在传统黑人高校就读，则编码为 1，否则编码为 0）。样本中只有 62% 的 HBCU 学生是非裔美国人（加权）。在特定领域的回归分析中，少数 HBCU 的非裔美国学生使用一个单独的虚拟变量，代表 HBCU 的非裔美国人。

HBCU 科学与数学领域的学生与教师顾问之间的交往更积极，对教师有较高的评价，即使是在控制了模型中的其他预测因素之后。有趣的是，与非 HBCU 同龄学生相比，HBCU 社会科学领域的学生报告了更高水平的学生交往（0.5 标准差）；其他领域没有差别。在社会和学术差异保持不变的情况下，HBCU 和非 HBCU 的学生报告的满意度水平相似。

在逻辑回归分析中，HBCU 和非 HBCU 的学生在读博期间发生债务和中断学业的可能性是相等的（控制其他预测因素）。简单描述性分析显示，即使在模型中控制其他预测因素之后，HBCU 的学生在教育学领域比非 HBCU 的学生获得学业奖学金的机会少 80%，在工程学和社会科学领域约少 91%。但是，所有领域中非 HBCU 和 HBCU 的博士生担任助教或研究助理的机会是均等的。有趣的是，在社会科学领域，HBCU 学生的研究生产力是非 HBCU 学生的 4 倍（其他领域没有差异）。

2001 年完成博士学位的比例，HBCU 和非 HBCU 的学生之间没有差异（在模型中控制其他预测因素）。但是，在学位用时上，2001 年科学与数学领域完成学位的 HBCU 的学生平均提前 1 年获得学位。在社会科学领域，HBCU 的学生比非 HBCU 的学生平均推迟 2 年完成。

附录 F

经历与表现预测回归分析表

表 F.1 按领域、博士生入学时获得学业奖学金（1年或多年）的回归分析预测因素

独立变量[a]	教育学[b]		工程学			人文学			科学与数学			社会科学		
	反比值	比值	比值标准误差	反比值	比值	比值标准误差	反比值	比值	比值标准误差	反比值	比值	比值标准误差	反比值	比值	比值标准误差
GRE 词汇（数百分）		1.287**	0.105		1.190**	0.079		1.593***	0.195		1.267***	0.070		1.628***	0.127
GRE 数学（数百分）		1.050	0.086		1.369	0.222		1.293*	0.150		1.209*	0.108		1.113	0.100
GRE 分析性写作（数百分）		1.086	0.091		1.069	0.098		0.945	1.058	0.117		1.042	0.073		1.081	0.095
男性	1.003	0.997	0.145	1.378	0.726	0.120	1.379	0.725	0.130	1.516	0.660***	0.068		0.986	0.129
非裔[c]		3.808***	0.880		2.722**	1.058		14.920***	6.572		5.468***	1.900		8.722***	2.352
西班牙裔		5.665***	1.406		2.013	0.787		13.500***	6.572		7.245***	2.821		10.930***	3.724
亚裔		2.415***	0.617	1.083	0.923	0.176		3.739***	1.399		1.141	0.187		1.733*	0.457

续表

独立变量[a]	教育学[b] 反比值	比值	比值标准误差	工程学 反比值	比值	比值标准误差	人文学 反比值	比值	比值标准误差	科学与数学 反比值	比值	比值标准误差	社会科学 反比值	比值	比值标准误差
国际学生	1.357	0.737	0.223	2.511	0.398***	0.067		2.632*	1.050	1.377	0.726*	0.101		1.136	0.220
开始博士课程的年龄（以1岁为单位）	1.018	0.983	0.010	1.075	0.930***	0.020	1.023	0.977	0.017	1.045	0.957**	0.015	1.065	0.939***	0.015
入学时已获得硕士学位		1.136	0.175	1.416	0.706*	0.105	1.975	0.506***	0.098		1.004	0.152	1.379	0.725*	0.111
选择性本科院校		1.505**	0.219		1.087	0.139		1.022	0.183	1.106	0.904	0.103		1.218	0.171
私立研究生院		1.693***	0.226		1.159	0.153		3.205***	0.585	1.003	0.997	0.104		1.797**	0.228
首次注册时为全日制学生		7.987***	1.805		3.461**	1.569		6.599***	4.395		2.133	0.860		4.834***	2.225
常数		0.005	0.003		0.038	0.052		0.002	0.002		0.064	0.053		0.006	0.005
n（未加权）	1 504			797			1 171			1 635			2 187		
概率比测试	273.90***			209.20***			195.58***			162.52***			289.30***		
McFadden 伪 R^2	0.158			0.115			0.188			0.058			0.154		

来源：博士生的社会经济地位、经历和表现调查。

[a] 父母的社会经济地位测量至少在一个模型中不是重要的预测因素，从模型中剔除。

[b] 因变量测量是二分的（no=0, yes=1）。比值比系数。反比值比（1/比值比）小于1。

[c] 所有种族－族裔群体和国际学生与白人对比。

*$p < 0.05$; **$p < 0.01$; ***$p < 0.001$。

附录 F 经历与表现预测回归分析表

表 F.2 按领域，博士生入学时获得助教奖学金（1 年或多年）的回归分析预测因素

独立变量[a]	教育学[b]			工程学			人文学			科学与数学			社会科学		
	比值	反比值	比值标准误差	比值	反比值	比值标准误差	比值	反比值	比值标准误差	比值	反比值	比值标准误差	比值	反比值	比值标准误差
GRE 词汇（数百分）	1.128		0.094	1.034		0.063	1.394**		0.147	0.994	1.006	0.053	1.266***		0.086
GRE 数学（数百分）	1.112		0.094	0.952	1.050	0.130	1.116		0.112	1.112		0.093	1.224*		0.098
GRE 分析性写作（数百分）	0.931	1.075	0.080	0.877	1.140	0.071	1.005		0.110	0.988	1.012	0.066	1.130		0.088
男性	0.915	1.093	0.138	0.837	1.195	0.136	0.661**	1.513	0.105	1.397**		0.144	0.957	1.045	0.116
非裔[c]	1.420		0.344	0.255**	3.928	0.118	3.395***		1.198	0.511*	1.958	0.161	1.469		0.354
西班牙裔	1.111		0.310	0.330*	3.034	0.144	2.122*		0.790	0.690	1.450	0.216	1.206		0.352
亚裔	0.873	1.145	0.245	0.868	1.152	0.162	1.826		0.608	1.120	1.116	0.195	0.881	1.136	0.216
国际学生	0.445*	2.245	0.140	0.518***	1.929	0.074	1.892		0.625	0.896		0.114	0.853	1.173	0.141
开始博士课程的年龄（以 1 岁为单位）	0.971**	1.030	0.010	0.949**	1.054	0.017	0.966*	1.035	0.014	0.947***	1.056	0.012	0.938***	1.066	0.012
私立研究生院	1.296		0.178	0.685**	1.459	0.088	0.838	1.194	0.137	0.821	1.218	0.086	0.641***	1.560	0.076

续表

独立变量[a]	教育学[b]			工程学			人文学			科学与数学			社会科学		
	比值	反比值	比值标准误差	比值	反比值	比值标准误差	比值	反比值	比值标准误差	比值	反比值	比值标准误差	比值	反比值	比值标准误差
首次注册时为全日制学生	5.016***		1.127	2.670*		1.067	3.269*		1.674	2.479**		0.821	6.153***		2.961
常数	0.059		0.038	3.519		3.959	0.041		0.040	1.526		1.134	0.024		0.020
n（未加权）		1 550			815			1 199			1 693			2 241	
概率比测试		109.87***			64.12***			59.02***			75.34***			178.08***	
McFadden 伪 R^2		0.073			0.035			0.055			0.028			0.089	

来源：博士生经济状况、经历和表现调查。

[a] 父母的社会经济地位至少在一个模型中不是重要的预测因素，从模型中剔除。
[b] 因变量测量是二分的 (no=0, yes=1)。比值比系数。反比值比 (1/比值比) 小于 1。
[c] 所有种族-族裔群体和国际学生与白人对比。

*$p<0.05$；**$p<0.01$；***$p<0.001$。

表 F.3 按领域、博士生入学时获得助研奖学金（1 年或多年）的回归分析预测因素

独立变量[a]	教育学[b]			工程学			人文学[c]			科学与数学			社会科学		
	比值	反比值	比值标准误差	比值	反比值	比值标准误差	比值	反比值	比值标准误差	比值	反比值	比值标准误差	比值	反比值	比值标准误差
GRE 词汇（数百分）	1.079		0.098	1.231***		0.072		1.017	0.176	1.034		0.054	0.869	1.151	0.073
GRE 数学（数百分）	0.993	1.007	0.089	1.306*		0.172	0.802	1.246	0.139	0.787**		0.066	1.324**		0.134
GRE 分析性写作（数百分）	0.970	1.031	0.089	0.838*	1.193	0.064	1.078		0.206	0.940	1.064	0.061	1.007		0.097
男性	1.120		0.178	1.098		0.172	0.949	1.053	0.266	1.062		0.106	0.773	1.294	0.113
非裔[d]	1.069		0.288	0.368**	2.719	0.142	0.744	1.345	0.474	0.252***	3.973	0.090	1.063		0.303
西班牙裔	1.484		0.403	0.488	2.048	0.188	1.185		0.717	0.803	1.245	0.253	0.927	1.079	0.329
亚裔	1.098		0.315	0.733	1.363	0.134	1.536		0.765	1.339		0.217	0.721	1.387	0.219
国际学生	0.493*	2.029	0.169	0.576***	1.736	0.086	2.195		1.149	1.005		0.130	0.568*	1.762	0.125
开始博士课程的年龄（以 1 岁为单位）	0.960***	1.041	0.011	0.919***	1.088	0.015	0.970	1.031	0.029	0.930***	1.076	0.013	0.948**	1.055	0.017
选择性本科院校	1.138		0.184	0.721*	1.387	0.104	1.586		0.487	1.034		0.115	1.167		0.182

续表

独立变量[a]	教育学[b]			工程学			人文学[c]			科学与数学			社会科学		
	比值	反比值	比值标准误差	比值	反比值	比值标准误差	比值	反比值	比值标准误差	比值	反比值	比值标准误差	比值	反比值	比值标准误差
首次注册时为全日制学生	4.965***		1.258	2.109*		0.696	0.000			2.513**		0.934	2.777*		1.430
常数	0.135		0.094	0.781		0.832	0.000			16.733		13.036	0.157		0.155
n（未加权）		1 513			797			1 177			1 641			2 197	
概率比测试	103.57***			95.16***			12.89			70.69***			53.24***		
McFadden 伪 R^2	0.077			0.048			0.029			0.025			0.037		

来源：博士生经历和表现调查。

[a]父母的社会经济地位、私立研究生院、入学时已获得硕士学位，在所有领域中不是重要的预测因素，从模型中剔除。

[b]因变量测量是二分的（no=0，yes=1）。比值比系数。反比值比（1/比值比）小于1。

[c]此模型与零模型没有显著的统计学差异，表明预测因素与获得助研奖学金没有关系。博士生全日制注册入学时的极大比值比可能源于没有预估所有的可能性，只有一名获得助研奖学金的人文学博士生与国际学生不是全日制学生。

[d]所有种族-族裔群体和国际学生与白人对比。

*$p<0.05$；**$p<0.01$；***$p<0.001$。

表 F.4 按领域、博士学习过程中获得学业奖学金的回归分析预测因素

独立变量[a]	教育学[b]			工程学			人文学			科学与数学			社会科学		
	比值	反比值	比值标准误差	比值	反比值	比值标准误差	比值	反比值	比值标准误差	比值	反比值	比值标准误差	比值	反比值	比值标准误差
男性	0.937	1.067	0.120	0.451***	2.215	0.082	0.707	1.415	0.137	0.702**	1.424	0.078	1.161		0.156
非裔[c]	2.414***		0.511	6.089**		3.620	4.575**		2.296	4.461***		1.928	5.256***		1.556
西班牙裔	3.640***		0.951	6.523**		3.888	11.206***		8.090	10.938***		6.868	11.564***		5.449
亚裔	2.131**		0.571	0.827	1.209	0.163	2.359		1.041	0.949	1.054	0.168	1.236		0.345
国际学生	1.402		0.352	0.470***	2.127	0.076	2.138		0.963	0.558***	1.791	0.080	1.828**		0.363
父母的社会经济地位[d]	0.889	1.125	0.058	1.072		0.076	1.119		0.122	1.152*		0.065	0.988	1.012	0.071
家庭收入（以1000美元为单位）	0.996*	1.004	0.002	0.997	1.003	0.003	0.997	1.003	0.004	1.001		0.003	0.995*	1.005	0.002
开始博士课程的年龄（以1岁为单位）	0.976**	1.025	0.009	0.941**	1.063	0.019	0.971	1.030	0.018	0.942***	1.061	0.015	0.960**	1.042	0.014
GRE 词汇（数百分）	1.312***		0.094	1.055		0.067	1.166		0.151	1.320***		0.077	1.423***		0.109
GRE 数学（数百分）	0.940	1.064	0.066	1.011		0.148	1.273		0.157	1.008		0.092	0.905	1.106	0.077
GRE 分析性写作（数百分）	1.054		0.079	1.053		0.087	0.915		0.122	1.079		0.077	1.243**		0.104
入学时已获得硕士学位	0.772	1.295	0.111	0.707*	1.414	0.101	0.543**	1.842	0.106	1.233		0.192	0.696*	1.437	0.102

续表

独立变量 [a]	教育学 [b]			工程学			人文学			科学与数学			社会科学		
	比值	反比值	比值标准误差	比值	反比值	比值标准误差	比值	反比值	比值标准误差	比值	反比值	比值标准误差	比值	反比值	比值标准误差
选择性本科院校	1.635***		0.223	1.354*		0.209	1.187		0.242	1.006		0.125	1.139		0.166
私立研究生院	2.234***		0.276	1.052		0.139	2.401***		0.529	0.985	1.015	0.111	2.326***		0.311
长期全日制博士生	1.752***		0.235	1.275		0.245	1.405		0.361	1.582*		0.299	1.299		0.242
曾担任教学助理	1.732***		0.229	1.005		0.125	1.368		0.300	0.684**	1.463	0.080	0.899	1.112	0.128
曾担任研究助理	2.128***		0.284	0.462***	2.165	0.080	2.059***		0.433	0.494***	2.022	0.057	1.123		0.145
博士课程的时间（以年为单位）	1.013		0.023	1.119**		0.041	1.088*			0.040	1.078*		1.107***		0.034
期望第一份工作为教师或博士后	0.760*	1.316	0.095	1.835***		0.251	1.239		0.264	1.346**		0.135	1.449**		0.187
常数	0.193		0.101	6.458		7.543	0.228		0.237	0.950		0.753	0.084		0.063
n（未加权）	1 435			774			1 113			1 590			2 071		
概率比测试	314.08***			260.24***			126.61***			285.07***			229.07***		
McFadden 伪 R^2	0.151			0.135			0.148			0.105			0.127		

来源：博士生经济状况、经历和表现调查。

[a] 已婚或有伴侣、18岁以下的子女在所有领域中不是重要的预测因素，从模型中剔除。
[b] 因变量测量是二分的（no=0, yes=1）。比值比系数。反比值比（1/比值比）小于1。
[c] 所有种族—族裔群体和国际学生与白人对比。
[d] 父母的社会经济地位由教育成就和职业声望组成。

*$p<0.05$; **$p<0.01$; ***$p<0.001$。

附录 F 经历与表现预测回归分析表 293

表 F.5 按领域、博士学习过程中担任助教的回归分析预测因素

独立变量[a]	教育学[b]			工程学			人文学			科学与数学			社会科学		
	比值	反比值	比值标准误差	比值	反比值	比值标准误差	比值	反比值	比值标准误差	比值	反比值	比值标准误差	比值	反比值	比值标准误差
男性	0.797	1.255	0.106	0.650**	1.539	0.106	0.740	1.352	0.144	1.198		0.136	1.270		0.172
非裔[c]	0.690	1.450	0.162	0.278***	3.601	0.105	0.898	1.114	0.360	0.564	1.774	0.184	1.017		0.261
西班牙裔	0.600*	1.666	0.154	0.387**	2.583	0.140	0.699	1.431	0.300	1.067		0.374	0.684	1.463	0.208
亚裔	0.872	1.147	0.218	0.627*	1.594	0.116	0.892	1.122	0.358	0.702	1.425	0.127	1.157		0.330
国际学生	0.446***	2.240	0.115	0.511***	1.955	0.074	0.925	1.081	0.344	0.679**	1.472	0.099	1.656**		0.320
已婚或有伴侣	1.698***		0.252	1.206		0.162	1.210		0.273	0.914	1.094	0.114	1.286		0.195
家庭收入（以1000美元为单位）	0.990***	1.010	0.002	0.991**	1.009	0.003	1.000	1.000	0.004	0.995	1.005	0.003	0.994*	1.006	0.003
开始博士课程的年龄（以1岁为单位）	0.971**	1.030	0.009	0.946**	1.058	0.018	0.936***	1.069	0.017	0.970*	1.031	0.015	0.962**	1.040	0.013
长期全日制博士生	2.064***		0.286	1.418		0.254	2.121**		0.537	1.041		0.206	1.689**		0.319
GRE 词汇（数百分）	1.207*		0.089	1.174**		0.069	1.400**		0.174	1.063		0.063	1.235**		0.092
GRE 数学（数百分）	1.052		0.077	0.802	1.248	0.107	0.977	1.023	0.117	1.338**		0.119	1.011		0.086
GRE 分析性写作（数百分）	0.955	1.047	0.073	0.901	1.109	0.070	0.901	1.110	0.120	0.968	1.033	0.071	1.202*		0.101
入学时已获得硕士学位	0.823	1.215	0.115	0.849	1.178	0.114	1.025		0.213	0.964	1.038	0.151	0.664*	1.507	0.097

续表

独立变量[a]	教育学[b]			工程学			人文学			科学与数学			社会科学		
	比值	反比值	比值标准误差	比值	反比值	比值标准误差	比值	反比值	比值标准误差	比值	反比值	比值标准误差	比值	反比值	比值标准误差
私立研究生院	1.053		0.132	0.757*	1.321	0.094	0.408***	2.451	0.082	0.772*	1.295	0.088	0.765*	1.307	0.102
曾获得学业奖学金	1.656***		0.212	0.993	1.007	0.120	1.448		0.307	0.697**	1.434	0.080	0.926	1.080	0.129
曾担任研究助理	1.897***		0.243	1.239		0.194	1.664*		0.351	1.277		0.144	1.931***		0.246
博士课程的时间（以年为单位）	1.118***		0.026	1.159***		0.040	1.165***		0.046	1.032		0.032	1.253***		0.040
期望第一份工作为教师或博士后	2.018***		0.251	1.404**		0.179	1.156		0.248	0.855	1.170	0.091	1.900***		0.243
常数	0.159		0.088	20.837		22.448	1.294		1.286	0.927		0.704	0.082		0.061
n（未加权）	1 509			806			1 167			1 673			2 193		
概率比测试	327.34***			142.94***			100.44***			102.87***			281.94***		
McFadden 伪 R^2	0.161			0.071			0.119			0.043			0.154		

来源：博士生经济状况、经历和表现调查。

[a] 父母的社会经济地位、18岁以下的子女、选择性本科院校，在所有领域中不是重要的预测因素，从模型中剔除。

[b] 因变量测量是二分的（no=0, yes=1）。比值比系数。反比值比（1/比值比）小于1。

[c] 所有种族-族裔群体和国际学生与白人对比。

*$p<0.05$；**$p<0.01$；***$p<0.001$。

表 F.6 按领域、博士学习过程中担任研究助理的回归分析预测因素

独立变量[a]	教育学[b]			工程学			人文学			科学与数学			社会科学		
	比值	反比值	比值标准误差	比值	反比值	比值标准误差	比值	反比值	比值标准误差	比值	反比值	比值标准误差	比值	反比值	比值标准误差
男性	0.808	1.238	0.108	0.999	1.001	0.218	0.904	1.107	0.157	0.973	1.027	0.109	0.780*	1.282	0.096
非裔[c]	0.458***	2.182	0.108	0.225***	4.448	0.087	0.873	1.146	0.323	0.293***	3.416	0.104	0.743	1.346	0.178
西班牙裔	0.578*	1.730	0.150	0.955	1.047	0.490	0.626	1.598	0.256	1.049	1.063	0.359	0.769	1.300	0.227
亚裔	1.034		0.266	0.672	1.489	0.172	0.723	1.382	0.259	0.940	1.170	0.171	0.915	1.093	0.233
国际学生	0.541**	1.847	0.122	0.594**	1.684	0.114	0.681	1.469	0.259	0.854	1.064	0.110	0.730*	1.370	0.108
已婚或有伴侣	0.934	1.071	0.148	1.877**		0.368	1.119		0.230	0.939		0.119	1.238		0.173
家庭收入（以1 000 美元为单位）	0.998	1.002	0.002	0.987***	1.013	0.004	1.001		0.004	0.991**	1.009	0.003	0.996	1.004	0.003
18 岁以下的子女	0.944	1.059	0.139	0.458***	2.183	0.103	1.134		0.306	1.283		0.231	0.815	1.228	0.142
开始博士课程的年龄（以1岁为单位）	0.956***	1.046	0.009	0.949*	1.054	0.023	0.966	1.035	0.018	0.942***	1.061	0.015	0.964**	1.038	0.013
长期全日制博士生	2.583***		0.357	1.269		0.297	1.240	1.001	0.311	1.996***	1.033	0.384	1.279		0.226
GRE 数学（数百分）	1.019		0.058	1.221		0.170	0.999		0.086	0.968		0.075	1.216**		0.079

续表

独立变量[a]	教育学[b]			工程学			人文学			科学与数学			社会科学		
	比值	反比值	比值标准误差	比值	反比值	比值标准误差	比值	反比值	比值标准误差	比值	反比值	比值标准误差	比值	反比值	比值标准误差
入学时已获得硕士学位	0.797	1.255	0.112	0.519***	1.927	0.094	0.835	1.197	0.163	0.771	1.297	0.119	1.036		0.143
私立研究生院	0.528***	1.896	0.067	1.256		0.219	1.026		0.188	0.806	1.240	0.090	0.647***	1.545	0.079
曾获得学业奖学金[c]	2.352***		0.304	0.455***	2.197	0.076	2.258***		0.479	0.510***	1.962	0.057	1.123		0.140
曾担任教学助理	1.847***		0.238	1.291		0.205	1.749*		0.383	1.289*		0.148	1.963***		0.251
博士课程的时间（以年为单位）	1.066**		0.024	1.145**		0.053	1.045		0.035	1.305***		0.043	1.090**		0.030
期望第一份工作为教师或博士后	1.102		0.142	0.808	1.237	0.135	1.145		0.222	0.795*	1.258	0.083	1.337*		0.158
常数	1.082		0.544	8.194		10.741	0.287		0.257	6.692		5.138	0.369		0.235
n（未加权）	1 509			783			1 121			1 640			2 148		
概率比测试	372.81***			161.20***			51.83***			210.62***			157.20***		
McFadden 伪 R^2	0.1833			0.125			0.056			0.082			0.081		

来源：博士生经济状况、经历和表现调查。

[a] 父母的社会经济地位、GRE 词汇、GRE 分析性写作、选择性本科院校，在所有领域中不是重要的预测因素，从模型中去除。

[b] 因变量测量是二分的（no=0, yes=1）。比值比系数。反比值比（1/比值比）小于 1。

[c] 所有种族-族裔群体和国际学生与白人对比。

$^{*}p<0.05;$ $^{**}p<0.01;$ $^{***}p<0.001$。

表 F.7　按领域，博士学习过程中背负教育债务的回归分析预测因素

独立变量[a]	教育学[b]			工程学			人文学			科学与数学			社会科学		
	比值	反比值	比值标准误差	比值	反比值	比值标准误差	比值	反比值	比值标准误差	比值	反比值	比值标准误差	比值	反比值	比值标准误差
男性	1.045		0.149	0.896	1.116	0.252	1.137		0.210	0.960	1.042	0.156	0.955	1.047	0.131
非裔[c]	1.687*		0.391	2.046		1.207	0.899		0.355	1.372		0.560	0.899	1.113	0.236
西班牙裔	1.293		0.355	0.314	3.180	0.271	0.646	1.548	0.281	1.137		0.457	0.568	1.762	0.181
亚裔	0.563*	1.778	0.152	0.791	1.264	0.245	0.708	1.413	0.269	0.407**	2.458	0.119	0.841	1.189	0.224
国际学生	0.050***	20.156	0.022	0.210***	4.755	0.061	0.191***	5.245	0.092	0.060***	16.800	0.020	0.126***	7.915	0.030
父母的社会经济地位[d]	0.937	1.067	0.067	0.728**	1.373	0.082	0.805*	1.243	0.083	0.829*	1.206	0.070	0.842*	1.188	0.063
家庭收入（以1 000美元为单位）	0.982***	1.018	0.002	0.978***	1.023	0.005	0.981***	1.019	0.005	0.979***	1.022	0.005	0.988***	1.012	0.003
开始博士课程的年龄（以1岁为单位）	0.972**	1.029	0.009	1.051		0.031	0.998	1.002	0.018	1.010		0.021	0.999	1.001	0.014
已婚或有伴侣	1.259		0.213	2.809***		0.738	1.318		0.290	1.759**		0.326	1.192		0.190
18岁以下的子女	1.166		0.178	2.358***		0.658	0.702	1.424	0.200	1.320		0.323	0.709	1.410	0.142
GRE数学（数百分）	0.771**	1.298	0.063	0.468***	2.138	0.103	0.816	1.226	0.099	0.752*	1.330	0.096	0.734***	1.363	0.066
GRE分析性写作（数百分）	1.066		0.085	1.340*		0.175	0.953	1.049	0.114	0.780*	1.283	0.076	1.020		0.089

续表

独立变量[a]	教育学[b]			工程学			人文学			科学与数学			社会科学		
	比值	反比值	比值标准误差	比值	反比值	比值标准误差	比值	反比值	比值标准误差	比值	反比值	比值标准误差	比值	反比值	比值标准误差
选择性本科院校	0.954	1.048	0.137	1.232		0.279	0.791	1.263	0.153	0.555***	1.801	0.090	0.680**	1.470	0.098
私立研究生院	2.068***		0.280	0.674	1.484	0.149	0.678*	1.474	0.131	0.575**	1.739	0.108	1.320*		0.183
曾获得学业奖学金	1.441**		0.195	0.578**	1.731	0.120	0.546**	1.832	0.113	1.164		0.185	0.878	1.138	0.124
曾担任研究助理	1.177		0.169	4.421***		1.736	1.343		0.253	0.964	1.037	0.161	1.005		0.136
曾担任教学助理	1.420*		0.200	2.179***		0.468	1.399			0.302	2.392***	0.477	0.965	1.037	0.142
博士课程的时间（以年为单位）	1.047		0.026	1.054		0.059	1.112***		0.038	1.075		0.043	1.123***		0.034
常数	7.419		4.277	0.507	1.974	0.878	8.307		7.895	6.076		6.232	7.967		5.945
n（未加权）	1 213			673			979			1 450			1 875		
概率比检测	294.51***			167.35***			91.35***			259.45***			205.76***		
McFadden 伪 R^2	0.167			0.183			0.104			0.171			0.126		

来源：博士生经济状况、经历和表现调查。

[a] 入学时已获硕士学位、GRE 词汇、长期全日制博士生，在所有领域中不是重要的预测因素，从模型中剔除。
[b] 因变量测量是二分的 (no=0, yes=1)。比值比系数。反比值比 (1/比值比) 小于 1。
[c] 所有种族－族裔群体和国际学生与白人对比。
[d] 父母的社会经济地位由教育成就和职业声望组成。

*$p<0.05$; **$p<0.01$; ***$p<0.001$。

附录 F 经历与表现预测回归分析表　299

表 F.8 按领域，同伴交往的回归分析预测因素

独立变量 [a]	教育学 [b]		工程学		人文学		科学与数学		社会科学	
	比值	标准误差	比值	标准误差	比值	标准误差	比值	标准误差	比值	标准误差
男性	0.117*	0.058	−0.094	0.069	−0.238**	0.075	−0.132**	0.044	−0.134*	0.052
非裔 [c]	0.029	0.094	0.232	0.159	0.197	0.159	−0.072	0.134	0.083	0.099
西班牙裔	0.036	0.118	0.263	0.154	0.381*	0.175	0.184	0.136	0.079	0.128
亚裔	−0.057	0.118	−0.048	0.080	0.206	0.158	−0.013	0.070	0.105	0.110
国际学生	−0.019	0.115	−0.160**	0.062	0.287	0.150	−0.407***	0.054	−0.057	0.074
父母的社会经济地位 [d]	0.012	0.029	0.072*	0.028	0.023	0.040	0.038	0.022	0.011	0.028
家庭收入（以1000美元为单位）	0.000	0.001	−0.001	0.001	0.000	0.002	−0.003**	0.001	0.002	0.001
已婚或有伴侣	−0.066	0.067	−0.091	0.060	−0.059	0.088	−0.023	0.048	−0.279***	0.059
开始博士课程的年龄（以1岁为单位）	−0.001	0.004	−0.044***	0.008	−0.009	0.007	−0.027***	0.006	−0.026***	0.005
18岁以下的子女	−0.155**	0.059	−0.017	0.076	−0.095	0.107	−0.116	0.067	−0.111	0.071
GRE 词汇（数百分）	−0.015	0.032	−0.027	0.025	0.070	0.049	0.037	0.023	0.063*	0.030
GRE 数学（数百分）	−0.155***	0.031	−0.075	0.057	−0.005	0.047	−0.131***	0.035	−0.114***	0.033
GRE 分析性写作（数百分）	0.059	0.034	0.021	0.033	0.071	0.051	0.009	0.028	0.072*	0.033
入学时已获得硕士学位	−0.024	0.069	−0.123*	0.057	0.075	0.080	−0.032	0.059	−0.043	0.058

续表

独立变量[a]	教育学[b]		工程学		人文学		科学与数学		社会科学	
	比值	标准误差	比值	标准误差	比值	标准误差	比值	标准误差	比值	标准误差
私立研究生院	0.113*	0.055	-0.019	0.052	-0.092	0.078	0.128**	0.044	0.108*	0.052
长期全日制博士生	0.388***	0.062	0.128	0.075	-0.012	0.099	0.023	0.074	0.140*	0.071
期望第一份工作为教师或博士后	-0.135*	0.056	-0.025	0.054	0.230**	0.081	-0.013	0.040	-0.047	0.051
曾获得奖学金	0.229***	0.057	0.151**	0.051	0.049	0.082	0.103*	0.042	0.165**	0.053
曾担任研究助理	0.077	0.065	0.159*	0.065	0.029	0.076	0.153***	0.044	0.022	0.051
曾担任教学助理	0.203**	0.063	0.033	0.049	0.269**	0.085	0.219***	0.045	0.121*	0.055
博士课程的时间	-0.003	0.008	0.018	0.014	-0.007	0.013	-0.011	0.011	-0.024*	0.010
(以年为单位)										
常数	0.291	0.237	-1.556	0.446	-0.873	0.396	1.386	0.297	0.659	0.277
n （未加权）	2 504		883		1 323		1 850		2 461	
R^2	0.104		0.140		0.097		0.155		0.146	

来源：博士生经济状况、经历和表现调查。

[a] 选择性本科院校在所有领域中不是重要的预测因素，从模型中剔除。
[b] 无标准化的回归系数；因变量测量是标准的（$M=0$，$SD=1$）。
[c] 所有种族—族裔群体和国际学生与白人对比。
[d] 父母的社会经济地位由教育成就和职业声望组成。

$*p<0.05$；$**p<0.01$；$***p<0.001$。

附录 F 经历与表现预测回归分析表

表 F.9 按领域、有导师的回归分析预测因素

独立变量[a]	教育学[b]			工程学[c]			人文学[c]			科学与数学			社会科学		
	比值	反比值	比值标准误差	比值	反比值	比值标准误差	比值	反比值	比值标准误差	比值	反比值	比值标准误差	比值	反比值	比值标准误差
男性	1.031		0.117	1.176		0.195	0.658	1.52	0.117	0.827	1.21	0.090	0.808	1.24	0.102
非裔[d]	0.827	1.21	0.154	0.810	1.24	0.324	0.678	1.48	0.242	0.392**	2.55	0.124	0.943	1.06	0.233
西班牙裔	1.357		0.317	0.720	1.39	0.277	1.161		0.504	0.567	1.76	0.182	0.805	1.24	0.238
亚裔	1.251		0.300	0.484***	2.07	0.091	1.214		0.484	0.808	1.24	0.137	0.825	1.21	0.218
国际学生	0.666*	1.50	0.136	0.632**	1.58	0.091	1.013		0.376	0.909	1.10	0.117	0.856	1.17	0.147
父母的社会经济地位[e]	1.110		0.062	1.219**		0.083	1.059		0.101	1.163**		0.062	1.173*		0.078
GRE 词汇（数百分）	0.970	1.03	0.055	0.893*	1.12	0.048	0.872	1.15	0.096	1.085		0.054	1.008		0.066
GRE 数学（数百分）	1.038		0.054	0.996	1.00	0.123	1.154		0.107	0.769**	1.30	0.062	1.024		0.069
私立研究生院	0.813*	1.23	0.085	1.211		0.158	0.729	1.37	0.131	0.785*	1.27	0.083	0.796	1.26	0.097
常数	2.162		0.771	5.232		4.675	4.331		3.108	13.482		7.462	2.684		1.286
n（未加权）	1 617			815			1 190			1 676			2 204		
概率比测试	17.93*			32.47***			13.29			44.69***			18.18*		
McFadden 伪 R^2	0.008			0.018			0.015			0.017			0.011		

来源：开始博士生经济状况、经历和表现调查。

[a] 博士生课程的年龄、选择性本科院校、GRE 分析性写作、入学时已获硕士学位，博士课程为首选或难一选择，在所有领域中不是重要的预测因素，从模型中剔除。
[b] 因变量测量是二分的（no=0, yes=1）。比值比系数。反比值比（1/比值比）小于 1。
[c] 此模型与零模型没有显著的统计学差异。表明预测因素与有教师导师没有关系。
[d] 所有种族-族裔群体和国际学生与白人对比。
[e] 父母的社会经济地位由教育成就和职业声望组成。

*$p<0.05$；**$p<0.01$；***$p<0.001$。

表 F.10 按领域，师生社会交往的回归分析预测因素

独立变量[a]	教育学[b] 比值	标准误差	工程学 比值	标准误差	人文学 比值	标准误差	科学与数学 比值	标准误差	社会科学 比值	标准误差
男性	0.198***	0.054	0.337***	0.064	0.094	0.074	0.043	0.044	0.124*	0.055
非裔[c]	-0.121	0.088	-0.249	0.146	0.160	0.158	-0.381**	0.137	-0.034	0.105
西班牙裔	-0.062	0.110	-0.126	0.144	0.046	0.173	-0.164	0.137	-0.026	0.135
亚裔	-0.151	0.112	0.139	0.075	-0.128	0.157	-0.056	0.071	0.045	0.117
国际学生	-0.003	0.108	0.120*	0.057	0.036	0.148	0.007	0.054	-0.071	0.077
已婚或有伴侣	-0.004	0.061	0.088	0.053	-0.133	0.086	0.062	0.048	-0.224***	0.061
开始博士课程的年龄（以1岁为单位）	0.005	0.003	-0.008	0.006	0.010	0.006	0.014**	0.005	0.006	0.005
家庭收入（以1 000美元为单位）	0.002*	0.001	0.002	0.001	0.004*	0.002	-0.001	0.001	0.002	0.001
GRE词汇（数百分）	-0.111***	0.030	-0.062**	0.023	-0.093	0.049	-0.069**	0.023	-0.057	0.031
GRE数学（数百分）	-0.035	0.029	0.150**	0.052	0.055	0.046	0.005	0.036	0.037	0.035
GRE分析性写作（数百分）	0.026	0.032	0.044	0.031	0.029	0.051	0.075**	0.028	0.027	0.035
私立研究生院	0.001	0.051	0.057	0.049	-0.298***	0.078	-0.126**	0.045	-0.270***	0.055
长期全日制博士生	-0.171**	0.057	0.257***	0.070	0.056	0.098	-0.071	0.075	-0.040	0.076

续表

独立变量[a]	教育学[b]		工程学		人文学		科学与数学		社会科学	
	比值	标准误差	比值	标准误差	比值	标准误差	比值	标准误差	比值	标准误差
博士课程的时间（以年为单位）	-0.015	0.008	-0.037**	0.013	-0.040**	0.012	-0.064***	0.011	-0.058***	0.011
博士课程为首选或唯一选择	0.302***	0.072	0.203***	0.050	0.162*	0.071	0.031	0.041	-0.312***	0.053
曾获得学业奖学金	0.003	0.053	0.083	0.048	0.049	0.081	0.102*	0.043	-0.007	0.057
曾担任教学助理	-0.038	0.059	-0.044	0.046	-0.169*	0.084	-0.093*	0.046	-0.088	0.058
有导师	0.630***	0.051	0.501***	0.049	0.576***	0.081	0.436***	0.044	0.574***	0.058
期望第一份工作为教师或博士后	0.163**	0.053	0.049	0.050	0.204*	0.082	0.081*	0.041	0.042	0.054
常数	-0.150	0.225	-1.851	0.408	-0.804	0.397	-0.425		-0.700	0.297
n（未加权）	2 469		884		1 317		1 834		2 444	
R^2	0.138		0.151		0.146		0.086		0.138	

来源：博士生经济状况、经历和表现调查。

[a] 父母的社会经济地位、18岁以下的子女、选择性本科院校、入学时已获得硕士学位、曾担任研究助理，在所有领域中不是重要的预测因素，从模型中剔除。

[b] 无标准的回归系数；因变量测量是标准的（$M=0$，$SD=1$）。

[c] 所有种族-族裔群体和国际学生与白人对比。

*$p<0.05$；**$p<0.01$；***$p<0.001$。

表 F.11 按领域，师生学术交往的回归分析预测因素

独立变量[a]	教育学[b]		工程学		人文学		科学与数学		社会科学	
	比值	标准误差	比值	标准误差	比值	标准误差	比值	标准误差	比值	标准误差
男性	0.146*	0.057	0.158*	0.063	-0.013	0.074	0.016	0.042	0.079	0.057
非裔[c]	-0.092	0.093	-0.221	0.143	0.118	0.157	-0.192	0.130	0.009	0.108
西班牙裔	-0.126	0.116	-0.033	0.140	-0.069	0.170	-0.134	0.130	-0.066	0.139
亚裔	-0.247*	0.118	0.235**	0.074	-0.155	0.153	0.019	0.067	-0.021	0.120
国际学生	-0.077	0.116	0.106	0.060	0.005	0.149	0.109*	0.054	0.025	0.083
父母的社会经济地位[d]	-0.028	0.028	0.063*	0.025	-0.004	0.040	-0.006	0.021	-0.011	0.030
家庭收入（以1 000美元为单位）	0.002*	0.001	0.002	0.001	0.005**	0.002	0.000	0.001	0.001	0.001
已婚或有伴侣	0.041	0.064	-0.108*	0.051	-0.082	0.084	0.053	0.045	-0.145*	0.063
GRE 词汇（数百分）	-0.097**	0.031	0.081***	0.023	-0.062	0.048	-0.082***	0.022	-0.032	0.032
GRE 数学（数百分）	-0.003	0.031	0.174***	0.051	0.064	0.046	0.002	0.035	0.057	0.036
GRE 分析性写作（数百分）	0.007	0.032	0.040	0.030	-0.014	0.049	0.070**	0.026	-0.015	0.035
选择性本科院校	-0.157*	0.062	-0.112*	0.057	-0.149	0.078	0.019	0.047	0.009	0.063
私立研究生院	0.026	0.055	0.186***	0.048	-0.148	0.076	-0.036	0.043	-0.170**	0.057
长期全日制博士生	-0.085	0.061	0.319***	0.068	0.118	0.097	0.030	0.071	-0.043	0.077

附录F 经历与表现预测回归分析表

续表

独立变量[a]	教育学[b] 比值	教育学[b] 标准误差	工程学 比值	工程学 标准误差	人文学 比值	人文学 标准误差	科学与数学 比值	科学与数学 标准误差	社会科学 比值	社会科学 标准误差
博士课程为首选或唯一选择	0.278***	0.076	0.156**	0.049	0.185**	0.070	0.151***	0.039	0.274***	0.054
有导师	0.718***	0.055	0.540***	0.048	0.724***	0.080	0.448***	0.042	0.730***	0.060
曾担任研究助理	0.008	0.064	0.048	0.059	−0.062	0.075	0.039	0.042	0.143*	0.056
曾获得学业奖学金	−0.002	0.057	0.122**	0.047	0.095	0.080	0.125**	0.041	0.007	0.058
曾担任教学助理	−0.054	0.063	−0.110*	0.045	−0.092	0.083	−0.051	0.044	−0.061	0.060
博士课程的时间（以年为单位）	−0.009	0.008	−0.035**	0.012	−0.027*	0.012	−0.055***	0.011	−0.060***	0.011
期望第一份工作为教师或博士后[c]	0.193***	0.056	0.099*	0.049	0.319***	0.080	0.123**	0.039	0.182**	0.056
常数	−0.280	0.200	−2.062	0.348	−0.637	0.318	−0.494	0.237	−0.757	0.241
n（未加权）	2 415		875		1 296		1 814		2 393	
R^2	0.147		0.187		0.183		0.102		0.175	

来源：博士生经济状况、经历和表现调查。

[a] 18岁以下的子女和开始博士课程的年龄的标准化回归系数在所有领域中不是重要的预测因素，从模型中剔除。
[b] 无标准的回归系数；因变量测量是标准的（$M=0$, SD=1）。
[c] 所有种族-族裔群体和国际学生与白人对比。
[d] 父母的社会经济地位由教育成就和职业声望组成。

* $p<0.05$; ** $p<0.01$; *** $p<0.001$。

表 F.12 按领域，学生与教师顾问交往的回归分析预测因素

独立变量[a]	教育学[b]		工程学		人文学		科学与数学		社会科学	
	比值	标准误差	比值	标准误差	比值	标准误差	比值	标准误差	比值	标准误差
男性	0.110	0.062	0.130	0.083	0.015	0.079	0.001	0.052	-0.044	0.062
非裔[c]	0.026	0.102	-0.174	0.181	0.044	0.169	-0.049	0.159	0.104	0.117
西班牙裔	-0.129	0.129	-0.116	0.182	-0.022	0.195	-0.166	0.165	0.007	0.156
亚裔	-0.172	0.129	0.019	0.095	-0.069	0.172	0.019	0.085	-0.147	0.135
国际学生	-0.120	0.117	0.036	0.071	-0.165	0.165	-0.049	0.062	-0.039	0.084
父母的社会经济地位[d]	0.032	0.031	0.071*	0.033	0.044	0.044	0.054*	0.026	-0.005	0.034
家庭收入（以 1 000 美元为单位）	0.001	0.001	0.005***	0.001	0.001	0.002	0.000	0.001	-0.001	0.001
GRE 词汇（数百分）	-0.059*	0.030	-0.030	0.025	-0.097*	0.045	-0.051*	0.024	-0.018	0.031
私立研究生院	-0.131*	0.061	0.059	0.062	-0.085	0.085	-0.088	0.054	-0.080	0.064
博士课程为首选或唯一选择	0.222**	0.085	0.106	0.064	0.117	0.079	0.032	0.050	0.136*	0.062
博士课程的时间（以年为单位）	0.001	0.009	-0.011	0.016	0.012	0.014	-0.033*	0.014	-0.037**	0.013

续表

独立变量[a]	教育学[b]		工程学		人文学		科学与数学		社会科学	
	比值	标准误差	比值	标准误差	比值	标准误差	比值	标准误差	比值	标准误差
长期全日制博士生	0.016	0.068	0.346***	0.092	0.030	0.109	0.049	0.093	-0.032	0.088
曾获得学业奖学金	0.140*	0.062	0.058	0.060	-0.037	0.091	0.124*	0.052	0.061	0.065
曾担任研究助理	0.122	0.069	-0.032	0.078	0.064	0.085	-0.025	0.054	0.177**	0.061
期望第一份工作为教师或博士后	0.186**	0.061	0.184**	0.063	0.233*	0.092	0.106*	0.049	0.177**	0.062
教师顾问与导师为同一人	0.891	0.058	0.660***	0.069	0.871***	0.080	0.757***	0.054	0.888***	0.061
常数	-0.516	0.199	-1.041	0.224	-0.126	0.335	-0.321	0.191	-0.531	0.228
n（未加权）	2 370		844		1 136		1 645		2 168	
R^2	0.199		0.136		0.225		0.148		0.220	

来源：博士生经济状况、经历和表现调查。

[a] 已婚或有伴侣，18岁以下的子女，开始博士课程的年龄，GRE数学，GRE分析性写作，选择性本科院校和曾担任教学助理，在所有领域中不是重要的预测因素，从模型中剔除。

[b] 无标准的回归系数；因变量测量是标准的（$M=0$，$SD=1$）。

[c] 所有种族-族裔群体和国际学生与白人对比。

[d] 父母的社会经济地位由教育成就和职业声望组成。

* $p<0.05$；** $p<0.01$；*** $p<0.001$。

308　■　获得博士学位的成功之匙

表 F.13　按领域，学生整体研究生产力的回归分析预测因素

独立变量[a]	教育学[b]			工程学			人文学			科学与数学			社会科学		
	比值	反比值	比值标准误差	比值	反比值	比值标准误差	比值	反比值	比值标准误差	比值	反比值	比值标准误差	比值	反比值	比值标准误差
男性	1.009		0.120	2.277***		0.395	1.027		0.178	1.328*		0.147	0.869	1.151	0.109
非裔[c]	0.809	1.236	0.159	1.379		0.581	0.915	1.093	0.336	0.406*	2.462	0.158	0.593*	1.687	0.144
西班牙裔	0.909	1.100	0.209	0.510	1.962	0.215	0.831	1.203	0.329	0.631	1.585	0.224	0.648	1.544	0.200
亚裔	1.216		0.296	1.072		0.225	0.638	1.566	0.220	1.008		0.179	0.634	1.577	0.175
国际学生	0.789	1.267	0.166	0.941	1.063	0.161	0.751	1.332	0.269	0.884	1.131	0.124	0.802	1.246	0.133
18 岁以下的子女	1.008		0.120	0.609**	1.642	0.105	1.043		0.268	1.007		0.168	0.912	1.096	0.153
入学时已获得硕士学位	1.109		0.143	1.112		0.156	1.630**		0.305	1.109		0.164	1.174		0.158
GRE 数学（数百分）	1.041		0.053	0.944	1.059	0.121	0.882	1.134	0.076	0.910	1.098	0.072	0.832**	1.202	0.055
选择性本科院校	1.026		0.128	0.695*	1.439	0.115	1.051		0.191	0.944	1.060	0.114	1.022		0.140
私立研究生学校	0.803	1.245	0.090	1.502**		0.216	1.106		0.205	1.132		0.127	0.799	1.251	0.100
曾获得学业奖学金	1.536***		0.180	1.046		0.145	1.121		0.220	1.546***		0.167	1.296*		0.167
曾担任研究助理	2.154***		0.262	1.782***		0.298	1.020		0.183	2.706***		0.308	1.879***		0.230

续表

独立变量[a]	教育学[b]			工程学			人文学			科学与数学			社会科学		
	比值	反比值	比值标准误差	比值	反比值	比值标准误差	比值	反比值	比值标准误差	比值	反比值	比值标准误差	比值	反比值	比值标准误差
曾任助教	1.261		0.152	1.073		0.140	1.990***		0.401	0.623***	1.606	0.073	1.260		0.170
有导师	1.447**		0.172	1.704***		0.236	2.134***		0.415	1.398**		0.158	2.171***		0.303
博士课程的时间（以年为单位）	1.114***		0.022	1.738***		0.078	1.291***		0.048	1.551***		0.050	1.263***		0.036
期望第一份工作成为教师或博士后	1.550***		0.177	0.994	1.006	0.144	1.383		0.265	1.136		0.117	1.937***		0.241
常数	0.165		0.058	0.132		0.133	0.229		0.134	0.186		0.107	0.352		0.160
n（未加权）	1 502			774			1 118			1 591			2 131		
概率比测试	181.13***			280.50***			120.62***			423.52***			243.03***		
McFadden 伪 R^2	0.084			0.157			0.122			0.152			0.1260		

来源：博士生经济状况、经历和表现调查。

[a] 父母的社会经济地位、已婚或有伴侣、开始博士课程的年龄、家庭收入、GRE 词汇、GRE 分析性写作，在所有领域中不是重要的预测因素，从模型中剔除。

[b] 因变量测量是二分的（no=0，yes=1）。比值比系数。反比值比（1/比值比）小于 1。

[c] 所有种族-族裔群体和国际学生与白人对比。

* $p < 0.05$；** $p < 0.01$；*** $p < 0.001$。

表 F.14 按领域，在全国会议上发表论文（独著或合著）的回归分析预测因素

独立变量[a]	教育学[b] 比值	反比值	标准误差	工程学 比值	反比值	标准误差	人文学 比值	反比值	标准误差	科学与数学 比值	反比值	标准误差	社会科学 比值	反比值	标准误差
男性	1.041		0.135	1.821***		0.310	0.880			1.283*		0.155	0.873	1.146	0.115
非裔[c]	1.109		0.241	1.351		0.540	0.743	1.346	0.280	0.578	1.731	0.269	0.737	1.358	0.192
西裔	1.046		0.256	0.601	1.664	0.253	0.568	1.759	0.227	0.341*	2.935	0.153	0.962	1.040	0.300
亚裔	1.078		0.279	1.211		0.244	0.619	1.615	0.217	1.225		0.228	0.846	1.182	0.240
国际学生	0.850	1.177	0.224	1.251		0.211	0.396*	2.526	0.154	1.086		0.172	0.814	1.229	0.158
已婚或有伴侣	1.134		0.147	1.234		0.165	1.380		0.239	1.356**		0.153	1.006		0.130
18岁以下的子女	0.988	1.012	0.135	0.506***	1.978	0.091	0.919	1.088	0.237	0.936	1.069	0.163	0.802	1.247	0.146
GRE 词汇（数百分）	1.165*		0.082	0.992	1.008	0.065	0.871	1.148	0.100	0.865*	1.156	0.054	1.002		0.075
GRE 数学（数百分）	0.977	1.023	0.070	0.909	1.100	0.129	0.871	1.148	0.097	0.849	1.179	0.084	0.781**	1.281	0.065
GRE 分析性写作（数百分）	1.010		0.072	1.176*		0.096	1.042		0.123	1.070		0.079	1.062		0.089
选择性本科院校	1.020		0.135	0.678*	1.476	0.109	0.857	1.167	0.155	1.109		0.145	0.978	1.022	0.139
私立研究生院	0.745*	1.343	0.090	1.722***		0.233	1.129		0.207	0.756*	1.323	0.095	0.746*	1.340	0.098
曾获学业奖学金	1.612***		0.205	1.115		0.147	1.342		0.261	1.572***		0.185	1.288		0.175
曾担任研究助理	2.192***		0.283	1.929***		0.318	0.921	1.086	0.164	2.709***		0.368	1.705***		0.220

续表

独立变量 [a]	教育学 [b]			工程学			人文学			科学与数学			社会科学		
	比值	反比值	比值标准误差	比值	反比值	比值标准误差	比值	反比值	比值标准误差	比值	反比值	比值标准误差	比值	反比值	比值标准误差
曾担任教学助理	1.274		0.162	0.976	1.025	0.122	2.252***		0.466	0.741*	1.349	0.091	1.236		0.179
有导师	1.460**		0.190	1.769***		0.239	1.940***		0.381	1.156		0.143	1.935***		0.295
长期全日制博士生	0.934	1.070	0.128	0.619*	1.617	0.123	1.147		0.274	0.948	1.055	0.184	1.203		0.220
博士课程的时间（以年为单位）	1.131***		0.026	1.573***		0.064	1.240***		0.045	1.354***		0.044	1.244***		0.037
期望第一份工作为教师或博士后	1.604***		0.194	1.352*		0.188	1.255		0.244	0.880	1.136	0.097	1.927***		0.255
常数	0.056		0.025	0.061		0.059	0.450		0.346	0.220		0.144	0.213		0.117
n（未加权）	1 451			769			1 110			1 585			2 119		
概率比测试	190.93***			275.52***			116.58***			253.06***			198.16***		
McFadden 伪 R^2	0.097			0.145			0.117			0.106			0.111		

来源：博士生经济状况、经历和表现调查。

[a] 父母的社会经济地位、家庭收入、开始博士课程的年龄、入学时已获得硕士学位、在所有领域中不是重要的预测因素，从模型中剔除。

[b] 因变量测量是二分的（no=0，yes=1）。比值比系数。反比值比（1/比值比）小于 1。

[c] 所有种族 – 族裔群体与白人对比。

* $p<0.05$；** $p<0.01$；*** $p<0.001$。

表 F.15 按领域，出版一篇研究文章（独著或合著）的回归分析预测因素

独立变量[a]	教育学[b]			工程学			人文学			科学与数学			社会科学		
	比值	反比值	比值标准误差	比值	反比值	比值标准误差	比值	反比值	比值标准误差	比值	反比值	比值标准误差	比值	反比值	比值标准误差
男性	1.121		0.138	1.632**		0.261	1.409		0.262	1.344**		0.137	0.998	1.002	0.132
非裔[c]	0.464**	2.156	0.116	1.164		0.421	0.379	2.637	0.210	0.309**	3.237	0.127	0.434**	2.305	0.126
西班牙裔	0.772	1.295	0.200	1.455		0.530	0.633	1.580	0.307	0.795	1.257	0.264	0.466*	2.147	0.179
亚裔	1.252		0.292	1.198		0.219	0.657	1.522	0.293	0.998	1.002	0.165	0.546	1.832	0.177
国际学生	0.763	1.310	0.181	0.963	1.038	0.136	1.037		0.408	0.889	1.124	0.109	0.731	1.367	0.128
开始博士课程的年龄（以1岁为单位）	1.006		0.008	0.957**	1.045	0.014	1.026		0.016	1.005		0.013	0.997	1.003	0.012
选择性本科院校	1.137		0.149	0.610***	1.639	0.085	0.995	1.005	0.198	0.969	1.032	0.109	0.858	1.166	0.126
私立研究生院	0.685**	1.461	0.083	1.160		0.138	0.742	1.348	0.154	1.245*		0.132	1.051		0.144
曾获得学业奖学金	1.171		0.149	0.903	1.108	0.107	1.264		0.274	1.384**		0.141	1.184		0.167
曾担任研究助理	1.737***		0.231	1.584**		0.243	1.281		0.250	2.806***		0.313	1.673***		0.229
曾担任教学助理	1.340*		0.174	1.014		0.114	1.897*		0.481	0.674***	1.483	0.074	1.024		0.153

续表

独立变量[a]	教育学[b]			工程学			人文学			科学与数学			社会科学		
	比值	反比值	比值标准误差	比值	反比值	比值标准误差	比值	反比值	比值标准误差	比值	反比值	比值标准误差	比值	反比值	比值标准误差
有导师	1.517**		0.202	1.353*		0.164	1.412		0.327	1.313*		0.141	2.045***		0.344
博士课程的时间（以年为单位）	1.066***		0.018	1.314***		0.042	1.135***		0.032	1.422***		0.040	1.112***		0.027
期望第一份工作为教师或博士后	1.418**		0.171	1.216		0.150	1.327		0.289	1.143		0.111	1.568***		0.218
常数	0.065		0.022	0.448		0.230	0.019		0.013	0.071		0.029	0.075		0.034
n（未加权）		2 303			844			1 260			1 733			2 330	
概率比测试		125.79***			137.95***			49.17***			379.06***			102.87***	
McFadden 伪 R^2		0.060			0.066			0.062			0.126			0.064	

来源：博士生经济状况、经历和表现调查。

[a] 父母的社会经济地位、已婚或有伴侣、18岁以下的子女、家庭收入、GRE词汇、GRE分析性写作、GRE数学、入学时已获得硕士学位、长期全日制博士生、在所有领域中不是重要的预测因素，从模型中剔除。

[b] 因变量测量是二分的（no=0，yes=1）。比值比系数。反比值系数（1/比值比）小于1。

[c] 所有种族-族裔群体和国际学生与白人对比。

* $p<0.05$；** $p<0.01$；*** $p<0.001$。

表 F.16 按领域，博士教育总体满意度的回归分析预测因素

独立变量[a]	教育学[b] 比值	标准误差	工程学 比值	标准误差	人文学 比值	标准误差	科学与数学 比值	标准误差	社会科学 比值	标准误差
男性	0.044	0.041	0.127*	0.052	0.041	0.057	-0.005	0.035	0.057	0.043
非裔[c]	-0.003	0.067	-0.219	0.116	-0.092	0.125	-0.197	0.108	-0.067	0.081
西班牙裔	0.101	0.084	-0.035	0.116	-0.041	0.136	-0.017	0.111	-0.038	0.108
亚裔	-0.028	0.086	0.036	0.061	-0.140	0.125	-0.118*	0.057	-0.041	0.095
国际学生	-0.038	0.079	-0.038	0.045	-0.021	0.119	-0.127**	0.043	-0.024	0.061
已婚或有伴侣	0.075	0.040	0.096**	0.037	0.103	0.057	0.067*	0.033	0.044	0.043
GRE 词汇（数百分）	0.026	0.019	0.000	0.015	-0.027	0.033	-0.038*	0.016	-0.019	0.022
私立研究生院	0.018	0.040	-0.088*	0.040	0.066	0.061	0.048	0.037	0.002	0.044
长期全日制博士生	0.065	0.045	-0.011	0.056	0.063	0.075	0.249***	0.060	0.031	0.059
博士课程的时间（以年为单位）	-0.015*	0.006	-0.045***	0.010	0.001	0.010	0.010	0.009	-0.020*	0.009
博士课程为首选或唯一选择	0.194***	0.056	0.059	0.041	0.059	0.057	0.072*	0.034	0.163***	0.044
期望第一份工作为教师或博士后	0.003	0.041	0.082*	0.041	0.150*	0.066	0.180***	0.033	0.108*	0.044

续表

独立变量[a]	教育学[b]		工程学		人文学		科学与数学		社会科学	
	比值	标准误差	比值	标准误差	比值	标准误差	比值	标准误差	比值	标准误差
曾担任教学助理	−0.059	0.045	−0.049	0.037	−0.047	0.067	0.028	0.038	−0.094*	0.046
博士课程期间的教育借贷	−0.012	0.041	−0.002	0.057	−0.073	0.058	−0.120*	0.049	−0.008	0.046
同伴交往	0.083***	0.019	0.123***	0.020	0.115***	0.030	0.075***	0.018	0.132***	0.023
师生社会交往	0.303***	0.031	0.249***	0.029	0.278***	0.042	0.234***	0.025	0.192***	0.031
与教师顾问的交往	−0.005	0.023	0.059*	0.026	−0.029	0.035	0.105***	0.020	0.055*	0.025
师生学术交往	0.417***	0.032	0.397***	0.035	0.438***	0.046	0.389***	0.029	0.457***	0.033
常数	−0.331	0.128	0.004	0.130	−0.061	0.247	0.128	0.004	0.014	0.157
n（未加权）	2 501		886		1 323		1 850		2 161	
R^2	0.530		0.496		0.526		0.459		0.513	

来源：博士生经济状况、经历和表现调查。

[a] 父母的社会经济地位、开始博士课程的年龄、18 岁以下的子女、家庭收入、选择性本科院校、GRE 数学、GRE 分析性写作、入学时已获硕士学位、曾获得学业奖学金、曾担任研究助理、有导师，在所有领域中不是重要的预测因素，从模型中剔除。

[b] 无标准的回归系数；因变量测量是标准的（$M=0$，$SD=1$）。

[c] 所有种族−族裔群体和国际学生与白人对比。

*$p<0.05$；**$p<0.01$；***$p<0.001$。

表 F.17 按领域，中断博士项目的回归分析预测因素

独立变量[a]	比值	反比值	比值标准误差
科学与数学[b]	0.384***	2.606	0.048
社会科学[c]	0.717**	1.395	0.078
人文学	1.078		0.137
工程学	0.469***	2.132	0.062
父母的社会经济地位[d]	0.884***	1.131	0.034
家庭收入（以1 000美元为单位）	1.011***		0.001
已婚或有伴侣	0.655***	1.528	0.061
18岁以下的子女	1.641***		0.143
博士课程为首选或唯一选择	1.373***		0.126
曾担任研究助理	0.704***	1.421	0.059
同伴交往	0.836***	1.196	0.031
对博士课程的总体满意度	0.733***	1.364	0.025
常数	0.337		0.054
n（未加权）	8 235		
概率比测试	685.806***		
McFadden 伪 R^2	0.117		

来源：博士生经济状况、经历和表现调查。

[a] 性别、种族—族裔、开始博士课程的年龄、入学时已获得硕士学位、GRE 数学、GRE 词汇、GRE 分析性写作、选择性本科院校、私立研究生院、曾担任教学助理、曾获得学业奖学金、师生社会交往、师生学术交往、与教师顾问的交往、与教师或博士后、期望第一份工作为教师或博士后、在所有领域中不是重要的预测因素，从模型中剔除。

[b] 因变量测量是二分的（no=0，yes=1）。比值比系数。反比值比（1/比值比）小于 1。

[c] 所有领域比较。

[d] 父母的社会经济地位由教育成就和职业声望组成。

*$p<0.05$；**$p<0.01$；***$p<0.001$。

表 F.18 按领域、博士项目进度的回归分析预测因素

独立变量 [a]	教育学 [b]		工程学		人文学		科学与数学		社会科学	
	比值	标准误差	比值	标准误差	比值	标准误差	比值	标准误差	比值	标准误差
男性	-0.024	0.065	-0.248**	0.087	0.058	0.065	-0.035	0.043	0.063	0.043
非裔 [c]	-0.077	0.108	0.058	0.189	0.044	0.144	0.105	0.134	0.069	0.086
西班牙裔	-0.127	0.136	-0.187	0.189	-0.077	0.159	-0.112	0.137	-0.069	0.111
亚裔	-0.169	0.136	0.146	0.099	-0.004	0.144	-0.038	0.070	-0.181	0.095
国际学生	0.118	0.128	0.136	0.077	0.315*	0.139	0.104	0.054	0.129*	0.063
父母的社会经济地位 [d]	0.089**	0.034	0.051	0.035	0.039	0.036	0.040	0.022	0.063**	0.024
家庭收入（以1 000美元单位）	0.000	0.001	-0.003*	0.001	-0.001	0.001	-0.002*	0.001	0.000	0.001
18岁以下的子女	0.013	0.065	-0.267**	0.089	-0.086	0.095	-0.176**	0.066	-0.228***	0.060
开始博士课程的年龄（以1岁为单位）	0.017***	0.004	0.053***	0.010	0.012*	0.006	0.022**	0.006	0.004	0.004
GRE 词汇（数百分）	-0.222***	0.036	-0.086**	0.031	-0.033	0.045	-0.056*	0.023	-0.119***	0.025
GRE 数学（数百分）	0.103**	0.033	0.033	0.037	0.057	0.040	0.066**	0.025	0.055*	0.025
入学时已获得硕士学位	0.140	0.079	0.027	0.070	0.097	0.073	-0.030	0.060	0.134**	0.050
私立研究生院	0.165*	0.064	0.027	0.065	-0.020	0.071	0.158***	0.044	0.093*	0.045

续表

独立变量 [a]	教育学 [b]		工程学		人文学		科学与数学		社会科学	
	比值	标准误差	比值	标准误差	比值	标准误差	比值	标准误差	比值	标准误差
长期全日制博士生	0.586***	0.068	0.315***	0.090	0.478***	0.086	0.356***	0.072	0.358***	0.059
曾获得学业奖学金	0.101	0.066	-0.125*	0.063	-0.016	0.075	0.083*	0.042	-0.001	0.046
曾担任教学助理	-0.166*	0.071	-0.027	0.061	-0.002	0.078	-0.013	0.046	0.027	0.047
有一些研究生产力	-0.080	0.062	-0.121	0.064	0.004	0.067	-0.170***	0.040	-0.084	0.043
博士课程期间的教育借贷	-0.000	0.067	-0.068	0.094	-0.054	0.068	-0.047	0.060	-0.165***	0.046
有导师	0.182**	0.063	0.176**	0.065	0.229**	0.075	-0.010	0.043	0.047	0.048
常数	-0.482	0.271	-0.952	0.399	-1.097	0.359	-0.817	0.255	-0.242	0.234
n（未加权）	2 419		861		1 309		1 806		2 426	
R^2	0.108		0.091		0.094		0.062		0.120	

来源：博士生经济状况、经历和表现调查。

[a] 已婚或有伴侣、选择性本科院校、GRE 数学、曾担任研究助理、师生学术交往，在所有领域中不是重要的预测因素，从模型中剔除。
[b] 无标准化的回归系数；因变量测量是标准化的（$M=0$，$SD=1$）。
[c] 所有种族-族裔群体和国际学生与白人对比。
[d] 父母的社会经济地位由教育成就和职业声望组成。

*$p<0.05$；**$p<0.01$；***$p<0.001$。

表 F.19 按领域，截至 2001 年一年级以上博士生完成学位情况的回归分析预测因素

独立变量[a]	教育学[b] 比值	教育学 反比值	教育学 比值标准误差	工程学 比值	工程学 反比值	工程学 比值标准误差	人文学 比值	人文学 反比值	人文学 比值标准误差	科学与数学 比值	科学与数学 反比值	科学与数学 比值标准误差	社会科学 比值	社会科学 反比值	社会科学 比值标准误差
男性	0.801	1.248	0.098	0.702	1.424	0.142	0.931	1.074	0.163	0.947	1.056	0.120	1.084		0.133
非裔[c]	0.707	1.415	0.145	0.150***	6.686	0.061	0.936	1.068	0.373	0.511	1.956	0.197	0.790	1.265	0.197
西班牙裔	0.704	1.421	0.169	0.407*	2.459	0.167	0.852	1.174	0.369	0.585	1.709	0.240	0.521*	1.919	0.161
亚裔	0.972	1.029	0.253	0.558**	1.791	0.122	1.110		0.404	0.645*	1.551	0.134	0.806	1.241	0.218
国际学生	1.304		0.308	1.219		0.241	1.547		0.605	0.999	1.001	0.164	1.612**		0.282
开始博士课程的年龄（以1岁为单位）	0.993	1.007	0.009	0.931**	1.074	0.022	1.019		0.018	0.984	1.016	0.018	0.977	1.024	0.013
已婚或有伴侣	1.294*		0.163	2.167***		0.346	1.247		0.228	1.306*		0.166	1.181		0.148
18岁以下的子女	0.756*	1.322	0.101	1.031		0.246	1.333		0.371	0.889	1.125	0.190	0.860	1.162	0.156
GRE 词汇（数百分）	0.831**	1.203	0.059	0.821**	1.218	0.062	0.870	1.149	0.107	0.979	1.022	0.069	0.814**	1.228	0.059
GRE 分析性写作（数百分）	0.889	1.124	0.056	0.907	1.102	0.083	1.072		0.117	0.974	1.026	0.076	1.198*		0.086
入学时已获得硕士学位	1.433*		0.201	0.973	1.028	0.164	1.162		0.230	1.052		0.198	1.177		0.169
私立研究生院	1.025		0.120	1.092		0.181	1.355		0.266	1.500**		0.204	1.052		0.134
选择性本科校	1.149		0.153	1.213		0.222	1.303		0.247	1.365*		0.202	1.202		0.166
博士课程为首选或唯一选择	1.187		0.181	1.444*		0.223	0.919	1.089	0.163	1.503***		0.183	1.251		0.151

续表

独立变量[a]	教育学[b]			工程学			人文学			科学与数学			社会科学		
	比值	反比值	标准误差	比值	反比值	标准误差	比值	反比值	标准误差	比值	反比值	标准误差	比值	反比值	标准误差
长期全日制博士生	1.649***		0.218	1.374		0.308	2.761***		0.723	3.984***		0.936	1.868***		0.337
博士课程的时间（以年为单位）	1.166***		0.028	1.261***		0.059	1.318***		0.053	1.624***		0.070	1.285***		0.042
曾获得学业奖学金	1.381**		0.171	1.091		0.168	1.074		0.221	1.100		0.142	1.072		0.141
曾担任研究助理	1.142		0.153	1.284		0.229	1.125		0.210	1.379*		0.179	1.240		0.154
曾担任教学助理	1.482**		0.193	0.757	1.320	0.110	1.877**		0.424	1.054		0.146	1.252		0.170
有导师	1.390**		0.169	1.675***		0.249	1.352		0.290	1.185		0.152	1.491**		0.204
期望第一份工作为教师或博士后	1.285*		0.154	0.829	1.206	0.132	1.181		0.242	1.615***		0.194	1.356**		0.170
有一些研究生产力	1.800***		0.215	2.733***		0.413	3.021***		0.555	3.895***		0.515	1.556***		0.197
常数	0.964		0.509	11.004		11.221	0.014		0.015	0.044		0.035	0.132		0.093
n（未加权）	1 436			769			1 107			1 581			2 105		
概率比测试	207.43***			219.33***			183.52***			552.10***			216.30***		
McFadden 伪 R^2	0.101			0.144			0.185			0.235			0.114		

来源：博士生的社会经济地位、经历和表现调查。

[a] 父母的社会经济地位、家庭收入、GRE 数学、博士课程期间的教育借贷，在所有领域中不是重要的预测因素，从模型中删除。

[b] 因变量测量是二分的（no=0, yes=1）。比值比系数。反比值系数（1/比值比）小于 1。

[c] 所有种族-族裔群体和国际学生与白人对比。

* $p<0.05$; ** $p<0.01$; *** $p<0.001$。

表 F.20 按领域，截至 2001 年完成博士学位用时的回归分析预测因素

独立变量[a]	教育学[b]		工程学		人文学		科学与数学		社会科学	
	比值	标准误差	比值	标准误差	比值	标准误差	比值	标准误差	比值	标准误差
男性	−0.071	0.221	0.155	0.139	−0.085	0.260	0.110	0.085	−0.265	0.154
非裔[c]	0.200	0.387	−0.032	0.388	−1.155	0.615	0.249	0.329	−0.128	0.328
西班牙裔	−0.239	0.466	0.695*	0.348	0.105	0.661	0.370	0.287	0.869	0.443
亚裔	−0.103	0.435	−0.172	0.168	−0.119	0.569	0.362**	0.139	0.877*	0.342
国际学生	−0.114	0.422	−0.136	0.130	−0.147	0.557	0.012	0.114	−0.087	0.225
父母的社会经济地位[d]	−0.217	0.113	−0.167**	0.056	0.062	0.147	−0.017	0.044	−0.243**	0.086
家庭收入（以 1 000 美元为单位）	0.006	0.003	0.009***	0.002	0.009	0.006	0.012***	0.002	0.003	0.003
已婚或有伴侣	−0.245	0.263	−0.375**	0.120	−0.670*	0.315	−0.345***	0.098	−0.107	0.177
18 岁以下的子女	−0.217	0.232	0.558***	0.148	0.863*	0.356	0.134	0.135	0.805***	0.213
开始博士课程的年龄（以 1 岁为单位）	−0.047**	0.015	−0.028	0.016	−0.017	0.026	−0.019	0.013	−0.016	0.016
GRE 词汇（数百分）	0.691***	0.119	0.171***	0.050	0.081	0.176	0.255***	0.045	0.398***	0.088
GRE 分析性写作（数百分）	−0.434***	0.108	−0.067	0.058	−0.097	0.156	−0.130**	0.050	−0.278**	0.089
选择性本科院校	0.030	0.240	0.384**	0.123	0.210	0.289	−0.163	0.097	−0.248	0.177

续表

独立变量[a]	教育学[b]		工程学		人文学		科学与数学		社会科学	
	比值	标准误差	比值	标准误差	比值	标准误差	比值	标准误差	比值	标准误差
私立研究生院	0.300	0.214	0.389***	0.103	0.272	0.276	−0.236**	0.087	0.339*	0.153
入学时已获得硕士学位	−0.768**	0.267	−0.304**	0.112	−0.164	0.283	0.064	0.123	−0.203	0.178
长期全日制博士生	−1.860***	0.225	−0.333*	0.146	−1.906***	0.338	−0.674***	0.151	−1.273***	0.220
有导师	−0.294	0.220	−0.152	0.109	−0.762*	0.320	−0.111	0.090	−0.469**	0.176
博士课程期间的教育借贷	0.111	0.229	−0.082	0.150	0.375	0.266	0.182	0.120	0.676***	0.163
常数	7.866	0.911	5.442	0.606	9.725	1.372	6.068	0.519	7.392	0.816
n（未加权）	1 304		650		610		1 299		1 281	
R^2	0.179		0.113		0.189		0.079		0.203	

来源：博士生经济状况、经历和表现调查。

[a] GRE 数学、曾担任研究助理、曾获得学业奖学金、曾担任教学助理，有一些研究生产力，在所有领域中不是重要的预测因素，从模型中剔除。

[b] 无标准化的回归系数；因变量测量是标准的（$M=0$, $SD=1$）。

[c] 所有种族—族裔群体和国际学生与白人对比。

[d] 父母的社会经济地位由教育成就和职业声望组成。

* $p<0.05$；** $p<0.01$；*** $p<0.001$。

表 F.21 二十种回归模型中显著性与非显著性统计学预测因素

预测变量	(1)	(2)	(3)	(4)	(5)	(6)	(7)	(8)	(9)	(10)	(11)	(12)	(13)	(14)	(15)	(16)	(17) [a]	(18)	(19)	(20)
男性	+	+	+	+	+	+	+	+	+	+	+	+	+	+	+	+	+	+	+	+
种族—族裔 [b]	+	+	+	+	+	+	+	+	+	+	+	+	+	+	+	+	+	+	+	+
父母的社会经济地位	−	−	−	+	−	−	+	+	+	+	+	+	+	−	−	−	+	+	−	+
开始博士课程的年龄（以1岁为单位）	+	+	+	+	+	+	+	+	+	+	+	+	+	+	+	+	+	+	+	+
已婚或有伴侣	+	+	−	−	−	+	+	+	−	+	+	−	+	+	+	−	−	+	+	+
18岁以下的子女	+	+	+	−	+	+	+	+	+	+	+	+	+	+	+	+	+	+	+	+
家庭收入（以1 000美元为单位）	+	+	+	+	+	+	+	−	+	+	+	−	+	+	+	−	+	+	+	+
GRE 词汇（数百分）	+	+	+	+	+	+	+	+	+	+	+	+	+	−	+	+	+	+	+	−
GRE 数学（数百分）	+	+	+	+	+	+	+	−	−	−	+	+	+	+	+	−	−	+	+	+
GRE 分析性写作（数百分）	+	+	+	+	+	+	+	+	+	+	+	+	+	+	+	−	−	−	+	+
选择性本科院校	+	+	+	+	+	+	+	−	+	+	+	+	+	−	−	−	−	−	+	+

续表

预测变量	(1)	(2)	(3)	(4)	(5)	(6)	(7)	(8)	(9)	(10)	(11)	(12)	(13)	(14)	(15)	(16)	(17)[a]	(18)	(19)	(20)
入学时已获得硕士学位	+	−		+	+	+	−	+		−			+	−	−	−	−	+	+	+
博士课程为首选或唯一选择		+	−			+			−	+						+	+	+	+	
首次注册时为全日制学生	+		+																	
私立研究生院	+	+	−	+	+	+		+	+				+	+	+	+	−	+	+	+
曾获得学业奖学金				+	+		+						+	+	+	+	−	+	+	−
曾担任教学助理				+	+		+					+	+	+	−	−		−	+	−
曾担任研究助理					+		+	+				−	+	+	+	+	−	+	−	−
博士课程期间的教育借贷						−	+	+				+		+	+	−	−	+	+	+
长期全日制博士生				+	+	+	+	+				+	+	+	+	+	+	+	+	+
博士课程的时间（以年为单位）										+				+	+	−	+		+	+
同伴交往																+	+	+	+	+
有导师																	+	+	+	
师生社会交往																	−			+

附录 F 经历与表现预测回归分析表

续表

预测变量	(1)	(2)	(3)	(4)	(5)	(6)	(7)	(8)	(9)	(10)	(11)	(12)	(13)	(14)	(15)	(16)	(17)[a]	(18)	(19)	(20)
教师顾问与导师为同一人											+									
师生学术交往						+										+	−			
与教师顾问的交往															+	+	−			
有一些研究生产力													+					+	+	−
对博士课程的总体满意度														+						
期望第一份工作为教师或博士后				+	+	+		+		+	+	+	+	+	+	−	+		+	−

来源：博士生经济状况、经历和表现调查。

注：加号 (+) 表明预测变量包含在最终的回归模型中；预测变量在所有领域可能没有显著的统计学意义。减号 (−) 表明预测变量包含在初级模型中，但在任何领域都不是显著的预测因素。柱头如下：(1) 入学时的学业奖学金；(2) 入学时的助教奖学金；(3) 入学时的助研奖学金；(4) 曾获得助教奖学金；(5) 曾获得助研奖学金；(6) 曾获得助研奖学金；(7) 博士课程期间的教育借贷；(8) 同伴交往；(9) 有导师；(10) 师生社会交往；(11) 与教师顾问的交往；(12) 师生学术交往；(13) 有一些研究生产力；(14) 在全国会议上发表论文；(15) 出版研究文章；(16) 对博士课程的满意度；(17) 中断博士课程；(18) 进度；(19) 完成博士学位；(20) 学位用时。

[a] 区分领域回归分析的目的不是研究中断博士课程。

[b] 性别和种族−族裔不包含在每个模型中。

附录 G

研究生入学考试成绩：数据缺失与分布

表 G.1 显示博士生在五个主要领域中每个领域的比例（$n=9\ 036$）。（这里的所有分析都是未加权的）。

这些数据的一个重要问题是教育学领域大量学生缺少研究生入学考试（GRE）成绩。如表 G.2、表 G.3 和表 G.4 的数据所示，样本中教育学领域大约有三分之一的学生缺少 GRE 分析性写作、语言或数学成绩。相反，在其他四个领域每个领域缺少 GRE 成绩的学生比例不到 8%。由于教育学领域大量学生缺失数据，问题出现了：是否使用数据的逐步删除功能将整个教育学领域的学校或院系排除在分析之外？令人惊讶的是，GRE 分析性写作分数（表 G.2）的调查揭示，答案是否定的；在没有教育部门的情况下，所有的数据都丢失了。不管怎样，Temple、马里兰州和师范学院大约一半的教育博士生缺失 GRE 分析性写作分数（我们可据此推断 GRE 数学和语言成绩，其中只有 1%缺失 GRE 分析性写作成绩的学生有 GRE 数学或 GRE 语言成绩）。

表 G.1　五个主要领域样本的未加权分布

领域	No.	%[a]
教育学	2 507	28
工程学	886	10
人文学	1 326	15
科学与数学	1 853	21
社会科学	2 464	27
总计	9 036	100

[a] 因为四舍五入，纵列相加超过 100%。

表 G.2 各领域 GRE 分析性写作成绩缺失数据分析

	教育学	工程学	人文学	科学与数学	社会科学	总计
未缺失数目	1 614	835	1 225	1 737	2 287	7 698
%	64.4	94.2	92.4	93.7	92.8	85.2
缺失数目	893	51	101	116	177	1 338
%	35.6	5.8	7.6	6.3	7.2	14.8
总数	2 507	886	1 326	1 853	2 464	9 036

表 G.3 各领域 GRE 语言成绩缺失数据分析

	教育学	工程学	人文学	科学与数学	社会科学	总计
未缺失数目	1 680	838	1 237	1 737	2 301	7 793
%	67.0	94.6	93.3	93.7	93.4	86.2
缺失数目	827	48	89	116	163	1 243
%	33.0	5.4	6.7	6.3	6.6	13.8
总数	2 507	886	1 326	1 853	2 464	9 036

表 G.4 各领域 GRE 数学成绩缺失数据分析

	教育学	工程学	人文学	科学与数学	社会科学	总计
未缺失数目	1 676	838	1 233	1 742	2 301	7 790
%	66.9	94.6	93.0	94.0	93.4	86.2
缺失数目	831	48	93	111	163	1 246
%	33.1	5.4	7.0	6.0	6.6	13.8
总数	2 507	886	1 326	1 853	2 464	9 036

后 记

　　1995年春天，当我走进Michael Nettles的办公室时，我还无法想象面前的学术之旅和预见我们的作品出版的时间。那时，用5年的时间获得学位确实令人望而生畏。同样令人生畏的是我的一场赌博，一个我几乎不认识的教师解决了我眼前的资金问题，同时帮助我完成了一个对我来说很重要的学术研究课题：博士生的经历。我的赌博为我赢得了许多胜利。首先，我用四年半的时间就获得了博士学位。同时，我做了一个出人意料的决定。我选择不使用Michael和我收集的数据来撰写我的博士论文。相反，我研究了本科债务对有志于博士学位的学生获得学士学位后，立即决定申请进入研究生院或第一专业院校的影响。我分析了国家教育统计中心学士及以上学位的数据库。这个选择对我很有帮助。我拥有了一个自己的研究课题，还与Michael共同研究了一个课题。

　　获得导师指导是我的第二大胜利。我们的数据显示，有导师可以在博士生活中创造一个不同的世界。作为导师，Michael为我示范了良好的学术习惯，提升我的专业追求，推动我在新的方向上发展，在我进展缓慢或遇到困难时给予支持。

　　获得博士学位的同时积累了扎实的研究经验，是我的第三大胜利。一系列组织给我提供了助研奖学金，使我从未出现资金枯竭。数据显示助研奖学金使我受益：在还是博士生时，我已提交了会议论文和发表了论文。我高度评价博士项目中与教师互动的质量。我有机会每天在学术院系工作，并定期与同学保持课外联系。完成课程工作后，我组织了一个女性的研究小组，邀请小组成员定期会面讨论每个人的研究。这是一个固定的机会来审查新的想法、资格考试问题、学术论文设想与问题，以及会议论文。这些都得益于这个强大的研究生同学团队。

在密歇根大学，我看到了教师的创业素质，他们对博士生的支持与合作是常态化的。这不是偶然的。这所大学的 Horace H. Rackham 研究生院，有着长期支持博士生和教师的历史，而且也愿意倾听学生和校友的声音。他们是研究生群体的典型代表。我们已经通过研究生院委员会年会有了亲身体验，当我们就研究结果和各院校研究生教师的看法开展有声思维测试时，坐满了各研究生院院长。这种建立友好的、感兴趣听众的关系的经验，使我们有信心在研究生产力、进度和学生满意度等方面发挥领导作用。未来的挑战将与本研究的其他重要听众——现在和未来的博士生有关。我们感兴趣的是他们经历的不断改善。

Catherine M. Millett